墨香财经学术文库

U0656618

自组织理论下的SERU系统柔性及其对效率的影响研究

Research on the Flexibility of SERU System under Self–organization Theory and Its Impact on Efficiency

盖印 著

东北财经大学出版社 大连
Dongbei University of Finance & Economics Press

图书在版编目（CIP）数据

自组织理论下的SERU系统柔性及其对效率的影响研究 / 盖印著．—大连：
东北财经大学出版社，2025.2
（墨香财经学术文库）．—ISBN 978-7-5654-5517-9

Ⅰ.F407.406.2

中国国家版本馆CIP数据核字第2025NX2894号

东北财经大学出版社出版发行

大连市黑石礁尖山街217号　邮政编码　116025

网　　址：http://www.dufep.cn

读者信箱：dufep@dufe.edu.cn

大连永盛印业有限公司印刷

幅面尺寸：170mm×240mm　字数：174千字　印张：14.5　插页：1
2025年2月第1版　2025年2月第1次印刷
责任编辑：时　博　责任校对：雪　园
封面设计：原　皓　版式设计：原　皓
定价：75.00元

本书获得教育部工程研究中心创新基金项目（项目编号：1221010）、辽宁省教育厅基础科研项目（项目编号：LJKZR20220122）、辽宁省教育厅基本科研业务费资助

前言

随着经济全球化和信息技术的发展，制造业面临的市场动荡和环境复杂性不断加剧，这也促进了生产组织和管理方式的变革。20世纪90年代，佳能、索尼等公司提出了 SERU 生产系统[①]（SERU Production System，SPS）模式，这是一种灵活而高效的生产模式，由流水线经分割、转化而成。由于 SERU 生产方式能够通过对人员、设备和产品的合理组织来兼顾效率和柔性，因此逐步得到国内外制造企业的广泛关注和应用。

当前，学界围绕 SERU 生产方式的研究主要聚焦于实施场景与条件、成功案例与运行机制、SERU 系统构建与调度、流水线向 SERU 系统转化的性能评价与改善等方面，取得了一系列丰硕的研究成果。但是，已有研究更多地关注 SERU 生产方式的运作层面，侧重于运作层面的优化模型与指标体系构建，而忽视了 SERU 系统柔性来源与本质，缺乏对 SERU 系统能够兼顾柔性和效率问题的理论与实践研究。鉴于

---

① 以下简称 SERU 系统。

此，本书从自组织理论视角出发，将SERU生产看作复杂自适应系统，研究SERU系统柔性产生机理及其对效率产生的影响。本书的研究内容包括：（1）基于自组织理论，分析SERU系统柔性的内涵、构成要素，以及柔性与效率之间的关系，提出基于自组织理论的SERU系统柔性与效率问题研究全新思路；（2）针对分割式Seru、巡回式Seru和单人式Seru三种不同基本组织形态，分别提出Seru运行规则，运用离散事件动态系统建模方法，建立不同类型Seru的状态转换模型，分析柔性要素在组织状态转换过程中的相互作用、演化过程和演化规律，研究在他组织因素作用下，SERU系统柔性对效率产生的影响；（3）运用系统仿真方法，设计数值实验，对比分析不同类型Seru柔性要素对效率产生的影响，研究SERU系统构建优化路径，为企业在不同阶段实施SERU生产提供组织与管理建议。此外，本书在最后结论部分，分析了本研究的实践价值以及今后的研究思路和发展方向。本研究的目标在于帮助制造企业正确地认识和理解SERU系统的柔性与效率，寻求在实际生产环境中实施SERU生产方式的解决之道。

本书按照"科学问题—理论研究—系统建模—仿真分析—管理建议"思路展开，对制造企业如何有效实施SERU生产问题进行研究。在理论层面，将自组织理论引入SERU生产组织与管理问题研究之中，建立基于自组织理论的SERU系统柔性与效率分析框架；在方法层面，运用离散事件动态系统建模方法，对SERU系统柔性要素及其演化过程进行模型构建，提出研究SERU系统柔性与效率的建模与仿真分析方法；在应用层面，通过仿真分析和数值对比实验，研究柔性要素对效率产生的影响，为制造企业在不同阶段实施SERU生产提供管理策略。

本书的出版得到教育部工程研究中心创新基金项目（项目编号：

1221010)、辽宁省教育厅基础科研项目（项目编号：LJKZR20220122）、辽宁省教育厅基本科研业务费资助，在此深表谢意。

盖印

2024 年 10 月

目录

1

绪论

本章以研究背景为起点，对国内外相关研究进行分析，阐述本研究的目的与意义、研究的方法与创新点，最后，简要归纳本研究基本思路与主要内容。

1.1　研究背景与问题提出

不断加剧的内外部制造环境变化，迫使制造业的竞争逐渐从效率和质量转向对制造环境的响应能力，这促使了 SERU 生产方式的出现与发展。SERU 生产方式是佳能、索尼等日本企业为了满足当今市场多品种、变批量的需求，以及国际竞争日益激烈的商业环境而提出的全新生产组织与管理模式。目前，日本电子工业和汽车制造等企业如佳能、索尼、松下、丰田等已经广泛应用 SERU 生产方式，不仅节约了人力成本、工作空间，优化了库存和产品流通时间，而且提高了生产效率和生产效益。研究显示，索尼 Kohda 子公司的产品流通时间缩减了 53%；佳能和索尼分别减少了 72 000 平方米和 710 000 平方米的工作空间；索尼减少了 35 976 个工人，约为总劳动力的 25%；佳能在 2003 年节约了 550 亿日元的成本。总的来说，SERU 生产方式是兼顾效率与柔性的生产组织和管理模式，也是在经济新常态时期我国制造企业生产组织与管理模式转型升级的必然选择。

SERU 生产最基本的组织单位是 Seru，它是指一个装配单元，由一个或者几个多技能工（或全技能工）组成，负责一种或多种产品从开始到结束的所有操作。Seru 与传统单元制造（Cell Manufacture，CM）中的单元（Cell）有本质区别：Cell 是由具有相似功能的机器组成的加工中心，完成部分特定工序的加工任务，以昂贵的机器为中心（Machine-Oriented）；Seru 特指装配单元，人员是多技能工、简单机器,每个 Seru 承担产品的大部分或全部生产工序,是"以人为中心(Worker-Oriented)"的制造组织,具有高度自治且不断学习的能力。SERU 生产的管理对象是 SERU 系统,它是指包含一个或多个 Seru 的生产组织系统,通过多技能工的合理搭配和灵活重组克服流水线生产的刚性,从而适应市场需求的快速变化。为便于区别,本书中 Seru 指装配单元(组织形态),SERU 指生产方式或生产系统。

SERU 生产方式能够通过对人员、设备和产品的合理组织来兼顾效率和柔性,但是,由于 SERU 生产改变了生产线的组织结构,相应地,也改变了物料的流动,更重要的是,它改变了工人的组织方式,以及工人的作业状态,这使得 SERU 生产组织与管理呈现出不同于以往流水线和欧洲式单元生产的复杂性和协调性:其一,在生产现场,根据产品、环境和人员的不同,Seru 的具体形态有所差异。比如,在佳能电子,Seru 分为"无传送带生产方式""U 形生产线""单人货摊式生产方式""巡回生产方式"等形态。所以说,不同 Seru 的具体形态不同,多技能工的作业顺序、非作业行走路线、交接工件方式等柔性要素也有所不同,这使得不同类型 Seru 的组织与管理极具复杂性。其二,在企业生产管理实践中,SERU 系统效率除了与多技能工的技能水平、作业效率稳定性等自身因素有关,还与承担工序分布和数目、产品分配、工人搭配等他组织柔性要素有关,通过协调多技能工、设备和产品可以有效地提升 SERU 系统效率。因此说,利用一定的管理手段增加他组织因素,可以提升 SERU 系统的柔性与效率,这使得 SERU 生产管理实践独具协调性。上述复杂性和协调性对企业在实施 SERU 生产组织与管理等方面提出了巨大挑战,为 SERU 系统的柔性与效率研究带来了相当的难度。

事实上,SERU 生产问题研究已得到了国内外学者的关注,并广泛应用于制造企业生产管理模式转型升级和生产管理实践之中。目前，学界对SERU生产方式的研究主要聚焦于实施场景与条件、成功案例与运行机制、SERU系统构建与调度、流水线向SERU系统转化的性能评价与改善等方面。已有研究立足于SERU生产组织与管理实践，代表了该领域研究的主要方向，取得了一定程度的研究进展，但在采用SERU生产方式的电子装配制造企业中，尚存在一些问题有待进一步研究和完善：第一，缺少有较强实践指导意义的针对SERU系统柔性与效率的理论研究。就目前的研究看，绝大多数方法适合于以往流水线或传统单元生产方式，而针对SERU系统柔性的研究却寥寥可数，尽管也有一些从案例和实证角度展开的论证，但基本都是描述性的，而非系统化的，尚缺乏可用于指导SERU生产实践的应用价值。第二，缺少对不同Seru类型柔性形成机理及其对效率产生影响的研究。已有研究将不同类型Seru视为"黑箱"，将SERU系统生产效率等同于瓶颈工人，或者是工人平均作业效率，这种粗略的方法忽视了在不同Seru类型中，由柔性因素形成的自组织规律和相互作用机制。第三，缺少对他组织因素作用下SERU系统柔性与效率的深入而系统的研究。依托于系统绩效指标的SERU生产组织与管理是表面的、片面的，SERU系统的实施也是动态的，而非静态的，需要在柔性与效率理论研究的基础上，增加一些他组织因素进行研究。上述问题如不能有效解决，将使SERU生产组织与管理研究束之于理论层面，缺乏指导生产实践的应用性和可操作性，致使我国制造企业在借鉴和应用SERU生产时不能有效和最大化地发挥作用。

综上，本研究取得的成果不仅在理论上丰富和发展了SERU生产组织与管理理论和方法体系，也为我国制造企业在不同阶段和条件下实施SERU生产提供了方法和技术支持，特别是在现阶段，SERU生产方式在我国电子装配制造企业中的转型升级才刚刚起步，相关理论和实践研究尚未成熟，因此，将自组织理论和系统建模与仿真方法深入结合而开展的面向 SERU 系统柔性与效率的研究，具有理论与实践双重指导意义。

1.2　相关文献综述

本书拟开展的研究主要着眼于 SERU 系统柔性与效率问题，在这里，重点对生产组织与管理模式、SERU 生产组织与管理、自组织理论及其在生产系统中的应用，以及仿真技术的国内外研究现状进行总结和评析。

1.2.1　生产组织与管理模式的演进

本节在分析生产组织与管理模式的产生背景与特点基础上，从理论上多维度比较分析 SERU 生产与流水线生产、单元制造和丰田生产方式的本质区别和优势。

1）科学管理方式

1911 年，美国人弗雷德里克·温斯洛·泰勒（Frederick Winslow Taylor）在他的主要著作《科学管理原理》中，首次将科学方法运用到管理中，被认为是西方管理学的开端，他也因此被誉为"科学管理之父"。科学管理的内容主要包括时间分析、标准化、工作定额、计件工资。其中，时间分析是利用时间计时器和录像等技术记录工人的动作并进行作业，找出动作不合理的地方从而进行改善的方法；标准化包括工具标准化、作业动作标准化、作业环境标准化等，通过标准化把不合理的因素都去掉，可以保证工人的效率达到最优；工作定额是在单位时间内的生产产品数量或应完成的工作量，工作定额使工人对产量有明确的目标，对于达不到要求的工人，还会起到促进工人学习和提高能力的作用；计件工资制是依据生产合格品的数量和预先规定的每件产品单价来计算报酬，这一制度避免了工人出工不出力，能有效地提高生产效率。目前，科学管理方法仍然在我国很多企业使用，还在发挥着重要作用。

2）流水线生产方式

1913年，美国人亨利·福特（Henry Ford）首次实现以流水线为代表的大规模生产模式，极大地提高了生产效率，改变了人类的生产和生活方式，标志着现代工业的开端。即使在流水线生产方式提出100多年后的今天，仍然有很多产品是靠流水线模式生产出来并逐步降低成本的，如冰箱、彩电、洗衣机、个人电脑等。流水线生产方式具有以下特点：（1）高度实现了工作细化、标准化的作业；（2）实现了大规模生产，成为支撑经济社会进步的重要方式。流水线生产方式虽然为人类社会的发展作出了巨大的贡献，但也存在如下缺点：（1）仅适用于顾客需求量大、产品单一的市场环境；（2）生产线的高级化、高速化，有过量生产产品的倾向，很容易形成大量库存；（3）在面对多品种、少批量的市场环境时，流水线生产方式的生产效率往往不佳；（4）由于流水线生产方式是串行的，一个人、一道工序、一台机器产生的局部问题或故障会对全局造成很大影响；（5）工人持续简单重复的几个动作，容易被看作可替换的零件而不受重视；（6）流水线的实际生产效率受制于传送带速度、瓶颈工序、工人作业时间。

3）欧洲式单元生产方式

20世纪60年代中期，欧洲工业界提出了一种基于成组技术（Group Technology，GT）的单元制造方式（Cellular Manufacturing，

CM）。单元是由具有相似功能机器组成的加工中心组成，主要完成部分特定工序的加工任务，以昂贵的机器特别是数控设备为中心，主要是针对加工过程，通过快速改变自身组织结构响应市场变化，为加工相似工艺的零件族（组）提供高柔性。欧洲式单元生产的核心是成组技术，成组技术把结构、材料、工艺相似的零件组成一个零件族，按零件族进行加工，从而扩大批量、减少品种、提高生产效率。在几何形状、尺寸、功能、材料等方面的相似称为基本相似性；在制造、装配等生产、经营、管理方面的相似称为二次相似性或派生相似性。欧洲式单元生产不按照产品种类来安排生产，而是通过工艺专业化（更具体地分组）来安排生产，适用于多品种、小批量生产。将相似零件及工艺设备分组形成一个群组，在一个设备单元中进行生产，因此可以共用设备，达到利用少数设备生产多种产品、零件的目的。当设备昂贵时，欧洲式单元生产效益可观。

4）丰田生产方式

丰田生产方式（Toyota Production System，TPS）是由日本丰田汽车公司提出的一种生产模式，欧美学者在对丰田生产方式进行总结时，根据其特点又将其称为精益生产（Lean Production，LP）。美国《工业工程》杂志于1981年1月、5月、8月、9月分别发表了4篇关于丰田生产方式的论文，1983年美国工业工程协会出版了《丰田生产系统》一书。丰田生产方式是实践的产物，融合了工业工程、质量管理、设备管理、价值工程等许多现代化管理技术，并创造了许多成功的新方法，用了约20年时间初步形成了丰田生产方式的完整体系。其核心内容包括准时制生产（Just in Time，JIT）、自动化、零库存等，核心思想是降低浪费，通过调用一切可调用的智慧，消除工厂内各种各样的多余和浪费。丰田生产方式有以下几个要点：（1）准时制生产的主要目的是通过改善活动去除隐藏在企业里的各种浪费现象，从而达到降低成本的目的；（2）自动化的主要目的是防止生产不合格产品，一旦出现异常，就立即自动停止工作，让人将其恢复到原来的正常状态；（3）零库存是指物料（包括原材料、半成品和产成品等）在采购、生产、销售、配送等过程中，不以仓库存储的形式存在，而均是处于周转的状态。

5）SERU生产方式

20世纪70年代，在日本制造业的生产现场，出现了一些无传送带的生产方式，它比流水线生产方式的生产效率更高，产品品质也更好，工人的生产积极性也得到了提高，更重要的是，它消除了流水线生产的浪费，对制造生产线进行了"减肥"，而且比流水线生产方式的柔性更高。20世纪90年代，日本进入了经济低迷期，面对产品附加值高，需求不稳定，生命周期短和多批次、小批量、变批量的市场环境，流水线和丰田生产方式均无能为力。在这种情况下，佳能、索尼等日本电子装配企业探索性地提出了佳能式的日本单元生产方式，当时称为佳能单元式生产、细胞式生产或日本式单元生产。为了区别于基于成组技术的单元制造，人们将这种生产方式称为SERU生产方式。SERU生产方式具有如下优点：（1）响应市场需求快速；（2）能力差的工人影响降低；（3）库存减少；（4）设备投资少；（5）工人数减少；（6）碳排放量减少；等等。

6）几种生产方式的比较

SERU生产方式和流水线生产方式因面对的生产与市场环境不同，在生产方式、生产形式、组织管理、自动化程度、设备投资等方面各有其优缺点，SERU生产方式和流水线生产方式的比较如表1-1所示。

表 1-1　　　　SERU 生产方式和流水线生产方式的比较

比较项目	流水线生产方式	SERU 生产方式
柔性	低	高
生产批量	谋求大批量，不适合小批量	不谋求大批量，适合小批量
库存	容易产生大量成品库存，需要半成品库存	不产生大量成品库存，有时需要半成品库存，在制品库存低于流水线生产
生产方式	适合按计划生产	适合按订单生产
组织管理	分工	多技能工，自治
生产形式	串行化	并行化
目标	提高最慢工人效率	追求所有工人效率最高
设备投资	高	低
自动化程度	高	低，手工操作为主
工人积极性	低	高
对待工人	被动管理	提倡发挥主观能动性
能源消耗	高	低
不合格品	追溯较难，改进时对生产影响较大	追溯容易，改进时对生产影响较小
完结性	需多人完结	1 人完结或少数几人完结
布局	直线形	直线形、U 形、花瓣形、货摊形
适用情况	工人多是初学者，大规模生产	工人是多技能工或全技能工，多品种小批量生产
缺点	柔性低，受瓶颈工人制约，投资高，不适用于多品种小批量需求	需要全技能工，管理比流水线生产方式难
优点	不需技能高的工人，大规模生产时效率高，工艺分工导致管理简单	柔性高，瓶颈工人影响小，投资低，适用于多品种小批量需求

SERU 生产方式和欧洲式单元生产方式在产生背景、关键技术、所用设备、单元构造、重组和调整等方面表现出独特性，如表1-2所示。

表1-2　　　SERU 生产方式和欧洲式单元生产方式的比较

	比较项目	欧洲式单元生产方式	SERU 生产方式
相同	市场环境	多品种，小批量	多品种，小批量
	布局	多采用 U 形等紧凑布局	多采用 U 形等紧凑布局
	工人技能	多技能工	多技能工
不相同	产生背景	20 世纪 60 年代中期的欧洲工业界	20 世纪 90 年代中期的日本工业界
	单元的译名	Cell	Seru
	面向的中心	以昂贵的机器为中心，是面向机器的生产方式	以工人为中心，是面向工人的生产方式
	目标	提高面向工艺专业化的车间作业方式的效率	克服流水线生产柔性不足和瓶颈工人对整个流水生产线性能的负面影响
	关键技术	成组技术	Seru 构造、Seru 调整和调度
	加工类型	主要面向加工过程，如机械加工、清洗、成型、铸造和热处理等	主要面向组装过程，如检查、封装和捆包等
	所用设备	昂贵且多功能	简单、便宜、轻便且可移动
	单元构造	设备成组及设备布局	工人到 Seru 的指派及设备布局
	相似性	工件/产品的相似性	工人技能水平的相似性
	多技能工培养	能操作相似工件/产品的多技能工	能操作 Seru 中多道工序的多技能工
	重组和调整	不适合进行频繁的重组与调整	可以快速地根据市场的变化进行人员和设备的重组与调整
	进化	没有明显的进化趋势	持续改进与进化，从分割式 Seru 向巡回式 Seru 进化，并向单人式 Seru 进化

由于SERU生产方式是精益生产的延续和发展，因而既具有丰田生产方式的优势，包括应对市场环境不确定性的变化以及减少浪费等，同时在组织方式、多技能工、交货时间、品种变化等方面有其自身的特征和要求，如表1-3所示。

表1-3　　　　　SERU生产方式和丰田生产方式的比较

	比较项目	丰田生产方式	SERU生产方式
相同	市场环境	多品种，小批量	多品种，小批量
	减少浪费	零库存，准时制生产、看板	零库存，准时制生产、看板
	工人技能	多工程系统中需要多技能工	多技能工
不相同	组织方式	混合产品生产线	多个Seru
	多技能工	可以有多技能工但非必须有	必须是多技能工
	交货时间	长或顾客可等待	短
	品种变化	为了适应品种变化的生产调整，对原有生产系统影响较大	为了适应品种变化的生产调整，对原有生产系统影响较小或没有影响
	生产领域	汽车工业	电子工业
	处理异常	自动化	相对简单
	所用设备	昂贵且多功能	简单、便宜、轻便且可移动

1.2.2　自组织理论在生产系统中的应用

在自然界，存在着大量的具有自组织特性的群体行为，比如蚂蚁和蜜蜂的群体就是高度自组织系统，它们在无外界干扰的情况下，通过群体之间自发地协调实现觅食、防御和建筑巢穴等，还有萤火虫的同步闪动也表现出了高度的自组织性。除了自然界，人类社会生产中同样存在自组织行为，例如早期在科技不发达的情况下，消防员排成长队通过传送水桶达到救火的目的。

1）Toyota Sewing System

将自组织理论引入生产制造领域之前，与自组织对应的是"他组织"生产系统，最典型的是流水线，需要生产管理人员对生产线进行平衡，依照提前计算的生产节拍与周期控制生产系统的平衡和有序进行，如果外界需要发生变化，将需要进行反复的生产平衡，不但费时、耗力，且成本高，因此在传统流水线的生产管理中，控制生产平衡与生产节拍是 NP 难问题。20 世纪 70 年代末，自组织生产线开始在纺织品生产车间进行初步应用，并被命名为"丰田缝纫制造管理系统"（Toyota Sewing System，TSS），TSS 不需要进行反复的生产平衡，且具有一定的自组织性，但不一定能够达到自平衡，凭借其高效性、良好的工作氛围及部分自组织性，迅速在美国和日本得到推广和应用。Black 和 Schroer（1993）认为，TSS 能够快速实现生产的再平衡，与固定工位的生产模式相比，不需要进行反复的生产平衡。Zavadlav 等（1996）采用马尔科夫链和仿真结合方法，证明了 TSS 生产线具有一定的组织性，但不一定能够达到自平衡。TSS 只具有局部的自组织特性，不一定能够达到自平衡。

2）Serial Bucket Brigade

1996 年，佐治亚理工学院的 Bartholdi 教授和芝加哥大学的 Eisenstein 教授受到 TSS 自组织现象的启发，将 Bucket Brigade 规则引入生产线平衡问题的研究中，发现工人按照由快到慢顺序排序的生产线，在没有管理人员干预情况下，最终能够实现生产线的自组织，且具有自平衡。Bucket Brigade 系统不仅是经典的自组织、自平衡生产线，而且作为五大经典管理模型之一，迄今为止仍具有很大的影响力，并凭借其高效性、灵活性和低成本等优势被广泛应用于各个领域，例如树形装配线、订单拣选系统及公交车的运营调度等。由于经典的 Bucket Brigade 系统布局为直线形，因此，被称为 Serial Bucket Brigade（SBB）。此后，学者们将 Bucket Brigade 系统的模型假设进行松弛，在考虑回取速度、学习曲线、工人顺序、工人数量、交换时间、加工时间不确定性等因素的情况下，研究生产线效率、响应能力和自平衡性等问题。Lim（2009）在 SBB 基础上，进一步研究离散工位（Discrete Station）情况下系统的自组织演化过程和自平衡条件，并运用数值实验，研究工序数目、工人作业效率等因素对系统生产效率产生的影响。

3）Cellular Bucket Brigade

为了减少非生产行走时间浪费，Lim（2011）基于 Bucket Brigade 规则提出了一个新的装配线设计——Cellular Bucket Brigade（CBB）。他将加工任务分配在一个过道的两边，每名工人在过道的一边向前进行加工，返回时，在过道的另一边进行任务的加工，减少了非生产行走时间。工作分享通过新的规则实现：当 2 名工人在过道同一位置时，进行位置的互换，而工人在相对原来相反的方向继续加工。在新的规则下，新设计的系统依然具有自平衡性。在新的设计下，工人穿过过道依然会产生无生产行走，因此，过道的宽度必须足够窄。新的设计相比经典的 Serial Bucket Brigade，即使在减少工人的情况下依然可以获得更高的产出。新的设计不仅可以提高生产率，还可以减少劳动力成本。在此基础上，学者们围绕生产实际场景，特别是 U 形布局、离散工位、交换工件时间等因素对生产效率产生的影响展开了系统的研究。

4）Work Sharing System

工作分享（Work Sharing）是减少空闲时间的一种有效方法，是指在生产过程中有能力差异的多技能工在执行任务时的相互帮助行为，通过多技能工在工位之间的移动实现工作任务的分享从而减少阻塞和工位空闲产生的等待时间，能够进一步提高自组织生产线的产能和柔性。工作分享系统的布局是线形或 U 形，工人是固定工位或以行走形式进行加工。因此，工作分享机制可以用于固定工位生产线和工人行走生产线，而后者由于工人行走规则的加入表现出了比前者更好的柔性和平衡性。

（1）固定工位生产线上的工作分享

Anuar 和 Bukchin（2006）指出，在传统的装配线上允许工作共享，不仅实现了装配线平衡，与传统装配线相比，允许工作共享的装配线达到平衡后能够实现更短的生产周期和更高的吞吐量。除此之外，Bukchin 和 Sofer（2011）研究了装配线上三个阶段的工作共享，同样表明工作分享可以缩短装配线的生产周期和提高吞吐量。Bukchin 和 Cohen（2013）指出，装配线由于工人缺勤和轮岗，由无经验的工人替代使得装配线的吞吐量降低，利用工作分享机制，相邻的有经验的工人帮助新员工分担工作直到新员工熟练为止，从而提高装配线的吞吐量。Bukchin 和 Wexler（2016）提出，在学习曲线效应下采用工作分享机制，既能减少阻塞和机器空机等待造成的空闲时间，又能缩短装配线上不同产品批次的完工时间。如果将工作分享机制应用于固定工位生产线中，由于工人不能在工位或设备之间移动，因此协作行为只能发生在相邻的工位之间，工人只能帮助其上下游相邻的 2 名工人。

（2）工人行走生产线中的工作分享

工人行走生产线是指在生产过程中，通过工人在设备之间的移动来完成生产任务的指派并达到生产平衡。工人行走生产线的产生和发展经历了一系列的过程，其核心区别在于工人指派规则，主要包括：樱桃拣选策略（Cherry Picking，CP）、技能链（Diversity-Skilled Chain，

DSC)、加速策略（Expedite Policy，XP）、巡回式生产线（Traveling，Tr），以及前文提及的TSS、自组织生产线（Bucket Brigade，BB）、基于BB规则的单元式生产系统CBB。除了以上六种，Chen等（2016）基于传统巡回式生产线的不足，提出了含有"追逐—超越"规则的U形生产线（Chasing-Overtaking，CO）。以上工人行走生产线的构形和规则如图1-1所示。

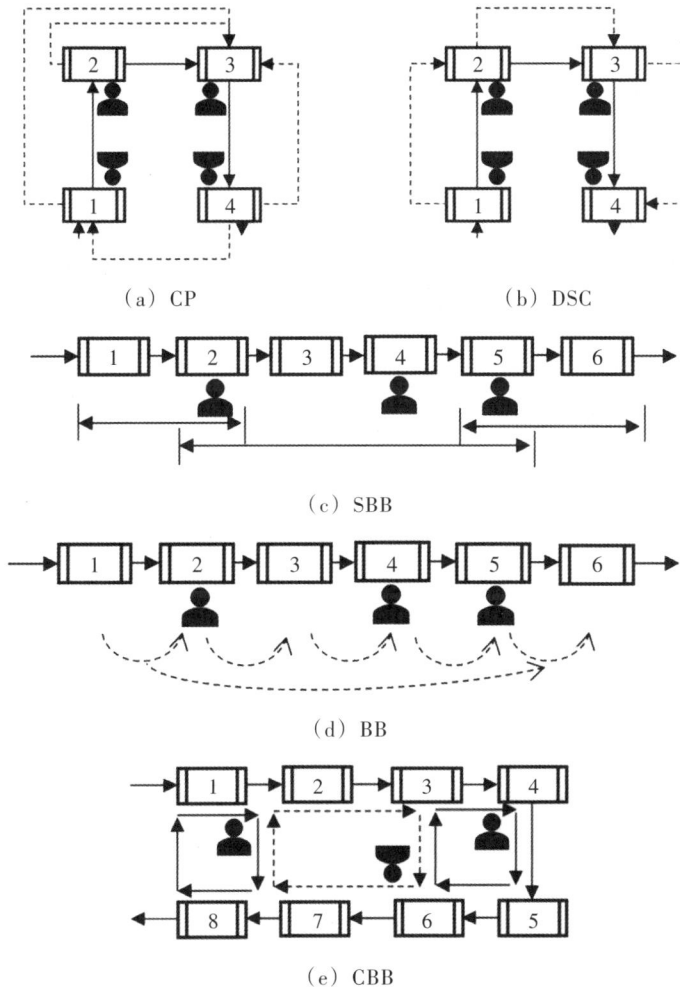

（a）CP   （b）DSC

（c）SBB

（d）BB

（e）CBB

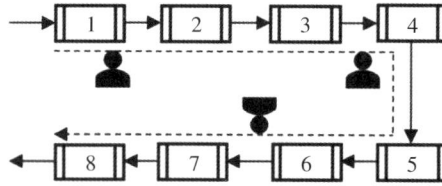

（f）XP

图 1-1　工作分享生产线示意图

1.2.3　仿真技术在生产中的应用

1）仿真技术

仿真技术是一种运用仿真模型来重现实际系统中关键过程的方法，它旨在通过仿真实验来模拟和研究现实情况，从而解决仅凭数学模型难以解决的复杂现实问题。从应用层面来看，仿真不仅仅是一个简单的模拟过程，更是一个精心设计与构建实际系统的模型的重要步骤。通过这一步骤，可以构建仿真实验，更加深入、精准地理解系统在特定条件下的运行方式和行为表现。这种技术不仅增强了对系统行为的理解，同时也为系统的设计和优化提供了有力支持。

仿真方法作为一种重要的科研工具，发挥着举足轻重的作用。它能够将复杂的数学模型转化为可执行的计算机仿真模型，通过多次重复试验，揭示实际系统的运行规律，为科研工作提供关键的助力。仿真方法主要分为两大类：连续系统仿真方法和离散事件系统仿真方法。

连续系统仿真方法主要侧重于利用微分方程对现实世界的复杂系统进行描述，其核心在于关注变量随时间连续变化的过程。通过这种方法，能够更加深入地理解连续系统的动态特征，为实际系统的优化和控制提供有力支持。由实体和离散事件构成的则是离散事件系统，在这类系统中，实体的交互和运作产生离散事件，从而引起系统的状态变化。由于离散事件系统具有可变性和复杂性，传统的解析数学模型往往难以对其进行准确描述。因此，通常采用逻辑流程图等更直观的离散事件系统仿真方法，捕捉系统中的关键特征和运行规律。总之，仿真方法作为一种重要的科研手段，在连续系统仿真和离散事件系统仿真两个领域都发挥着不可或缺的作用。合理运用这些方法，能够更加深入地探索和理解实际系统的复杂行为，为系统的实际应用提供帮助。

典型的仿真模型包括到达模型、服务模型和排队模型等，这些模型在仿真中发挥着至关重要的作用。比如，运用到达模型来模拟产品加工订单的产生过程，即产品如何进入系统；运用服务模型来模拟工人加工产品的流程，即工人如何对产品进行加工处理；运用排队模型来模拟产品在系统中排队等待工人和设备等资源的情况，即产品在系统中的排队等待过程；等等。

2）仿真软件

仿真软件，作为一种专门用于模拟和分析的软件工具，广泛运用于工程、科学、医学等诸多领域，对于系统地理解和预测复杂系统的行为至关重要。此类软件不仅能够为系统的设计与优化提供坚实的数据支持，还能在决策过程中发挥关键的辅助作用。

Flexsim 软件在传统物流领域具有广泛的应用，它能够对生产物流系统的设备利用率、工作效率、生产能力等关键指标进行深入的仿真分析，为物流系统的优化提供有力支撑。而 FMS++ 则是一款基于 C++ 语言的仿真软件，主要应用于柔性制造系统，并以 PROOF 作为动画支持工具，极大地提升了仿真的可视化效果。此外，NetLogo 作为一款基于 Java 平台开发的仿真软件，不仅提供了丰富的内置功能，还允许用户通过高级编程语言对模型进行编程和交互，进一步增强了其灵活性和实用性。这些仿真软件的应用，无疑为各领域的系统分析和决策提供了强大的技术支持。

Arena 是一款由美国 Rockwell Software 公司出品的、在 SIMAN 语言基础上开发的离散事件仿真软件。Arena 软件以其丰富的逻辑模块和强大的定制化能力，满足了用户对于仿真系统的多样化需求。用户可以通过内置的 VBA 程序块，轻松地进行仿真系统的个性化开发。该软件以逻辑流程图为主要建模方式，支持拖拽式开发，使得建模过程既简单快捷又逻辑清晰，特别适用于生产系统的仿真模拟。

Arena 仿真软件的核心开发组件被称为模块，这些模块主要分为流程模块和数据模块两大类。流程模块在仿真过程中扮演着定义变量和构建仿真流程的关键角色，而数据模块则负责处理仿真数据。值得注意的是，Arena 中的 VBA 程序代码也被视为一种特殊的模块。

Arena 中的流程模块具备丰富多样的功能，不仅能够创建和销毁实体，还能够描述实体的变动情况，并记录实体的状态信息。常见的流程模块包括 Create（创建）、Dispose（销毁）、Process（处理）、Decide（决策）、Batch（成批处理）、Separate（分离）、Assign（赋值）、Record（记录）等。相比之下，数据模块的概念显得较为抽象，主要包括 Resource（资源）、Entity（实体）、Variable（变量）、Attribute（属性）、Set（集合）、Queue（队列）等。

此外，Arena 还提供了许多高级模块，如高级运输模块和高级操作模块，这些模块能够模拟更加复杂的系统。然而，对于大多数不需要复杂设计的仿真模型而言，常用模块因其普适性和灵活性而更为适用。这些常用模块使得仿真过程更为高效，能够满足大部分用户的需求。

1.2.4　制造系统柔性相关研究

20世纪80年代，研究者们将柔性研究由经济学领域引入制造领域，在这里，围绕柔性制造系统（Flexibility Manufacturing System，FMS）和 SERU 系统的制造柔性研究进行综述。（1）以机器为中心：柔性制造系统主要针对机加工过程，以机器设备为中心，关注如何通过机器的多功能性来实现制造系统的柔性。研究者们提出多种柔性测度方法：通过熵指数、多功能性指数、能力转移指数等系统固有属性进行直接测度；通过 J&C 指数、期望短缺指数、净成本变异性等系统应对环境变化的表现进行间接测度；结合制造系统固有属性和环境变化进行综合测度。（2）以人为中心：SERU 系统更加强调人的因素和组织方式的重要作用，这方面的研究主要以多技能工为中心，关注如何通过管理多技能工、设备及工作台等柔性要素实现对制造环境变化的响应能力。研究者们构建了 SERU 系统柔性理论框架，解释了资源级和单元级柔性来源要素、产生过程及形成机制，建立了不同需求变化场景下提升系统柔性能力重组方式模型。（3）以人机协同为导向：随着大数据、人工智能等新兴技术的高速发展，数据要素和机器智能进入生产制造过程。机器成为一种智力投入，能模仿生物进行感知、推理和学习等智能活动，将数据一步步地转化为价值，人机协同将成为制造企业主要生产模式。研究者们考虑运用复杂性科学的理论和方法，在设计制造过程中考虑人的因素和操作柔性，从而打破传统制造流程的僵化，以生产满足个性化需求和可持续发展要求的产品，减少资源浪费。

1.2.5　综述小结

已有对 SERU 生产组织与管理问题的研究重点采用案例研究、实验与调研、比较分析、统计分析、优化建模与数理分析等方法，主要关注实施场景与条件、性能指标的改善、成功案例、影响因素、系统复杂性分析、最优调度及算法等方面。这些研究基本上把 SERU 系统看作"黑箱",没有对内在机理做出合理的解释,尽管自组织理论在生产系统中存在一些应用成果,但是,针对不同类型 Seru 的柔性研究寥寥可数,特别是尚未从定性和定量相结合的角度出发,对 SERU 生产组织与管理问题开展全面而系统的研究。

1.3 研究目的及研究意义

1.3.1 研究目的

由于 Seru 类型多样化及 SERU 生产并行化等因素的存在,实践中 SERU 系统组织与管理极富有挑战性。尽管对 SERU 生产组织与管理问题的研究取得了一些成果,但绝大多数研究针对特定场景,建立问题优化模型,提出求解方法,更多地围绕运作层面展开,尚未全面而系统地研究 SERU 系统柔性的内涵与构成要素、柔性与效率的内在机理与作用机制,缺乏指导生产实践的应用性和可操作性,致使我国企业在借鉴和应用 SERU 生产时不能有效和最大化地发挥作用。

鉴于此,本研究的目的在于:

第一,从自组织理论这一新的视角,研究 SERU 生产组织与管理问题,建立基于自组织理论的 SERU 系统柔性与效率研究的理论分析框架。

第二,运用系统建模与仿真分析方法,打开不同 Seru 类型这一"黑箱",揭示 SERU 系统柔性与效率相互作用的内在机理,对 SERU 系统能够兼具效率和柔性给予合理解释。

第三,分析 SERU 生产的自组织和他组织柔性因素,比较不同

Seru 类型的效率和柔性指标，从管理的角度，为 SERU 生产组织与管理提供指导和参考。

1.3.2 研究意义

1）理论意义

将自组织理论引入 SERU 生产组织与管理问题之中，全面系统地研究 SERU 系统柔性与效率，进一步丰富和发展 SERU 生产问题理论体系。与此同时，概括性地建立具有跨学科性质的自组织方法论，形成一种新的研究制造企业生产方式的视界，对生产系统复杂性有了进一步认识，特别是对建立与世界复杂性增长同步演化的世界观和方法论具有重要价值。

2）方法意义

基于案例访谈、梳理统计、优化决策等方法，有效地解决 SERU 系统在运作层面的优化、调度和决策问题。从不同 Seru 组织形态的运行规则出发，通过离散事件动态系统建模方法，对 SERU 系统柔性和效率进行理论研究，在此基础上，通过仿真分析对理论研究结果进行全面的讨论与验证，这种建模与仿真分析方法可扩展到树形、花瓣形等更为复杂的 SERU 系统研究之中。

3）应用意义

制造企业需要根据复杂而多变的内外部环境，合理调整多技能工、柔性工序和组织形态，以兼顾 SERU 系统的柔性和效率。基于自组织理论，定性地分析 SERU 系统柔性的内涵与构成要素、柔性与效率的内在机理及作用机制，通过数值实验和仿真分析，定量地给出不同 Seru 基本组织形态之间的相互转换条件，为制造企业在不同阶段实施 SERU 系统提供管理策略。

1.4　研究方法与创新

在确定选题基础上，研究方法的选择成为研究能否顺利进行的关键。本书没有采用目前较为流行的实证研究或建立优化模型的方法，而是从系统的、演化的角度，采用文献研究法、系统建模与仿真方法等进行尝试性研究。

第一，文献研究。广泛收集并查阅国内外相关文献、书籍、报告，对文献资料进行统计整理和分析，在总结、归纳国内外SERU生产相关研究的基础上，注重借鉴和吸收自组织理论和系统建模与仿真分析研究成果。

第二，系统建模。本书将SERU系统看作一个复杂自适应系统，运用系统建模方法，分析不同类型Seru的系统要素和运行机制，分析系统柔性与效率之间的关系，以及影响系统柔性和效率的自组织机制和他组织因素。

第三，数理分析。针对由2名多技能工构成的分割式Seru和巡回式Seru，通过建立数理模型，推演状态转换条件及转换关系，分析柔性形成的内在机理，给出分割式、巡回式和单人式三种类型Seru的生产效率计算与分析方法。

第四，仿真分析。针对由多名多技能工和柔性工序构成的分割式和巡回式Seru，根据不同Seru的运行规则，建立仿真分析模型，设计数值实验，探讨柔性的形成机制及其对效率产生的影响。

第五，优化算法。针对由多个单人式Seru构成SERU系统的并行化生产问题，构建优化模型和开发精确算法，研究工人数目、批次大小、需求波动等他组织因素对柔性和效率产生的影响。

本书特色与创新之处主要体现在以下三个方面：

（1）研究视角创新：提出从自组织理论视角全面而系统地研究SERU生产组织与管理问题的观点。突破现有研究聚焦在SERU生产的实施场景与条件、SERU系统构建与调度等视角的局面，建立基于自组织理论的SERU系统柔性与效率分析框架。

（2）研究方法特色：基于自组织理论框架和概念模型，结合系统建模与仿真分析方法，突破现有研究以案例研究、实证研究和优化建模为主的局面，从微观建构和机理层面，建立SERU系统柔性与效率问题研究的方法体系。

（3）研究内容创新：研究SERU系统柔性的构成要素，全面揭示高柔性特征形成的内在机理，探讨这些要素之间的相互关系和相互作用，在此基础上，研究SERU系统柔性对效率的影响机制，兼顾系统柔性与效率的管理策略。

1.5 研究框架和内容

本书按照"科学问题—理论研究—系统建模—仿真分析—管理建议"的思路展开，在理论、方法和应用层面，对制造企业如何有效实施SERU生产方式问题进行研究。全书共分7章。

第1章，绪论。简要阐述研究的背景、研究目的与意义、相关文献综述、研究方法与可能的创新，以及研究的基本思路与内容安排。

第2章，基于自组织理论的SERU系统柔性与效率分析。基于自组织理论和系统分析方法，研究SERU系统柔性的内涵、构成要素，SERU系统柔性的自组织形成机制，他组织因素对系统柔性与效率产生的影响，为后面研究的展开奠定基础。

第3章~第5章，对SERU系统三种基本组织形态的柔性与效率分别进行深入的研究。

第3章，分割式Seru柔性建模与效率分析。将分割式Seru划分为单区和双区两种子类型，分别建立这两种子类型的运行机制；依次构建2工人-3工序和2工人-m工序的多技能工与柔性工序关系模型，研究自组织机制下状态转换条件、演化过程和演化规律；针对n工人-m工序是否存在交叠柔性工序两种情况，分析柔性要素对效率产生的影响及适用场景。

第4章，巡回式Seru柔性建模与效率分析。建立2工人-3工序的运行机制，构建多技能工与柔性工序关系模型，分析自组织机制下状态转换条件、演化过程和演化规律；研究2工人-m工序的自组织过程和自平衡机理，以及柔性工序可调和均分两种情况下的最优工序分布和划分；分析n工人-m工序的柔性要素对效率产生的影响。

第5章，单人式Seru柔性建模与效率分析。从并行化生产组织与调度角度，构建生产效率优化模型，开发精确求解算法，与经典贪婪算法求解结果进行对比分析，揭示SERU系统并行化生产兼具效率和柔性的机理。

第6章，SERU系统柔性对效率产生的影响。运用系统建模与仿真方法，设计数值实验，进行对比分析，研究在工人作业顺序、工人数目、工序连续性等他组织因素作用下，不同Seru类型柔性要素对效率产生的影响，为企业在不同阶段实施SERU生产提供组织与管理建议。

第7章，结论与展望。

2

基于自组织理论的SERU系统柔性与效率分析

本章将 SERU 系统看作自适应系统，在梳理自组织理论和系统建模与仿真方法研究基础上，提出基于自组织理论的 SERU 系统柔性建模与分析框架，分析 SERU 系统柔性定义与内涵，分析柔性的构成要素及其与生产效率的关系，为后续研究奠定基础。

2.1　自组织理论

2.1.1　自组织理论概述

在现实世界里，我们随时随地可以观察到各种各样的事物、存在形态、生存模式。我们生活的环境中存在各种奇观。比如，自然界存在大量旋涡，当火星局部区域的风足够大时，能将地表的尘埃卷起，形成尘暴。由于尘暴区内被加热的大气急剧上升，周围空气急速补充，对抗活动加强，形成了很强的地表旋风，从而吹起更多尘埃。这些尘埃微粒则自动结合在一起，进行整体有序运动，呈现旋涡状。这样壮观的场景比比皆是，人力是难以做到的。

世界上存在各种各样的事物，它们具有各种各样的"结构"。那么，它们是如何形成的呢？19 世纪中叶，达尔文的《物种起源》一出版便被抢购一空，书中的观点便是我们熟知的进化论：自然界中生物物种不断变化，不断从低级向高级发展。自然界的进化规则是"物竞天择，适者生存"。虽然当年的达尔文因此遭到了很多人的谴责和侮辱，且现如今关于科学和宗教的争论依然在持续，但是不得不说，这部被恩格斯誉为"19 世纪自然科学的三大发现之一"的巨著影响深远。进化论原理便属于自组织的原理。马克思把人类社会历史划分为依次更替的五种社会形态——原始社会、奴隶社会、封建社会、资本主义社会和共产主义社会，也是对社会历史系统自组织机制的一种解读。

这些理论的出现为自组织理论做了铺垫，却并没有提及"自组织"的概念。最早提出"自组织"概念的是德国哲学家康德，他认为"自组织的自然事物具有这样一些特征：它的各部分既是由其他部分的作用而存在的，又是为了其他部分、为了整体而存在的。各部分交互作用，彼此产生，并由于它们之间相互联结而产生整体，只有在这些条件下而且按照这些规定，一个产物才能是一个有组织的并且是自组织的物，而作为这样的物，才成为一个自然目的"[①]。显然，康德的观点已经基本包含了自组织的思想。

随着系统论、运筹学、控制论、信息论、耗散结构理论、协同学等学科的不断发展推进，20世纪后期出现了一大批热衷于构建自组织理论的学者。自组织理论研究的是自组织现象和规律的学科的集合，吴彤指出："它还没有成为一个一体的统一的理论，而是一个理论群。它包括：普利戈金等创立的'耗散结构'理论、哈肯等创立的'协同学'理论、托姆创立的'突变论'数学理论、艾根创立的'超循环'理论，以及曼德布洛特创立的'分形'理论和以洛伦兹为代表的科学家创立的'混沌'理论。其前期理论还可以包括朗道的变相理论和计算机理论研究中的自动机理论。"[②]这些理论从不同的领域出发，力图揭示自组织的规律，对自组织的发展提供了强有力的支撑。但是，苗东升也指出："一方面，各个学派都提出了许多非常深刻而诱人的概念、原理和方法，使人们强烈地意识到自组织理论的辉煌前景。另一方面，不同学派或不同学者的理论都有自己的特殊背景，普遍性不够，各自只给出自组织理论的一些片段，许多提法是含糊的，

---

① 袁晓劢. 城市系统的自组织理论研究［D］. 长春：东北师范大学，2006：25.
② 吴彤. 自组织方法论研究［M］. 北京：清华大学出版社，2001：2.

相互之间还有矛盾。"①自组织理论的体系化、普适化的任务还是非常艰巨的。

2.1.2　自组织与非组织

中文所说的"组织"可以是名词也可以是动词。作为名词的"组织"，汉语词典释义有：安排、整顿使成系统；按照一定目的、任务、形式加以编制而成的集体。这种名词解释更接近于管理学定义，是一种具有某种结构的安排或群体。吴彤认为，名词"组织"是某种现存事物的存在方式，表现为系统形式；动词"组织"在汉语词典中的释义为"按照一定的目的、任务和形式加以编制"。可以看成事物在空间、时间或功能上趋于有序的演化过程。②根据沈小峰等人的说法，"组织"是系统从低级向高级的发展，新结构的出现伴随着旧结构的瓦解，但新结构有序程度高于旧结构，是一种进化。

可以看到，动词的"组织"已经有了我们这里提到的自组织的意味，但是和"自组织"仍然是有区别的。作为动词的"组织"，描述的是一个过程，并且是一个积极的进化的过程，名词的"组织"描述的是一个积极的结果。但是，对很多系统来说，比如企业的破产、人的猝死、物种的消亡、灾难的突发等事件，可以表明并不是所有的演化都是越来越有序、越来越高级的。为了与这种悲观的、退化的过程和导致的混乱、无序相区别，吴彤提出了一个与"组织"相反的概念——非组织。相应地，"非组织"的动词含义和名词含义都是由"组织"的相反方向给出，即从有序到无序的过程和结构。吴彤认为组织和非组织都可以依据作用的来源进行分类。组织分为自组织和被组织，非组织分为自无序和被无序，如表2-1所示。

---

① 苗东升. 系统科学精要［M］. 北京：中国人民大学出版社，1998：142.
② 吴彤. 自组织方法论研究［M］. 北京：清华大学出版社，2001：2.

表2-1 　　　　　　　　　　　　　　　　组织、非组织

总概念	组织（有序化、结构化）		非组织（无序化、混乱化）	
含义	事物朝有序、结构化方向演化的过程		事物朝无序、结构瓦解方向演化的过程	
二级概念	自组织	被组织	自无序	被无序
含义	组织力来自事物内部的组织过程	组织力来自事物外部的组织过程	非组织作用来自事物内部的无序过程	非组织作用来自事物外部的无序过程
典型	生命的成长	晶体、机器	生命的死亡	地震下的房屋倒塌

2.1.3　自组织与他组织

最早提出"自组织"概念的康德曾经这样举例：钟表是有组织的，但是，钟表的产生、修复都要依赖于钟表匠，它们没有自产生、自修复、自繁殖功能，不是一个自组织系统。这就引出了接下来要讨论的两个概念——"自组织"和"他组织"。

哈肯曾一度认为"组织"应是区分于"自组织"的概念，同时也举例对比了"组织"和"自组织"在生活中的区别。比如说有一群工人，"如果每一名工人都是在发出的外部命令下按完全确定的方式行动，我们称之为组织，或更严格一点，称它为有组织的行为"，"如果没有外部命令，而是靠某种相互默契，工人们协同工作，各尽职责来生产产品，我们就把这种过程称为自组织"。

钱学森说过，系统自己走向有序结构就可以称之为系统的自组织。普里高津在建立耗散结构理论时也曾提出"自组织"概念，用以描述系统中自发出现或自主形成新结构的过程。也就是说，系统形成

结构的过程并不是外界指令强加的,而是系统内部要素自发地通过相互协同合作的结果。而相对的概念就是"他组织",即系统结构的形成不是内发的,而是由外部指令形成的。由此衍生的自组织系统的意义就是:不需外界特定干预,能够通过内部过程产生宏观空间、时间或时空结构的系统。

吴彤认为,所谓自组织系统即指无须外界特定指令而能自行组织、自行创生、自行演化,能够自主地从无序走向有序,形成有序结构的系统。自组织系统和自组织过程其实不仅极为普遍,而且与人类社会关系极为密切。在自然界和社会,也存在与自组织系统和过程性质相反的另一类系统,我们称之为他组织系统。所谓他组织系统即指这样的系统:它不能自行组织、自行创生、自行演化,不能自主地从无序走向有序,而只能依靠外界的特定指令来推动组织和向有序演化,从而被动地从无序走向有序。举例来说,市场经济主要是"自组织",而计划经济主要是"他组织"。组织、自组织、他组织的概念之间的关系如图2-1所示。

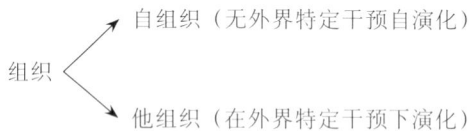

```
                    ↗  自组织(无外界特定干预自演化)
         组织  
                    ↘  他组织(在外界特定干预下演化)
```

图2-1 组织、自组织和他组织

自组织研究是具有边界性和相对性的。我们知道,系统是一个相对的概念,自组织是系统的行为,因此,系统对应的"自组织"和"他组织"也是相对概念。比如,班级得到学校指令组织开展春游活动,对于班级来说是"他组织",但是从一个学校的角度来看就变成了学校自主地实施春游计划,就成了"自组织";包办婚姻对于夫妻二人来说是"他组织",但对于包含建议人、指令人的整个家族就成了"自组织"。

2.1.4 自组织理论的方法论

自组织理论相关学科包括耗散结构理论、协同学、突变论、超循环论、分形理论和混沌理论，其中，耗散结构理论解决了自组织出现的条件环境问题，协同学基本上解决了自组织的动力学问题，突变论则从数学抽象的角度研究了自组织的途径问题，超循环论解决了自组织的结合形式问题，分形和混沌理论从时序与空间序的角度研究了自组织的复杂性和图景问题。在这样的定位下，不同的方法论不存在逻辑冲突，它们是一个序列，一个研究自组织各个方面和全过程的方法论集合体。

整个自组织方法论的框架是：自组织条件方法论、自组织动力学方法论、自组织演化途径方法论、自组织结合发展方法论、自组织结构复杂化方法论、自组织演化过程和图景方法论。最后归结为一个综合的整体的自组织方法论，每一个方法论在自组织理论对世界认识图像中都占据一席之地，都具有特殊的方法论的"生态位置"。图2-2表达了它们的各自作用和相互关系。

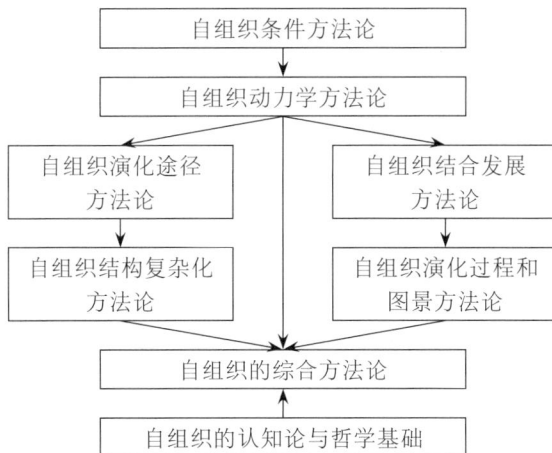

```
┌─────────────────────────┐
│      自组织条件方法论      │
└─────────────────────────┘
             │
┌─────────────────────────┐
│     自组织动力学方法论     │
└─────────────────────────┘
        │           │
┌───────────────┐  ┌───────────────┐
│  自组织演化途径  │  │  自组织结合发展  │
│     方法论      │  │     方法论      │
└───────────────┘  └───────────────┘
        │                  │
┌───────────────┐  ┌───────────────┐
│  自组织结构复杂化 │  │  自组织演化过程和 │
│     方法论      │  │   图景方法论    │
└───────────────┘  └───────────────┘
        │                  │
┌─────────────────────────┐
│     自组织的综合方法论     │
└─────────────────────────┘
             ↑
┌─────────────────────────┐
│   自组织的认知论与哲学基础   │
└─────────────────────────┘
```

图2-2　各个自组织方法论关系

自组织的整体方法论的基本点如下：

（1）自组织条件方法概要：第一，创造条件使得系统开放，使得外部对体系的输入平权化，并且使得这种输入达到一定阈值；第二，对体系内部进行分析，看各个部分是否存在差异，即经过外部物质、能量和信息输入的培育，是否使得内部出现越来越大的差异，培育这种差异，使得体系走向非线性和非平衡或越来越远离平衡。

（2）自组织动力学方法概要：第一，了解子系统的数量和性质，以及它们之间的可能关系，构建子系统之间的合作的桥梁；第二，了解体系稳定性状况，发现系统不稳定性处所；第三，在体系不稳定性区域，通过观察子系统的相互作用，以及在子系统相互作用过程中某些运动模式的寿命长短，寻找在子系统运动中逐渐形成的序参量；第四，寻找和发现序参量的运动规律，寻找支配规律或使役规律。

（3）自组织演化途径方法概要：第一，通过观察事物运动的轨迹是否产生相互分离、突变等现象，了解事物的演化途径；第二，在事物发展演化的临界点或临界区通过诱导事物突变，或使得事物渐趋平稳变化，引导事物自组织演化。

（4）自组织结构发展方法概要：第一，在具体系统的联系中注意构建循环耦合环节；构建因果关系链，特别注意在不同层次之间构建因果关系链条；第二，注意寻找多种结合途径和结合点，特别注意远缘关系以及可能的远缘关联，注意差异性、多样性，使得超循环结合得以发生和展开，又同时能够在需要之时打开这种循环锁链，以发展出更多的演化链条。

（5）自组织结构复杂化方法概要：通过系统不同层次的结构分析，寻找自相似方面，重复相似性构造，使得某种特性得以贯穿系统各个层次，则可能构造出来自组织的分形结构。按照一定边界条件、初始条件，结合分形构造原则或原理，则可能构造出各种复杂事物空间几何构型。

（6）自组织演化过程和图景方法概要：通过外推方法，逼近走向混沌的临界点或临界域，从而构建非混沌和混沌之间的丰富多彩的世界。注意走向混沌的临界点或域的边界，从而在具体问题上决定建设混沌或避免混沌。注意混沌与非混沌结合统一的世界，则有可能产生重要的哲学思想。

综合来看，自组织方法论的要点：开放系统，创造条件，加强物质、能量与信息输入使得自组织过程得以产生；激励系统内部子系统的非线性交互作用，通过竞争、合作推动系统产生整体新的模式和功能；通过循环耦合，突变渐变途径，使得系统得以维持自组织并且发展演化的多样性，增强有序程度和关联程度，通过自相似构建和寻求混沌临界点或域，将系统的演化推进到最大的复杂性可能空间，创造演化有序发展的良机。

2.2 系统建模与仿真

2.2.1 系统理论

1）系统定义

系统是由两个或两个以上的组成部分，按照特定的规律相互依赖、相互制约组成的有机整体，这个有机整体拥有各个组成部分孤立存在时所不具有的新的特性，而且这个有机整体又与其他有机整体相互依赖和相互制约。组成系统的最小事物即系统的最小组成部分称为系统要素，要素具备三个特点：一是不可再分或不再分；二是具有特定的属性；三是每个要素都与其他一些要素相互依赖、相互制约。要素与要素之间的相互依赖和相互制约的联系，称为要素之间的关系。相互依赖、相互制约可以是物质、能量和信息的任意作用方式和交流方式，也可以是空间联系、时间联系和逻辑关系等。任何系统都处于一定的环境之中，系统是人们观察、建造或改造的对象，环境是影响系统的外部条件。

2）系统特征

系统的主要特征有：一是层次性与整体性。系统是由相关要素组成的结合体，各要素遵照一定规律有机地结合在一起，形成有序结构。各系统具有层次结构，上一层系统由若干下一层子系统组成，下一层系统又由更多下一级子系统组成，共同构成一个整体。二是动态性与稳定性。系统在形成发展全过程中，不断与外界进行物质、能量和信息交换，一直处于不断运动之中。系统的稳定是暂时的、相对的，变化是永恒的、绝对的。三是结构性与功能性。系统由各自独立且具有独立功能的多种元素有机结合在一起，系统作为一个整体来完成总体的特定功能。这种相互关系的依存形式就是系统结构，结构产生相应的功能。四是开放性与变异性。只有不断与外界交流，系统才能获得维持发展的物质与能量，通过吸纳外界物质、能量和信息，使系统充满活力并不断完善。同时，系统也会因为环境或外部结构的变化而发生变异。

3）系统能力

在系统的特征中最重要的一个是系统整体性，系统能力是系统构成过程中形成的蕴含于系统之中的整体性，只与系统内部因素有关，与环境和外部条件无关。无论系统是否与环境相互作用，它仍然存在于系统之中，只有系统与环境相互作用时，这种潜在的系统能力才能发挥出来，否则就潜伏于系统本身。系统能力是系统的潜能，不是显能。

系统能力（System Capacity，SC）是由要素能力、要素种类、要素数量、要素关系（系统结构）四个方面综合作用而产生的一种整体性。可以形式化地表示为：

$$SC = emerge(AoE，ToE，NoE，SS) \tag{2-1}$$

式 2-1 中，SC 表示系统能力；AoE（Ability of Elements）表示构成系统的要素所具有的能力，不同要素有不同的能力；ToE（Type of Elements）表示要素的种类，反映要素在本质上的区别；NoE（Number of Elements）表示要素的数量，反映系统的规模大小；SS（System Structure）表示系统的结构。特别是 emerge 表示系统能力与影响因素之间的关系，改变其中的任何一个或多个因素都可以改变系统能力，这种关系是一种从下而上、从局部到整体的纵向关系，称为"涌现"，不是一般的函数关系。一个系统不只具有一种能力，而是具有多方面的能力，所以系统能力 SC 是一个集合的概念。

4）系统功能

系统功能（System Function，SF）是指具有系统能力的系统在一定的系统环境以及系统与环境相互作用关系条件下，依据一定的机制或机理，在运动过程中所发挥出来的系统能力。可以形式化地表示为：

$$SF = function(SC，SE，SI，SM) \tag{2-2}$$

式 2-2 中，SF 表示系统功能；SE（System Environment）表示系统所处的环境因素；SI（System Interface）表示系统与环境之间的接口；SM（System Mechanism）表示系统机制。行为是可以"观测"的，通过对系统行为分析可以"得知"系统发挥了什么功能，从而推测出系统所具有的系统能力。

系统能力是系统功能的内因，系统环境是系统能力发挥的外因，而能力的发挥必须是在完成活动的动态过程中才可能实现的，而且是按照一定的"机制"进行的。对于自然系统而言，所谓活动就是系统按照自然规律（机理）所进行的运动；对于人工系统而言，活动则是按照人的目的或控制规律（机制）所进行的有意义的工作，比如，人为规定的作业流程等都在某种程度上反映了系统的运行机制。

系统机制是指具有特定结构的系统在运动过程中，系统内部各个组成部分之间相互作用的秩序或次序，以及各个组成部分在这个秩序中运动方式的总和。系统结构是各个组成部分之间相互联系的方式，是静态的联系，在一定的时期内是不变的，而运行机制则是系统运行中的动态系统。更具体地说，机制就是系统某些组成部分之间的某些关系的动态组合的方式，这种动态组合呈现一种稳定的秩序、可重复的秩序，表现为一种规律。

对于自然界来说，机制就是规律；对于人工系统来说，机制就是方法，就是过程；对于生产组织系统来说，机制就是作业流程。

5）系统能力与系统功能的关系

系统功能与系统能力是既相关又不同的两个概念，相关是系统功能必须以系统能力为基础，系统不会产生其自身没有能力基础的功能；不同是指系统能力是系统的潜力，不管系统是否与环境相互作用，它都是存在的。系统功能是系统与环境相互联系、相互作用，并且在环境中从事某种活动的过程中才能表现出来的系统能力。系统能力和系统功能的关系如图2-3所示。

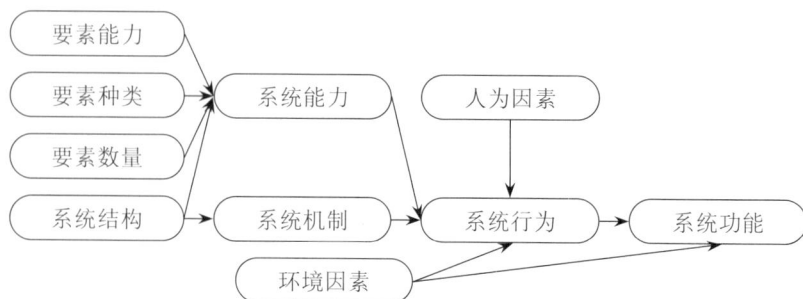

图2-3　系统能力与系统功能的关系

2.2.2 系统建模

1）模型及其基本性质

在系统仿真中，被研究的实际系统或未来的想定系统称为原型，原型的等效替身则称为模型。模型通常借助文字、符号、图表、实物或数学表达式等提供关于系统要素、要素间关系以及特征或变化规律的信息和知识。

有效的模型必须能够反映原型的主要特征、特性及功能，并具备以下性质：

（1）普遍性：普遍性是指模型能够描述多个相似系统。

（2）相对精确性：相对精确性是指模型的近似度和精度都不可超出应有限度和许可条件。

（3）可信性：可信性是指模型必须经过校核、验证和确认，使其具有满意的可信度。

（4）异构性：异构性是指对于同一个系统，模型可以具有不同形式和结构，即模型不是唯一的。

（5）通过性：通过性是指模型可视为黑箱，能够利用输入输出实验数据辨识出其结构和参数。

2）模型的分类

模型通常分为物理模型、概念模型和数学模型。

（1）物理模型。它是以实物或图形直观地表达对象特征所得到的模型。物理模型是根据一定的规则对系统进行简化、描述或按照一定比例缩小、放大而得到的仿制品。通常要求物理模型与实物高度相似，能够逼真地描述实物原型。

（2）概念模型。它是对现实世界及其活动进行概念抽象与描述的结果。概念模型是基于人们的经验、知识背景和思维直觉形成的，是人的大脑活动的产物。概念模型基于对所研究系统相关概念的抽象并通过对抽象概念相互关系的概括和描述得到，通常用语言、符号、框图等形式表达。概念模型可以看作现实世界到数学模型或计算机仿真系统的一个中间层次。

（3）数学模型。它是用来描述系统要素之间以及系统与环境之间关系的数学表达式。各种数学表达式均可以作为数学模型的基本形式。数学模型主要用来描述系统运行行为特征和基本规律，是研究系统、认识系统的重要工具和手段。

2.2.3　系统仿真

1）系统仿真的定义

仿真一词译自英文 Simulation，也称为模拟。1961 年，G.M. Morgenthler 首次对仿真一词作出技术性的解释，他认为仿真意指在实际系统尚不存在的情况下对系统或活动本质的实现。

1981 年，科恩（Korn）在《连续系统数字仿真》（*Digital Continuous-system Simulation*）中给出了仿真的技术性定义："用能代表所研究的系统的模型做实验。"1982 年，斯普里耶（Spriet）进一步将仿真的内涵加以扩充："所有支持模型建立与模型分析的活动即仿真活动。"1984 年，奥伦（Oren）给出了仿真的基本概念框架："建模—实验—分析"。现代仿真的概念框架如图 2-4 所示。

2）系统、模型、仿真三者之间的关系

系统、模型、仿真三者之间联系密切。系统是研究的对象；模型是系统的抽象，是实际系统的替代物和模仿品；仿真则是基于系统建模和实验分析研究系统的过程。

本书将系统仿真定义为通过对替代物或模仿品的实验分析对与之相似的原型系统进行研究的过程。系统仿真是分析和研究各种（复杂）系统的重要工具。仿真技术三要素及三个基本活动如图2-5所示。

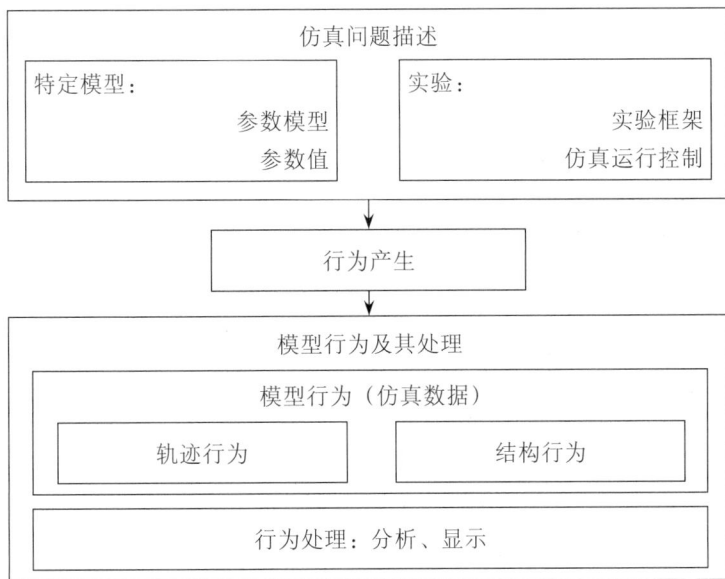

图2-4 现代仿真的概念框架

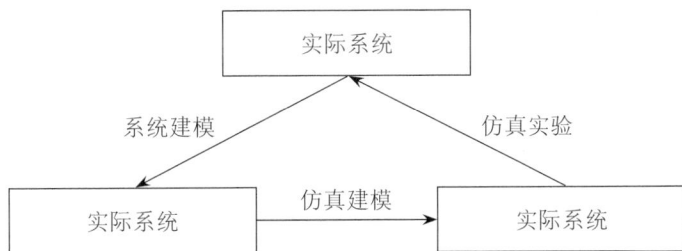

图2-5 仿真技术三要素及三个基本活动

（1）系统建模。系统建模是指通过对实际系统的观测或检测，在忽略次要因素及不可检测变量的基础上，用物理或数学逻辑的方法进行描述，从而获得实际系统的简化近似模拟。

（2）仿真建模。仿真建模反映了系统模型（简化模型）同仿真器或计算机之间的关系，它应能为计算机所接受，并能运行。因此，仿真建模就是对系统的数学模型进行一定的算法处理，使其变成合适的形式之后能够在计算机上进行数字仿真的可计算/可执行模型。

（3）仿真实验。仿真实验是指在计算机上通过对模型的不断运行、分析其结果，进一步认识系统、得到问题解答的过程。

2.3　SERU系统柔性与效率分析框架

结合制造柔性的概念本质和SERU生产方式的特征，本书提出了一个基于自组织理论的SERU系统柔性与效率分析框架，如图2-6所示。这一框架以"自组织柔性要素—他组织柔性要素—SERU系统整体效率"为主线，从个体层面、单元层面和系统层面，剖析了SERU系统柔性的构成、形成及其与效率的关系等问题；以"自组织柔性要素"为开端，回答了SERU系统柔性要素在自组织状态转换过程中的关联关系，分析了柔性要素的相互作用机理，解释了SERU系统柔性形成过程；以"他组织柔性要素"为管理手段，回答了在他组织要素干预下SERU系统柔性与整体效率的相互关系，揭示了SERU系统柔性与效率的相互影响机制。

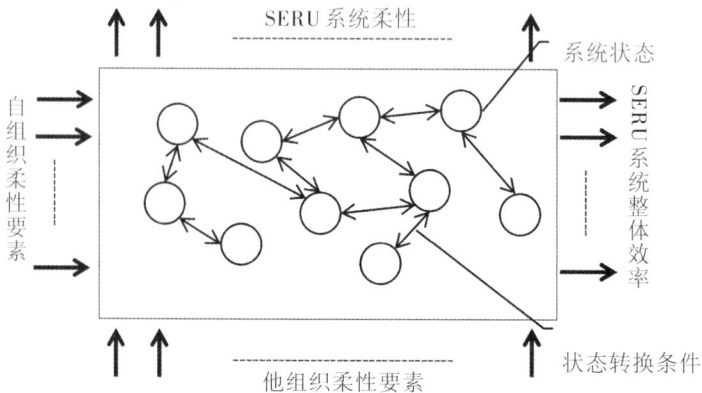

图2-6　基于自组织理论的SERU系统柔性与效率分析框架

2.3.1　自组织柔性来源

现有文献和企业实践表明，相较于传统流水线和以机器为主的欧洲式单元生产来说，在以人为中心的 SERU 生产中，柔性主要源于两个方面，即多技能工和柔性工序。

1）多技能工

按照所掌握技能的多少，工人可分为单技能工、多技能工和全技能工。单技能工是指只会单一操作的工人。多技能工是指可以进行多工序操作的工人。全技能工是指可以从头至尾掌握全部工序并独立生产产品的工人。流水生产线上的工人是单技能的，而在 SERU 生产中的工人必须是具备多技能的。例如，在分割式 Seru 中的工人是多技能工，在巡回式 Seru 中的工人是全技能工，在单人式 Seru 中的工人也是全技能工。

多技能工或全技能工是实现 SERU 生产的前提条件，多技能工或全技能工的存在实现了 SERU 生产中人员的灵活配置，是体现 SERU 生产柔性的关键因素。此外，工人掌握了多项技能，可以最大限度地把握产品生产的全流程，从全局视角认识产品生产的全过程，从而更加关注产品的质量和加工时间，提高工人改善技能水平的积极性，进一步激发出工人的潜能。

在流水生产线上，分工使得每道工序的任务相对简单，即使是新工人也可以通过几天甚至几小时的培训后上岗生产。而在 SERU 系统中，需要的工人是能操作多道工序的多技能工或全技能工，尽管培训时间相对较长，但是，可以通过多技能工的搭配和 Seru 的重组，实现生产系统的灵活性和高柔性。

需要注意的是，多技能工除了作业任务之外，在分割式 Seru 和巡回式 Seru 内部存在相互协作和干扰，单人式 Seru 仅包含 1 名全技能工，不存在相互协作与干扰，而在 SERU 系统中，不同 Seru 之间也存在相互协作与干扰。在分割式 Seru 中，工人的作业顺序是相对固定的，每名工人负责固定的由多道连续工序构成的工作区。由于工人作业效率、工作区作业内容、产品等的差异，相邻的多技能工之间存在相互等待、交接工件、非作业行走等需要相互配合的协作行为。在巡回式 Seru 中，工人的作业顺序是可以改变的，允许作业效率高的工人超越作业效率低的工人。在彼此超越过程中，也存在相互等待、交接工件、非作业行走等需要相互配合的协作行为。

多技能工作为自组织柔性要素的主要特征如下：

（1）多技能工的作业效率

多技能工的作业效率是指工人保持作业状态下在单位时间能够完成的产品数目。由于 SERU 系统中，工人是可以行走的，因此，可以把多技能工的作业效率等同为工人在作业状态下的行走速度。

（2）作业效率的波动性

多技能工的作业效率是存在波动的，这是因为 SERU 生产不是按照流水线的自动化节拍生产的，而是依赖于多技能工自身的技能水平、熟练程度和经验等。而且，作业效率也遵循学习曲线的变化规律。

（3）交接工件时间

在分割式 Seru 和巡回式 Seru 中存在多名工人，这些工人在作业过程中需要停止生产交接工件，通过训练和培训，可以提高交接工件的熟练程度，进而减少交接工件时间。

（4）非作业行走时间

多技能工需要在 Seru 内行走，以获取工件继续加工产品，走动时间与行走距离和多技能工非作业状态的行走速度有关。

（5）工人等待时间

在 Seru 布局或设计不太平衡的情况下，多技能工之间存在相互等待的情况，可能是等待交换工件，或者被作业效率高的工人阻碍等。

2）柔性工序

相对于流水装配线而言，SERU 生产方式更加强调采用小型、简化、可移动、自制、自动化程度低、成本低的设备，因为这种设备更加适合以手工装配作业为主的 SERU 生产方式。虽然现有文献对 SERU 系统设备和工作台的描述相对较少，但它的作用也是不可忽略的。SERU 系统作为一种可重构的制造系统，要满足系统在物理上的重构、简单、便宜，轻便且可移动的设备及工作台是必要的前提条件。

工序作为自组织柔性要素的主要特征如下：

（1）工序连续性。根据工序连续性可分为连续的（Continuous）和离散的（Discrete）两种类型。连续的是指在该工序上的加工过程可以从任意位置开始；离散的是指在该工序上的加工过程必须是一个完整的过程，不可以打断。工序连续性与该道工序的工艺要求有关。

（2）工序可占先性。据工序可抢占性可分为可占先的（Preemptive）和不可占先的（Non-Preemptive）两种类型。可占先的是指工人可以打断其他工人在该工序上的作业，并继续开始加工；不可占先的是指工人不允许打断其他工人在该工序上的作业。工序可占先性除了与该道工序的工艺要求有关外，还与工序周围的空间等生产布局因素有关系。

（3）工序作业内容分布。工序作业内容占整个 Seru 作业内容的比例。通常情况下，SERU 构建的时候，尽量使得各道工序分布均匀，从而获得系统平衡。

（4）工序分布可调。根据加工产品的工艺要求，某（些）道工序的内容占比是可以调整的，更有利于系统平衡，而有些环节的工艺要求是固定的、连续的，工序分布不可以任意调整。

（5）工序前后缓冲。在某道工序的前面设置缓冲区，可用于工人暂时存放未完成的产品。但是缓冲区是临时的，缓冲区大，意味着占用空间大，工人行走距离长或者路线曲折，浪费时间；缓冲区小，则对于平衡生产作用较小。

2.3.2　自组织柔性形成过程

作为SERU生产的最基本组织单位，Seru是一个生产单元，这个生产单元包括几个简单设备和一个或几个能操作多个设备的工人（即多技能工）。在Seru中的工人需要能够掌握这个Seru中大多数或全部工序/设备。SERU系统柔性自组织机制与SERU生产基本组织形态有关。

具有代表性的Seru布局形状有直线形、U形、花瓣形、货摊形等，如图2-7所示。U形布局方式在SERU生产中使用比较频繁。直线形布局适合品种少、产量大的连续生产，传送带被移除，工作台之间设有放置半成品的地方。U形布局方式缩短了工人和工序/设备间的距离，工人在作业过程中需要移动的总距离较短，原材料和完成品都放置在U形开口的通道处。花瓣形布局的Seru，从上向下看，像盛开的花瓣。货摊形布局像卖货的货摊一样紧凑，适合单人式Seru的生产。

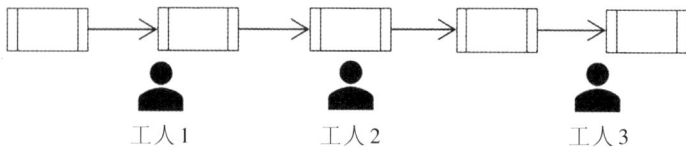

工人1　　　　工人2　　　　工人3

（a）直线形3名工人5道工序实例图

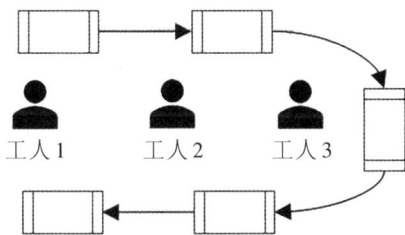

（b）U形3名工人5道工序实例图

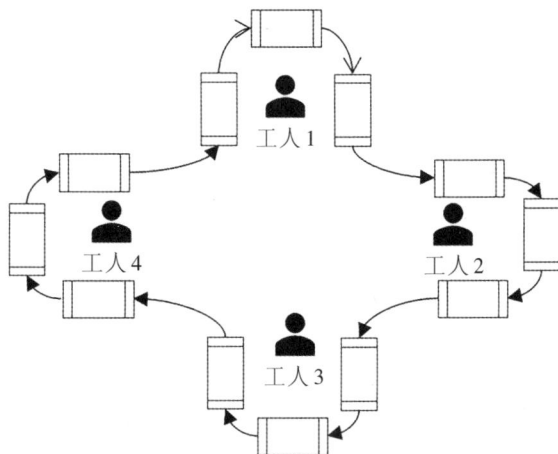

（c）花瓣形4名工人12道工序实例图

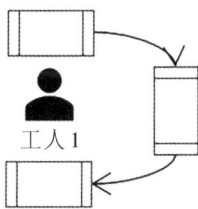

（d）货摊形1名工人3道工序实例图

图2-7　直线形、U形、花瓣形、货摊形布局的实例图

　　按照工人组织方式的不同，Seru有三种基本类型：分割式Seru（Divisional Seru）、巡回式Seru（Rotating Seru）、单人式Seru（日语为Yatai）。

1）分割式Seru

分割式Seru是SERU生产所必须经历的初始阶段，是通过将工序按照流动方向分割成若干个工作区而形成，每个工作区包括一道或多道工序的装配任务，由1名工人负责，一个工作区的作业完成之后交给下一个工作区。此时要求工人是多技能工，但无须是全技能工。生产实践中，发现有两种典型的分割式Seru：（1）1名工人只负责一个工作区，如图2-8（a）所示，该类型的分割式Seru实现简单、操作方便；（2）1名工人可以负责2个工作区，如图2-8（b）所示，由1名资深工人同时负责开始和结束部分的两个工作区，有利于对产品质量、生产效率的把控。需要说明的是，相邻工作区之间是允许交叠的，如图2-8（c）和（d）所示，相邻工人可以互相协作和交流经验。

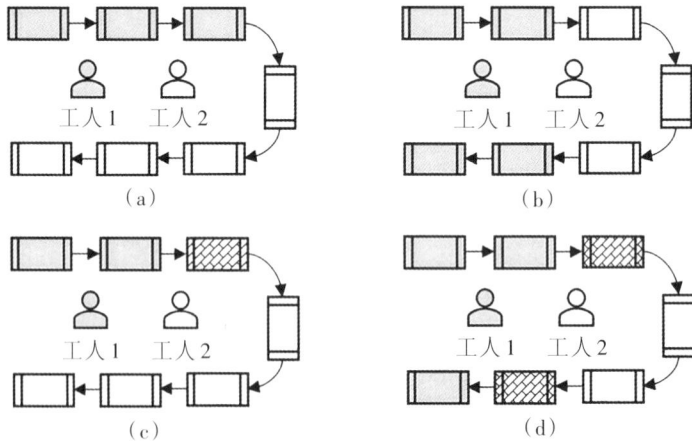

图2-8　分割式Seru的实例图

分割式Seru的优点是：每名工人并不需要能操作所有的工序，实施SERU生产必须进行多技能工培训，培训相对简单，尤其在缺少全技能工或全技能工培训没有取得有效进展时，分割式Seru是实施SERU生产的唯一可行而有效的方式。

分割式 Seru 的缺点是：串行化工作方式，很难提高组织效率，不同工作区的加工时间很难一致，工作区容易出现不平衡。

随着工人作业熟练度的提升以及交叉培训的不断深入，工人会由掌握 Seru 中部分工序操作方法的多技能工，升级为能掌握 Seru 中所有工序的全技能工。此时可采用更高级的 Seru 形态，即巡回式 Seru 或单人式 Seru。

2）巡回式 Seru

巡回式 Seru 也称为逐兔式 Seru，由多名工人共同组成一个 Seru，但与分割式 Seru 有所不同，每名工人都能独立完成产品的所有装配工序，工人按照一定方向随着产品装配工序的位置移动，采用 U 形布局形态。与分割式 Seru 比较，巡回式 Seru 中的工人都是全技能工，可同时装配一种或多种产品。

巡回式 Seru 的优点是：容易应对市场需求量的增加或减少，不会因为前后工序作业时间不同而产生在制品库存，工人作业效率提升，巡回式 Seru 性能也会得到改善。

巡回式 Seru 的缺点是：需要全技能工，但会产生作业相互干扰的情况，需要实时关注工人技能水平的不平衡，有时也会因工人作业效率的差异而产生窝工现象，即作业效率低的工人会影响到其他工人，从而使整个巡回式 Seru 的生产效率降低。

3）单人式 Seru

单人式 Seru 也称为屋台式 Seru，由一个全技能工独自负责一个 Seru，工人巡回作业，独立完成一种或多种产品的所有装配工序。与巡回式 Seru 相比，单人式 Seru 中只有 1 名工人，不受其他工人作业效率的影响，适合生产技术难度高、精密度要求高、附加值高的产品。

单人式 Seru 的优点是：能够很好地应对品种变化的顾客需求，不存在作业效率低的工人影响其他工人的情况，没有因前后工序作业时间不一致而产生的在制品库存，能够实现自主管理，只要工人作业效率提升，单人式 Seru 性能就会得到改善，因此积极性和热情高。

单人式 Seru 的缺点是：需要全技能工，培训成本高、时间长，设备投资大、空间需求大，不利于扩大生产，不适合追求高产量的情况。

4）三种基本类型的区别

关于上述 Seru 类型的讨论，并不是为了判别哪种 Seru 组织形态是最好的，而是期望以一种灵活的态度，根据产品需求和企业已有的资源，选择最合适的 Seru 组织形态。例如，在实施 SERU 生产的初级阶段，应该组建分割式 Seru。相比其他类型 Seru，分割式 Seru 中每名工人的作业量较少，作业操作熟悉快，步行移动距离少，能够快速而有效地执行 SERU 生产。随着工人能够掌握工序数量的提升，可以考虑组建巡回式 Seru 和单人式 Seru。巡回式 Seru 和单人式 Seru 是更高级的 Seru 形式。

这三种类型各有优缺点，如表 2-2 所示。

表 2-2   三种基本 Seru 类型的比较

比较项目	分割式 Seru	巡回式 Seru	单人式 Seru
工人数	多人	多人	1 人
作业形态	工序分割	无分割	无分割
多技能工	非全技能工	全技能工	全技能工
完结性	需多人完结	自主完结	自主完结
布局	直线形或 U 形	多为 U 形	货摊形或 U 形
当产量增加/减少时	应对较难	增加/减少工人数，相对容易	增加/减少单人式 Seru 个数，投资大、空间需求大

比较项目	分割式 Seru	巡回式 Seru	单人式 Seru
当产品品种增加/减少时	增加/减少分割式 Seru 个数，执行较难	增加/减少巡回式 Seru 个数，执行较难	增加/减少单人式 Seru 个数，相对较易
适用情况	Seru 生产的初期阶段；缺少全技能工；生产高产量产品	生产中等产量产品；不缺少全技能工；工人技能水平相同或相近	不缺少全技能工；产品品种变化多、生产产量小；生产步骤多
缺点	很难提高组织效率；产生在制品库存；平衡难、需要实时保证良好的平衡性	需要全技能工；产生作业干涉；工人技能水平的不平衡；作业效率低的工人容易产生较大的精神压力；工人手艺严重影响产品品质	需要全技能工；不适合追求高产量的情形；需要 Seru 限额
优点	需要较少的多技能工培训；在多技能工不是最佳的情况下，也可以有效实施 SERU 生产	很好地应对产量变化的需求；没有在制品库存；工人提高自身能力的热情高涨	很好地应对品种变化的需求；不存在干扰作业、工人可集中精力作业；没有在制品库存；实现自主管理；工人提高自身能力的热情高涨

　　SERU 系统源于流水线的拆分。在流水线拆分之后，SERU 系统即进入一个随自身情况和外界需求持续演化的过程。大量研究和生产实践表明，SERU 系统在演化过程中，一般表现出三种不同的组织形态，即分割式 Seru、巡回式 Seru 和单人式 Seru，有学者认为单人式 Seru 是 Seru 演化的方向和高级形态。本书认为，这三种组织形态并没有严格意义上的优劣，也不能把单人式 Seru 看作 Seru 演化的唯一方

向。分割式 Seru 是否向单人式 Seru 演化，应该取决于企业的内外部条件。对于一个企业来说，上述三种 Seru 组织形态可以依据实际情况组合应用。

2.3.3 他组织影响机制

他组织因素主要关注如何通过对自组织柔性要素的组织实现柔性的过程。基于现有文献和企业实践，本研究确定以下要素为他组织柔性要素：SERU 系统类型与并行化生产、Seru 规模大小、交叠工序数目、交叠工序位置。事实上，在 SERU 生产实践中还存在其他类型的他组织因素。

1）SERU 系统类型与并行化生产

（1）SERU 系统类型

SERU 系统是指包含一个或多个 Seru 的生产组织系统，是 Seru 生产的管理对象。根据 SERU 系统中包含的 Seru，以及是否有流水线，可将 SERU 系统简要地分类为纯 SERU 系统和混合流水线 SERU 系统。

纯 SERU 系统是指只含有某种类型的 Seru，而不含有流水线的 SERU 系统，根据包含 Seru 的类型，纯 SERU 系统又可分为纯分割式 SERU 系统、纯巡回式 SERU 系统、纯单人式 SERU 系统和复合 SERU 系统（CSS）。其中，前三种系统中只含有一种基本 Seru 类型，如纯巡回式 SERU 系统是指系统中只含有巡回式 Seru 的系统，如图 2-9 所示。复合 SERU 系统中至少含有两种 Seru 类型，复合 SERU 系统可方便地提高平衡性，减少半成品的数量。如图 2-10 所示，这是一个由单人式 Seru 和一个分割式 Seru 构成的复合 SERU 系统。通常实施 SERU 生产几年后，一般会产生这种复合 SERU 系统，以着眼于整个系统的平衡性。

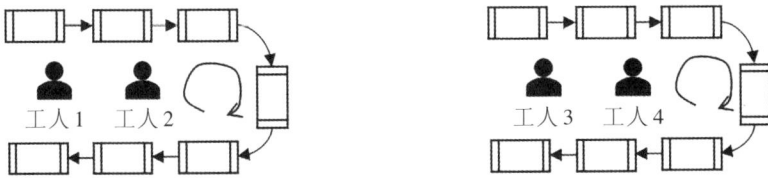

图 2-9 纯巡回式 SERU 系统的实例图

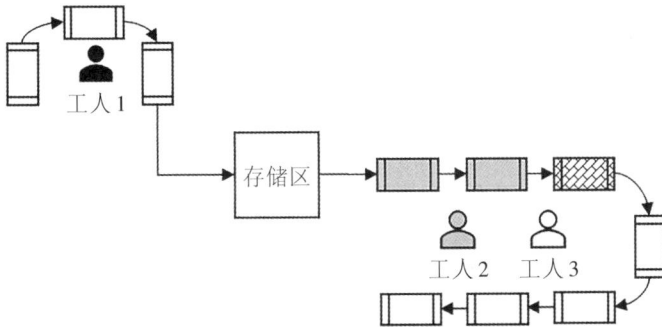

图 2-10 复合 SERU 系统的实例图

混合流水线 SERU 系统是指既含有一种或多种基本 Seru 类型也包含一部分流水线的 SERU 系统。之所以部分流水线被保留，是因为：设备比较昂贵，不适合在每个 Seru 中复制；工人不是多技能工，只能完成流水线上的一道工序。如图 2-11 所示，这是一个由 Seru 和流水线构成的混合流水线 SERU 系统。

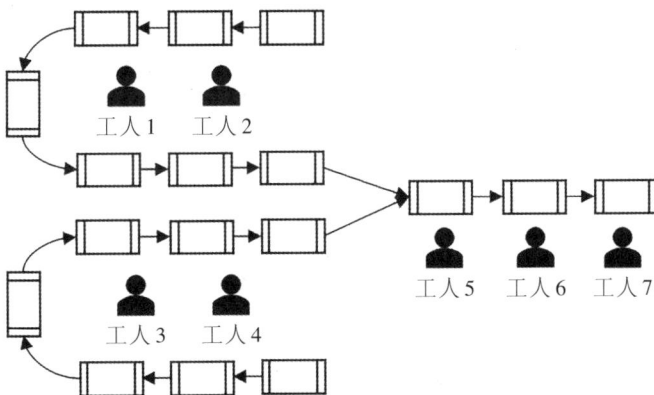

图 2-11 混合流水线 SERU 系统的实例图

（2）SERU 系统构建与调度

SERU 生产方式的管理对象是 SERU 系统，是在 Seru 和 SERU 系统的基础上进行生产的一种生产组织形式。核心是如何构建 Seru，以及如何高效地管理各个 Seru 组成的 SERU 系统以适应顾客需求。此外，SERU 生产的有效实施还需要辅助系统，包括多技能工培训系统、原材料供应系统、生产现场的运输系统、运作管理系统等。

SERU 系统构建是指构造 Seru 并指派工人到相应的 Seru 中的过程。SERU 系统构建需要将生产目标产品的品种数、产量、工人多技能化的程度及其他情况考虑进来，确定要实际构造的 Seru 类型、目的、工序、布局、Seru 内的人数、Seru 内部和 Seru 之间的平衡程度。比如，由 2 名多技能工构成一个分割式 Seru，需要安排多技能工的作业顺序、负责的工作区、交接工件的位置、缓冲区的大小等，这些因素对分割式 Seru 的生产效率和柔性都会产生重要的影响。

SERU 生产中制订的生产计划包括确定生产品种和数量，分配生产批次到合适的 Seru 中进行加工，确定批次在每个 Seru 中加工时间和顺序，也称为 SERU 调度。SERU 调度是一个非常复杂的组合优化问题，是 NP 难问题。在进行 SERU 调度时，如果方法不合理，会出现批次分配不合理、有的 Seru 过量作业、SERU 系统生产效率低下等问题。SERU 调度的目标是获得 SERU 生产效率最优的调度方案。以一天为例描述 SERU 生产制订生产计划的详细过程。首先，依据客户需求确定当天需要生产的产品类型和数量。然后，分配产品到合适的 Seru 中进行生产。在实际的 SERU 生产中，Seru 加工的单位通常是批次，一个批次由一定数量的同种类型产品组成。最后，确定每个批次在 Seru 中的具体加工时间和顺序。

SERU 调度是在给定产品批次和 SERU 构建结果的基础上进行的，因此 SERU 调度结果受 SERU 构建结果的影响，而 SERU 构建结果也不是固定的，但通常来说产品的生产批次是确定的。因此，SERU 生产组织与管理包含两个重要的部分，即 SERU 构建和 SERU 调度，这两个问题都是 NP 难问题，虽然两个问题联合起来解决非常困难，但是若想获得最优的 SERU 生产效率，就需要将 SERU 构建和 SERU 调度一起考虑获得二者联合优化的最优解。

（3）生产并行化

生产并行化是 SERU 生产的一个重要特点，这种生产组织方式是 SERU 系统兼具高效率和高柔性的关键。多技能工在不同 Seru 中协作行为的复杂性，进一步提升了 SERU 系统并行生产组织与调度的复杂性，在深入研究多技能工行为规律和机理的基础上，调整批次调度、任务分配等他组织因素，可以有效提升 SERU 系统的效率和柔性。

2）Seru 规模大小

Seru 的规模大小是指多技能工的数量，能够根据需求的波动特性对特定 Seru 的生产能力进行管理是 SERU 生产方式的一个显著特点。与人数固定的流水装配线不同，SERU 系统中工人数量可根据需求的变化进行灵活调整，即在 Seru 中添加、移除或调换工人。这使得 Seru 能够像系统中有机细胞一样延伸或收缩，有助于增强生产能力调整的灵活性。但值得注意的是，Seru 不能过度延伸，来自生产实践的证据表明，一个 Seru 内的工人数量最多为 7 个，否则一旦出现一些不良问题，例如工人之间相互干扰、生产不平衡等问题，就会最终影响整体效率，所以通过改变 Seru 规模大小的方式来响应需求的变化，一般适用于需求变化幅度不太大的场景。通常，Seru 规模越小，即 Seru 内工人数量越少，工人所承担的工作内容越多，工人间的干扰就越小，Seru 的柔性就越高。

3）交叠工序数目及位置

只有在分割式 Seru 中才存在交叠工序数目和位置的设定问题。

由一系列连续工序构成的区域构成一个工作区（Station Zone）。相邻2名多技能工之间可以互相协作，通过交叉培训，相邻2名工人都可以在某（些）道工序上作业。但是交叠工序数目越多，交叉培训成本越高，而且位置的设定也对效率有很大影响，如果设置得不合理会存在Seru不平衡，出现等待和空闲，降低整个Seru的生产效率。

2.4 本章小结

对自组织理论和系统建模方法进行了梳理，提出基于自组织理论的SERU系统柔性与效率分析框架，从个体、单元和系统三个层面，具体地阐述SERU系统柔性的构成、形成及其与效率的关系等问题，揭示了SERU系统柔性与效率的相互影响机制。

3

分割式Seru柔性建模与效率分析

在本章中，首先，将分割式Seru划分为单区和双区两种子类型，分别建立这两种子类型的运行规则；其次，依次构建2工人-3工序和2工人-m工序的多技能工与柔性工序关系模型，研究自组织情况下状态转换条件、演化过程和演化规律；最后，针对n工人-m工序的柔性工序是否存在交叠情况，分析柔性因素对效率产生的影响及适用场景。

3.1　两种分割式Seru组织方式

令 $W = \{w_1, w_2, \cdots, w_n\}$ 表示 n 名工人集合，其中，$w_i(i = 1, 2, \cdots, m)$ 表示第 i 名工人；$V = \{v_1, v_2, \cdots, v_n\}$ 表示 n 名工人的作业效率集合，其中，$v_i(i = 1, 2, \cdots, m)$ 表示工人 w_i 的作业效率；$X = \{x_1, x_2, \cdots, x_n\}$ 表示 n 名工人的作业位置集合，$x_i \in [0, 1)$ 表示第 i 名工人的作业位置，也表示工人 w_i 手持工件完成作业内容的百分比，比如，当 $x_i = 0.3$ 时，表示工人 w_i 手持工件已完成30%的作业内容；$S = \{s_1, s_2, \cdots, s_m\}$ 表示 m 道工序作业内容占整个 U 形分割式 Seru 作业内容的比例，即 $\sum_{j=1}^{m} s_j = 1$，如图3-1所示。

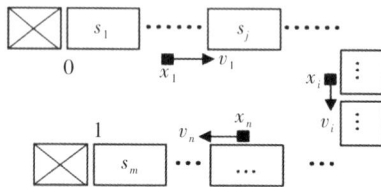

图 3-1　分割式 Seru 示意图

由一系列连续工序构成的区域构成一个工作区。实际调研发现，生产实践中通常存在两种不同的分割式 Seru 组织方式：每名工人负责一个工作区，称为单区分割式 Seru；每名工人负责两个工作区，称为双区分割式 Seru。

3.1.1 单区分割式 Seru 及其运行规则

由于单区分割式 Seru 中工人保持固定的作业顺序，因此，$0 \leqslant x_1 \leqslant x_2 \leqslant \cdots x_n \leqslant 1$，工人 w_{i-1} 和 w_{i+1} 分别是工人 w_i 的前序工人和后序工人。工人 w_i 负责的工作区记作 $Z_i (i = 1, 2, \cdots, n)$，且 $\bigcup\limits_{i=1}^{n} Z_i = \{s_1, s_2, \cdots, s_m\}$，对于任意 i，i'，$i \neq i'$，如果 $Z_i \cap Z_{i'} = \phi$，工作区之间没有交叠；如果 $Z_i \cap Z_{i'} \neq \phi$，工作区之间有交叠。

图 3-2 描述了一个 3 工人-10 工序单区分割式 Seru。其中，工人 w_1 作业的工作区为 $Z_1 = \{s_1, s_2, s_3, s_4\}$，工人 w_2 作业的工作区为 $Z_2 = \{s_3, s_4, s_5, s_6, s_7\}$，工人 w_3 作业的工作区为 $Z_3 = \{s_7, s_8, s_9, s_{10}\}$。蓝色矩形表示相邻 2 名工人所负责工作区之间的交集，即 $Z_1 \cap Z_2 = \{s_3, s_4\}$，$Z_2 \cap Z_3 = \{s_7\}$。

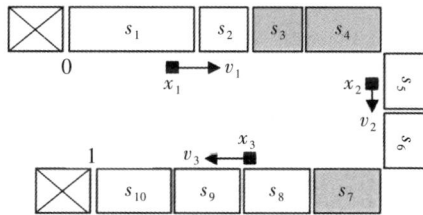

图 3-2　3 工人-10 工序单区分割式 Seru 示意图

工人作业规则为：

1）正向规则

（1）工人 $w_i (i = 1, \cdots, n-1)$ 手持工件依次在工序上加工，直至受阻于工序 s_j 的前端。

①如果工序 s_j 被工人 w_{i+1} 占用（$s_j \in Z_i$），工人 w_i 等待工人 w_{i+1} 完成其在工序 s_j 上的作业，工人 w_i 从工序 s_j 的前端开始继续作业（如图 3-3（a）所示）。

②如果工序 s_{j-1} 是工作区 Z_i 的最后一道工序（$s_j \notin Z_i$），工人 w_i 等

待工人 w_{i+1} 接手其加工的工件，执行反向规则（如图3-3（b）所示）。

③如果工序 s_j 的前端已有工人 w_{i+1} 受阻，工人 w_i 等待工人 w_{i+1} 接手其加工的工件，此后，执行反向规则。

（2）工人 w_n 手持工件依次在工序上加工，直至到达U形线末端，完成一件产品，工人 w_n 执行反向规则（如图3-3（c）所示）。

2）反向规则

（1）工人 $w_i(i = 2, \cdots, n)$ 空手沿作业方向的反向行走，直到受阻于工序 s_j 的前端。

①如果工序 s_{j-1} 被工人 w_{i-1} 占用，$s_{j-1} \in Z_i$（如图3-3（d）所示），或者工序 s_j 是工作区 Z_i 的第一道工序，$s_{j-1} \notin Z_i$（如图3-3（e）所示），工人 w_i 等待直到接手工人 w_{i-1} 加工的工件，工人 w_i 执行正向规则。

②如果工序 s_j 的前端有工人 w_{i-1} 受阻，等待直到接手工人 w_{i-1} 加工的工件，工人 w_i 执行正向规则

（2）工人 w_1 空手沿作业方向的反向行走，直至到达U形线始端，开始一件新产品，工人 w_1 执行正向规则（如图3-3（f）所示）。

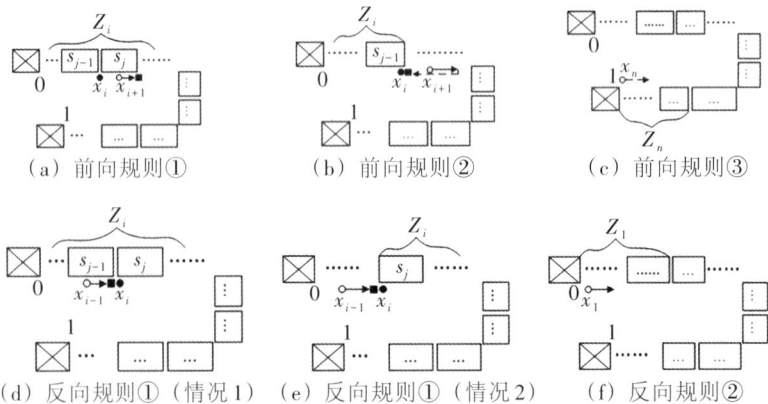

（a）前向规则①　　（b）前向规则②　　（c）前向规则③

（d）反向规则①（情况1）　（e）反向规则①（情况2）　（f）反向规则②

图3-3　单区分割式Seru工人作业规则

注：空心圆和实心方块分别表示工人起始和结束位置；实心圆表示工人不移动；实箭头表示工人作业方向；虚箭头表示工人行走方向。

3.1.2 双区分割式Seru及其运行规则

每名工人负责两个工作区。记 Z_i 和 $Z_{i'}$ 为工人 w_i 负责的两个工作区，且 $\bigcup_{i=1}^{n}(Z_i \cup Z_{i'}) = \{s_1, s_2, \cdots, s_m\}$。对于 $i = 1, 2, \cdots, n-1$，工人 w_i 工作在两个工作区，记作 $Z_i \cap Z_{i'} = \phi$；对于 $i = n$，$Z_i = Z_{i'}$。为确保作业顺利进行，这 $2n-1$ 个工作区是按一定顺序布局的，Z_i 越接近 U 形线的始端，$Z_{i'}$ 就越接近 U 形线的末端，前后两个工作区之间可以有交叠工序。令 x_i 和 x_i' 分别表示工人 w_i 在两个工作区 Z_i 和 $Z_{i'}$ 上作业的位置，那么，$0 \leqslant x_1 \leqslant \cdots \leqslant x_{n-1} \cdots \leqslant x_n \leqslant x_{n-1}' \leqslant \cdots \leqslant x_1' \leqslant 1$。

图 3-4 描述了一个 3 工人-10 工序双区分割式 Seru。其中，工人 w_1 作业的工作区为 $Z_1 = \{s_1, s_2\}$ 和 $Z_1' = \{s_9, s_{10}\}$，工人 w_2 作业的工作区为 $Z_2 = \{s_2, s_3, s_4\}$ 和 $Z_2' = \{s_7, s_8, s_9\}$，工人 w_3 作业的工作区为 $Z_3 = Z_3' = \{s_4, s_5, s_6, s_7\}$。灰色矩形表示相邻 2 名工人所负责工作区之间的交集，即 $Z_1 \cap Z_2 = \{s_2\}$，$Z_2 \cap Z_3 = \{s_4\}$，$Z_3 \cap Z_2' = \{s_7\}$，$Z_2' \cap Z_1' = \{s_9\}$。

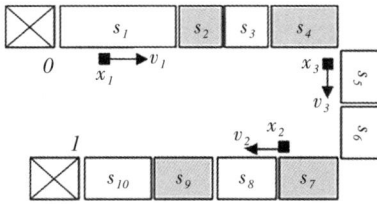

图 3-4　3 工人-10 工序双区分割式 Seru 示意图

工人作业规则为：

1）正向规则

（1）工人 $w_i(i = 1, \cdots, n-1)$ 手持工件在工作区 Z_i 上作业，直至受阻于工序 s_j 的前端。

①如果工序 s_j 被工人 w_{i+1} 占用，工人 w_i 等待工人 w_{i+1} 完成其在工

序 s_j 上的作业，工人 w_i 从工序 s_j 前端开始执行正向规则（如图 3-5（a）所示）。

②如果工序 s_{j-1} 是工作区 Z_i 的最后一道工序，工人 w_i 等待工人 w_{i+1} 与其交换工件，工人 w_i 从工作区 $Z_{i'}$ 的第一道工序前端开始执行反向规则（如图 3-5（b）所示）。

③如果工人 w_{i+1} 已经受阻于工序 s_j 的前端，工人 w_i 等待工人 w_{i+1} 与其交换工件，执行反向规则（如图 3-5（c）所示）。

（2）工人 w_n 手持工件在工作区 Z_n 上作业，直至受阻于工序 s_j 的前端。

如果工序 s_j 被工人 w_{i-1} 占用，或者工序 s_j 是工作区 Z_n 的最后一道工序，工人 w_n 等待直到工人 w_{n-1} 与其交换工件，工人 w_n 从工作区 Z_n 的第一道工序前端开始执行正向规则。

2）反向规则

（1）工人 $w_i (i = 2, \cdots, n)$ 手持工件在工作区 $Z_{i'}$ 上作业，直至受阻于工序 s_j 的前端。

①如果工序 s_j 被工人 w_{i-1} 占用，工人 w_i 等待工人 w_{i-1} 完成其在工序 s_j 上的工作，工人 w_i 从工序 s_j 前端开始执行反向规则（如图 3-5（d）所示）。

②如果工序 s_{j-1} 是工作区 Z_i 的最后一道工序，工人 w_i 等待工人 w_{i-1} 与其交换工件，工人 w_i 从工作区 Z_i 的第一道工序前端开始执行正向规则（如图 3-5（e）所示）。

③如果工序 s_j 的前端已有工人 w_{i-1} 受阻，工人 w_i 等待工人 w_{i-1} 与其交换工件，执行正向规则（如图 3-5（f）所示）。

（2）工人 w_1 在工作区 $Z_{1'}$ 上工作，直至到达 U 形线始端，开始一件新产品，工人 w_1 执行正向规则（如图 3-5（g）所示）。

（a）前向规则①　　　　　　　（b）前向规则②（情况1）

（c）前向规则②（情况2）　　　（d）反向规则①

（e）反向规则②（情况1）　（f）反向规则②（情况2）　（g）反向规则③

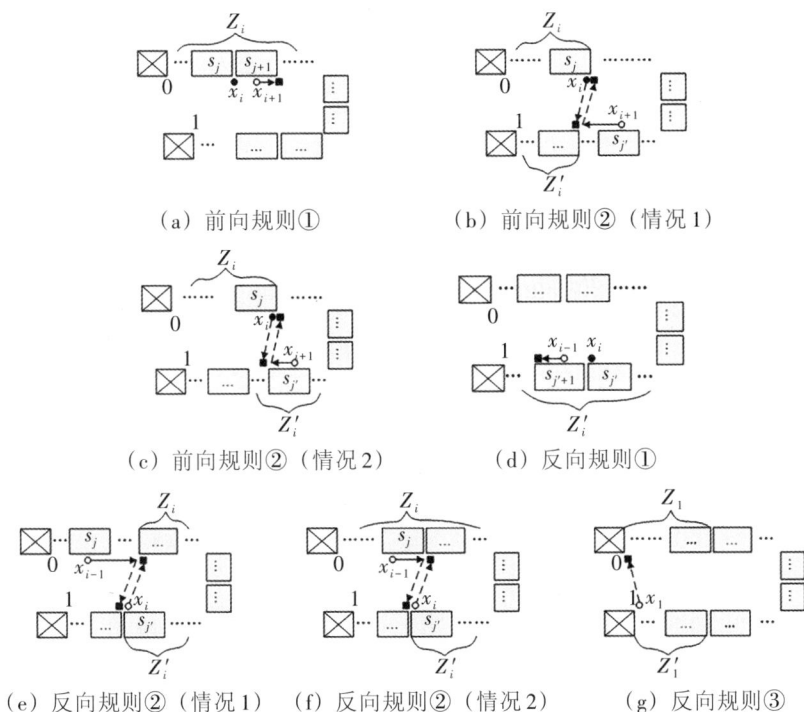

图 3-5　双区分割式 Seru 工人作业规则

3.2　2工人-3工序

对于由 2 名工人和 3 道工序构成的分割式 Seru 来说，3 道工序占整个 U 形分割式 Seru 作业内容的比例表示为 s_1、s_2 和 s_3，$s_1 + s_2 + s_3 = 1$，工人 w_1 和 w_2 的作业效率分别表示为 v_1 和 v_2，令 $r = v_1/v_2$，表示工人 w_1 和 w_2 作业内容的比例。

3.2.1　单区分割式 Seru

1）系统状态

令 Z_1 和 Z_2 为工人 w_1 和 w_2 负责的工作区，且 $Z_1 = \{s_1, s_2\}$ 和 $Z_2 =$

$\{s_2, s_3\}$。由上述单区分割式 Seru 作业规则分析可知，2 名工人在作业过程中出现相互干扰的状况，在 2 工人-3 工序单区分割式 Seru 中存在两种类型的状态。

令 $D_1 = \{d_j^1 | j = 1, 2\}$ 表示工人 w_1 状态集合，其中，d_1^1 和 d_2^1 分别表示工人 w_1 在正向作业过程中，从受阻于工序 s_1 和 s_2 的后端，到恢复作业的过程；$D_2 = \{d_j^2 | j = 2, 3\}$ 表示工人 w_2 状态集合，其中，d_2^2 和 d_3^2 分别表示工人 w_2 在反向作业过程中，从受阻于工序 s_2 和 s_3 的前端，到恢复作业的过程（如图 3-6 所示）。

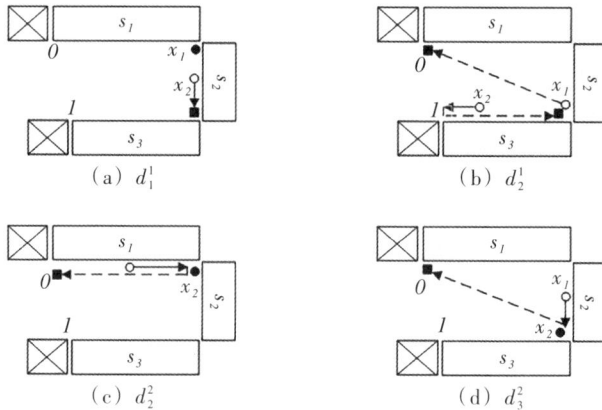

图 3-6　2 工人-3 工序单区分割式 Seru 内工人受阻时的实际作业过程

注：实心圆圈表示工人受阻的状态，空心圆圈和实心方块分别表示另一位工人的起始和结束状态，实线箭头表示作业内容和方向，虚线箭头表示行走轨迹和方向。

2）状态转换条件及转换关系

表 3-1 给出了工人状态在 2 名工人作业效率和 3 道工序作业内容比例条件约束下的相互转换关系。

下面以表 3-1 的第一状态为例，说明状态转换及转换条件。当前一状态是 d_2^2，在工人 w_1 和 w_2 都恢复作业时，作业位置分别为 $x_1 = 0$ 和 $x_2 = s_1$。分以下几种情况讨论：

表 3-1　　　2 工人–3 工序单区分割式 Seru 状态转换条件

前一状态	下一状态	转换条件
d_2^2	d_2^2	$s_1 \geqslant \dfrac{r}{r+1}$
	d_1^1	$s_2 \geqslant \dfrac{s_1}{r}$
	d_3^2	$s_1 < \dfrac{r}{r+1}$, $s_2 < \dfrac{s_1}{r}$, $s_1 + s_2 \geqslant r(s_2 + s_3)$
	d_2^1	$s_1 < \dfrac{r}{r+1}$, $s_2 < \dfrac{s_1}{r}$, $s_2 < r - (r+1)s_1$
d_3^2 或 d_2^1	d_2^1	$s_2 \leqslant \dfrac{r}{r+1} - s_1$
	d_2^2	$s_2 \geqslant 1 - \dfrac{r+1}{r}s_1$
	d_3^2	$s_2 > \dfrac{r}{r+1} - s_1$, $s_2 < 1 - \dfrac{r+1}{r}s_1$
d_1^1	d_3^2	$s_2 \geqslant \dfrac{r}{r+1} - \dfrac{r}{r+1}s_1$
	d_2^1	$s_2 < \dfrac{r}{r+1} - \dfrac{r}{r+1}s_1$

（1）如果 $s_1 \geqslant \dfrac{r}{r+1}$，则下一状态是 d_2^2

若满足条件 $s_1 \geqslant \dfrac{r}{r+1} \Leftrightarrow \dfrac{s_1}{v_1} \geqslant \dfrac{s_2 + s_3}{v_2}$，则意味着当工人 w_1 完成工序 s_1 上的作业内容之前，工人 w_2 已经完成在工序 s_2 和 s_3 上的作业内容，因此，下一状态是 d_2^2。

（2）如果 $s_2 \geqslant \dfrac{s_1}{r}$，则下一状态是 d_1^1

若满足条件 $s_2 \geqslant \dfrac{s_1}{r} \Leftrightarrow \dfrac{s_1}{v_1} \leqslant \dfrac{s_2}{v_2}$，则意味着当工人 w_2 完成在工序 s_2 上的作业内容之前，工人 w_1 已经完成在工序 s_1 上的作业内容，因此，

下一状态是 d_1^1。

（3）如果 $s_1 < \dfrac{r}{r+1}$，$s_2 < \dfrac{s_1}{r}$，$s_2 \geqslant r - (r+1)s_1$，则下一状态是 d_3^2

若满足条件 $s_1 < \dfrac{r}{r+1}$ 和 $s_2 < \dfrac{s_1}{r}$，状态 d_2^2 和 d_1^1 不会出现。

若满足条件 $s_2 \geqslant r - (r+1)s_1 \Leftrightarrow \dfrac{s_1 + s_2}{v_1} \geqslant \dfrac{s_2 + s_3}{v_2}$，则意味着当工人 w_1 完成在工序 s_2 上的作业内容之前，工人 w_2 已经完成在工序 s_2 上的作业内容，因此，下一状态是 d_3^2。

（4）如果 $s_1 < \dfrac{r}{r+1}$，$s_2 < \dfrac{s_1}{r}$，$s_2 < r - (r+1)s_1$，则下一状态是 d_2^1

若满足条件 $s_2 < r - (r+1)s_1 \Leftrightarrow \dfrac{s_1 + s_2}{v_1} < \dfrac{s_2 + s_3}{v_2}$，则意味着当工人 w_2 完成在工序 s_3 上的作业内容之前，工人 w_1 已经完成在工序 s_1 和 s_2 上的作业内容，因此，下一状态是 d_2^1。

类似地，可得到前一状态是 d_3^2，d_2^1，d_1^1 的状态转换关系，归纳于表 3-1。

3）状态循环规律及生产效率

通过以下例子初步探索单区分割式 Seru 的状态循环规律。定义 $d^{(0)}$，$d^{(1)}$，$d^{(2)}$，…，$d^{(t)}$，…，为状态转换序列，其中，$t = 0$，1，2，…，给定 $v_1 = 1.2$ 和 $v_2 = 1.0$，图 3-7 箭头指向为初始状态是 d_1^1 时状态之间的转换路径。在图 3-7（a）中，设 $s_1=0.6$ 和 $s_2=0.3$，箭头指向的路径最终形成了一个固定的状态循环，反复出现一个固定的状态 d_2^2，也就是说，工人 w_2 反复受阻于工序 s_2 的前端，工人 w_1 始终保持在工序 s_1 上作业，Seru 的生产效率取决于工人 w_1 和工序 s_1，即为 v_1/s_1。在图 3-7（b）中，设 $s_1=0.4$ 和 $s_2=0.3$，箭头指向的路径最终形成了一个固定的循环，反复出现两个固定的状态 d_2^2 和 d_3^2，Seru 的生产效率为 $2v_1/(2s_1 + s_2)$。在图 3-7（c）中，设 $s_1=0.4$ 和 $s_2=0.5$，箭头指向的路径最终形成了一个固定的循环，反复出现三个固定的状态d_1^1，d_3^2和d_2^2，Seru 的生产效率为$2v_1/(s_2 + rs_2 + rs_3)$。

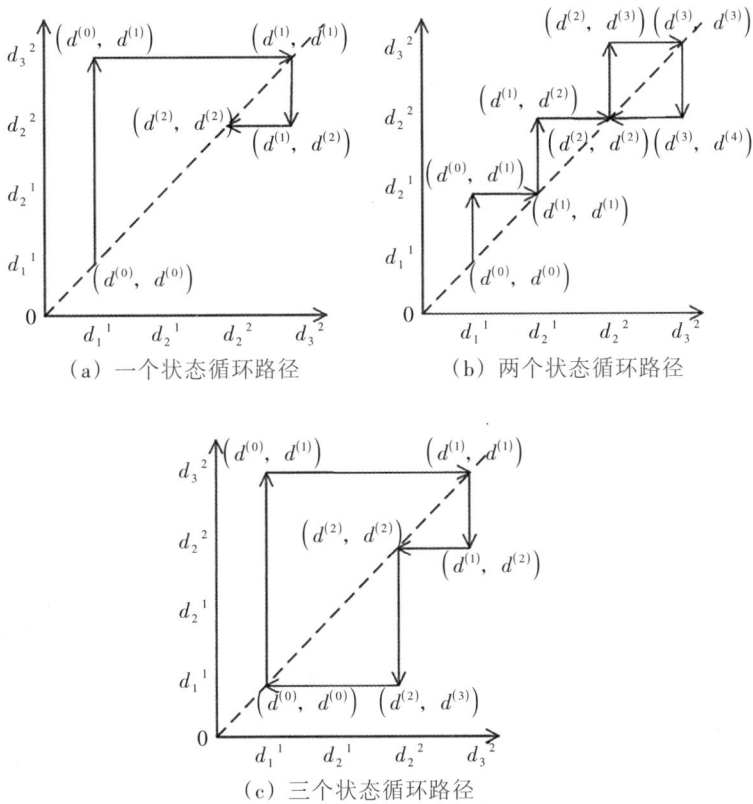

（a）一个状态循环路径 （b）两个状态循环路径

（c）三个状态循环路径

图3-7 2工人-3工序单区分割式 Seru 状态循环举例

根据表3-1给出的状态转化条件，定义如下几条直线：

$$l_1: \quad s_1 = \frac{r}{r + 1}$$

$$l_2: \quad s_2 = \frac{s_1}{r}$$

$$l_3: \quad s_2 = r - (r + 1)s_1$$

$$l_4: \quad s_2 = \frac{r}{r + 1} - s_1$$

$$l_5: \quad s_2 = 1 - \frac{r+1}{r} s_1$$

$$l_6: \quad s_2 < \frac{r}{r+1} - \frac{r}{r+1} s_1$$

随着工人作业效率比例 r 的变化，上述 6 条直线的相对位置也会发生改变，从而形成不同的状态转换序列，以及构建出不同的状态循环。因此，分别讨论情况（1） $r > 1$ 和情况（2） $r \leqslant 1$。

情况（1）： $r > 1$

定义如图 3-8 所示的工序作业内容分布三角形。其中，横坐标轴和纵坐标轴分别表示工序 s_1 和 s_2 占整个 U 形 Seru 作业内容的比例，这样，由横轴、纵轴和直线 $s_2 = 1 - s_1$ 围成的三角形区域可以用来描述 3 道工序作业内容的任意比例情况。比如，点 $(0.3，0.4)$ 表示 3 道工序的作业内容比例分别为： $s_1 = 0.3$， $s_2 = 0.4$， $s_3 = 0.3$。

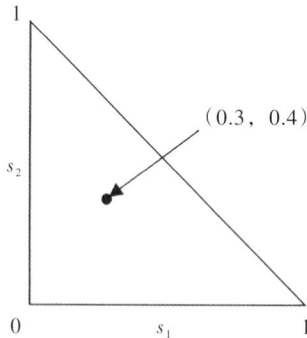

图 3-8　3 道工序作业内容比例分布三角形

三角形可划分为 7 个区域（如图 3-9（a）所示），每个区域上可构建出一种状态循环。区域定义及其受阻状态循环见表 3-2。

以区域 1 为例，该区域定义为 $s_1 \geqslant \dfrac{r}{r+1}$，直线 l_6 把区域 1 划分成两个子区域：1a 和 1b。根据初始状态的不同，分为以下几种情况讨论：

（A）当初始状态是 d_2^2 时，由于满足条件 $s_1 \geqslant \dfrac{r}{r+1}$，根据表 3-2 可得下一状态是 d_2^2，也就是说，如果从状态 d_2^2 出发，形成的状态序列为 d_2^2，d_2^2…，即状态 d_2^2 反复出现，记作 $< d_2^2, d_2^2 >$。

（B）当初始状态是 d_3^2 或 d_2^1 时，由于满足条件 $s_2 \geqslant 1 - \dfrac{r+1}{r} s_1$，根据表 3-2 可得下一状态是 d_2^2，结合情况（A），得到的状态序列为 d_3^2，d_2^2，d_2^2，… 或 d_2^1，d_2^2，d_2^2，…，即状态 d_2^2 反复出现，记作 $< d_2^2, d_2^2 >$。

（C）当初始状态是 d_1^1 时，（a）在子区域 1b 上，由于满足条件 $s_2 < \dfrac{r}{r+1} - \dfrac{r}{r+1} s_1$，根据表 3-2 可得下一状态是 d_3^2，结合情况（B），得到状态循环序列为 d_1^1，d_3^2，d_2^2，d_2^2，…，即状态 d_2^2 反复出现，记作 $< d_2^2, d_2^2 >$。（b）在子区域 1a 上，由于满足条件 $s_2 \geqslant \dfrac{r}{r+1} - \dfrac{r}{r+1} s_1$，根据表 3-2 可得下一状态是 d_2^1，结合情况（B），得到状态循环序列为 d_1^1，d_2^1，d_2^2，d_2^2，…，即状态 d_2^2 反复出现，记作 $< d_2^2, d_2^2 >$。

由以上（A）、（B）、（C）三种情况的分析可知，从任意初始状态开始，在区域 1 上，构建出的状态循环均为 $< d_2^2, d_2^2 >$。类似地，可以构建出区域 2 至区域 7 上的状态循环（见表 3-2）。

一旦进入状态循环，其生产效率会保持稳定。在这里，Seru 生产效率是指 Seru 进入状态循环后所达到的稳定生产效率。因此，有

$$单区分割式 Seru 生产效率 = \frac{一个行为循环内两位工人完成的作业内容}{一个行为循环的时间}$$

以区域 1 构建出的状态循环 $< d_2^2, d_2^2 >$ 为例，从循环中前一个状态 d_2^2 结束到后一个状态 d_2^2 结束的过程中，工人 w_1 完成作业内容 s_1，

工人 w_2 完成作业内容 $s_2 + s_3$，2 名工人共完成作业内容
$s_1 + s_2 + s_3 = 1$，所需时长为 s_1/v_1，由此，计算出 Seru 生产效率为
$1/(s_1/v_1) = v_1/s_1$。表 3-2 的最后一列给出所有区域上的状态循环对应
的 Seru 生产效率。

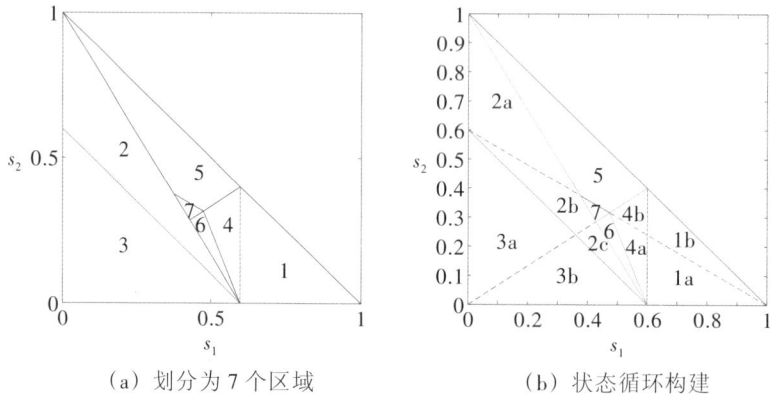

（a）划分为 7 个区域 　　　（b）状态循环构建

图 3-9　2 工人-3 工序单区分割式 Seru 的区域划分（$r>1$）

表 3-2　2 工人-3 工序单区分割式 Seru 的状态循环及生产效率（$r>1$）

区域	区域定义	状态循环	生产效率
1	$s_1 \geq r/(r+1)$,	$< d_2^2, d_2^2 >$	v_1/s_1
2	$s_2 > r/(r+1) - s_1$, $s_2 < 1 - \left[r/(r+1)\right]s_1$	$< d_3^2, d_3^2 >$	$v_1/(s_1 + s_2)$
3	$s_2 \leq r/(r+1) - s_1$,	$< d_2^1, d_2^1 >$	v_2/s_3
4	$s_1 < r/(r+1)$, $s_2 < s_1/r$, $s_2 \geq r - (r+1)s_1$	$< d_2^2, d_3^2, d_2^2 >$	$2v_1/(2s_1 + s_2)$
5	$s_2 \geq s_1/r$, $s_2 > \left[r/(r+1)\right](1 - s_1)$, $s_2 \geq 1 - \left[(r+1)/r\right]s_1$	$< d_2^2, d_1^1, d_3^2, d_2^2 >$	$2v_1/(s_1 + s_2 + rs_2)$
6	$s_2 > 1 - \left[(r+1)/r\right]s_1$, $s_2 < s_1/r$, $s_2 < r - (r+1)s_1$	$< d_2^2, d_2^1, d_2^2 >$	$2v_1/(s_1 + rs_2 + rs_3)$

区域	区域定义	状态循环	生产效率
7	$s_2 \geqslant s_1/r$, $s_2 \geqslant 1 - [(r+1)/r]s_1$, $s_2 \leqslant [r/(r+1)](1-s_1)$	$< d_2^2,\ d_1^1,\ d_2^1,\ d_2^2 >$	$2v_1/(s_1 + rs_2 + rs_3)$

情况（2）：$r \leqslant 1$

三角形可划分为 5 个区域（如图 3-10（a）所示），区域 1~5 的状态循环与表 3-2 定义相同。

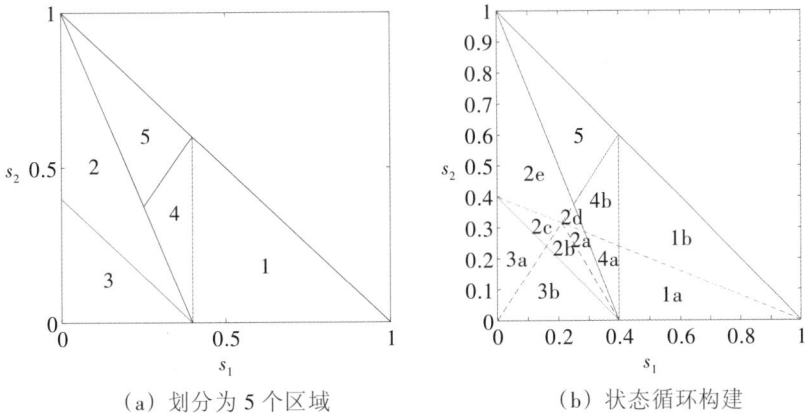

（a）划分为 5 个区域　　　　　（b）状态循环构建

图 3-10　2 工人-3 工序单区分割式 Seru 的区域划分（$r \leqslant 1$）

以区域 5 为例，该区域定义为 $s_2 \geqslant s_1/r$，$s_2 \geqslant 1 - \dfrac{r+1}{r}s_1$，根据初始状态的不同，分别讨论在该区域上状态循环的构建过程。

（A）当初始状态是 d_3^2 或 d_2^1 时，由于满足条件 $s_2 \geqslant 1 - \dfrac{r+1}{r}s_1$，根据表 3-2 可得下一状态是 d_2^2。

（B）当初始状态是 d_2^2 时，由于满足条件 $s_2 \geqslant \dfrac{s_1}{r}$，根据表 3-2 可得下一状态是 d_1^1。

（C）当初始状态是 d_1^1 时，由于满足条件 $s_2 > \dfrac{r}{r+1} - \dfrac{r}{r+1}s_1$，根

据表3-2可得下一状态是d_2^1。

由上述情况（A）、（B）、（C）可知，在区域5上，从任意初始状态开始，都会构建出受阻状态循环$< d_2^2, d_1^1, d_2^1, d_2^2 >$。类似地，可以构建出区域1~4上的状态循环（见表3-3）。

表3-3　2工人-3工序单区分割式Seru的状态循环及生产效率（$r \leqslant 1$）

区域	区域定义	状态循环	生产效率
1	$s_1 \geqslant r/(r+1)$,	$< d_2^2, d_2^2 >$	v_1/s_1
2	$s_2 > r/(r+1) - s_1$, $s_2 < 1 - \left[r/(r+1) \right] s_1$	$< d_3^2, d_3^2 >$	$v_1/(s_1 + s_2)$
3	$s_2 \leqslant r/(r+1) - s_1$,	$< d_2^1, d_2^1 >$	v_2/s_3
4	$s_1 < r/(r+1)$, $s_2 < s_1/r$, $s_2 \geqslant r - (r+1)s_1$	$< d_2^2, d_3^2, d_2^2 >$	$2v_1/(2s_1 + s_2)$
5	$s_2 \geqslant s_1/r$, $s_2 > \left[r/(r+1) \right](1 - s_1)$, $s_2 \geqslant 1 - \left[(r+1)/r \right] s_1$	$< d_2^2, d_1^1, d_3^2, d_2^2 >$	$2v_1/(s_1 + s_2 + rs_2)$

以区域5上构建出的状态循环$< d_2^2, d_1^1, d_2^1, d_2^2 >$为例，从循环中前一个状态$d_2^2$结束到后一个状态$d_2^2$结束的过程中，2名工人共完成作业内容$2(s_1 + s_2 + s_2) = 2$，所需时长$s_2/v_2 + s_2/v_1 + s_1/v_1$，由此，计算出Seru生产效率为$2/(s_2/v_2 + s_2/v_1 + s_1/v_1) = 2v_1/(s_1 + s_2 + rs_2)$。表3-3的最后一列给出所有区域上状态循环对应的生产效率。

基于以上分析，已知工人作业效率v_1和v_2，可直观地绘制出三角形上任一点的Seru生产效率。例如，已知$v_1 = 1.5$和$v_2 = 1.0$，即$r > 1$的情况，Seru生产效率如图3-11（a）所示；交换工人作业顺序$v_1 = 1.0$和$v_2 = 1.5$，即$r \leqslant 1$的情况，Seru生产效率如图3-11（b）所示。可见，工人的作业顺序对生产效率有很大影响。

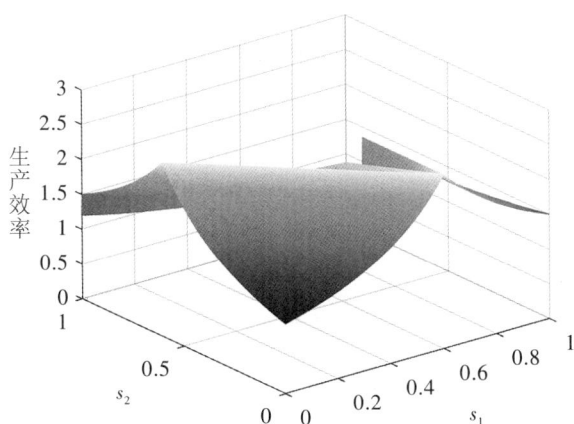

（a）$v_1 = 1.5$，$v_2 = 1.0$

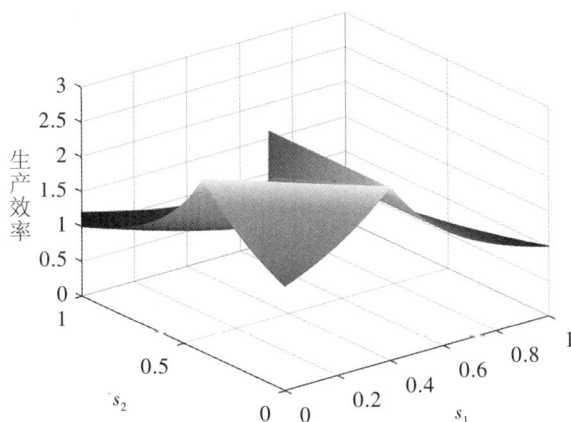

（b）$v_1 = 1.0$，$v_2 = 1.5$

图 3-11　2 工人 -3 工序单区分割式 Seru 生产效率示例

3.2.2　双区分割式 Seru

1）系统状态

对于由 2 名工人和 3 道工序构成的双区分割式 Seru 来说，仅存在一种工作区划分方案，即 $Z_1 = \{s_1\}$，$Z_2 = \{s_2\}$，$Z_1' = \{s_3\}$。由上述作业规则分析可知，2 名工人在作业过程中出现相互干扰的状况，在 2

工人–3工序双区分割式Seru中存在两种类型的状态。

令 $B_1 = \{b_j^1 | j = 1\}$ 表示工人 w_1 状态集合，其中，b_j^1 分别表示工人 w_1 在正向作业过程中，从受阻于工序 s_1 和 s_2 的后端，到恢复作业的过程；$B_2 = \{b_j^2 | j = 2\}$ 表示工人 w_2 状态集合，其中，b_j^2 分别表示工人 w_2 在反向作业过程中，从受阻于工序 s_2 和 s_3 的前端，到恢复作业的过程（如图3–12所示）。

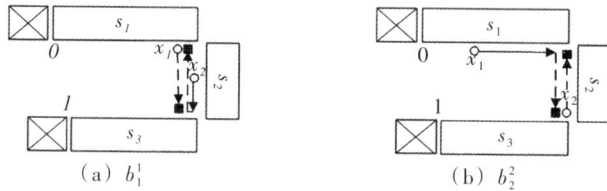

图3–12　2工人–3工序双区分割式Seru工人受阻时的作业过程

注：实心圆圈表示工人受阻的状态，空心圆圈和实心方块分别表示另一位工人的起始和结束状态，实线箭头表示作业内容和方向，虚线箭头表示行走轨迹和方向。

2）状态转换条件及转换关系

表3–4给出了Seru状态在2名工人作业效率和3道工序作业内容比例条件约束下的相互转换关系。

表3–4　　　2工人–3工序双区分割式Seru状态转换条件

前一状态	下一状态	转换条件
b_1^1	b_1^1	$s_2 > \dfrac{1}{r+1}$
	b_2^2	$s_2 \leqslant \dfrac{1}{r+1}$
b_2^2	b_1^1	$s_2 > \dfrac{1}{r+1}$
	b_2^2	$s_2 \leqslant \dfrac{1}{r+1}$

在表3-4中，当前一状态是b_1^1，在工人w_1和w_2都恢复作业时，作业位置分别为$x_1 = s_1 + s_2$和$x_2 = s_1$。分以下几种情况讨论：

（A）如果$s_2 > \dfrac{1}{r+1}$，则下一状态是b_1^1。

若满足条件$s_2 > \dfrac{1}{r+1} \Leftrightarrow \dfrac{s_3 + s_1}{v_1} < \dfrac{s_2}{v_2}$，则意味着当工人$w_2$完成工序$s_2$上的作业内容之前，工人$w_1$已经完成在工序$s_1$和$s_3$上的作业内容，因此，下一状态是$b_1^1$。

（B）如果$s_2 \leqslant \dfrac{1}{r+1}$，则下一状态是$b_2^2$。

若满足条件$s_2 \leqslant \dfrac{1}{r+1} \Leftrightarrow \dfrac{s_3 + s_1}{v_1} \geqslant \dfrac{s_2}{v_2}$，则意味着当工人$w_1$完成工序$s_1$上的作业内容之前，工人$w_2$已经完成在工序$s_2$和$s_3$上的作业内容，因此，下一状态是$b_2^2$。

类似地，可得到前一状态是b_2^2的状态转换关系。

3）状态循环规律及生产效率

定义$b^{(0)}$，$b^{(1)}$，$b^{(2)}$，…，$b^{(t)}$，…为状态转换序列，其中，$t = 0$，1，2，…，为进一步构建出三角形中任意点上的状态转换序列和状态循环，根据表3-4所列的状态转换条件，定义直线：

$$l_1:\ s_2 = \frac{1}{r+1}$$

三角形区域划分如图3-13（a）所示，表3-5列出各区域对应的状态循环及生产效率。以区域1为例，该区域定义为$s_2 \leqslant \dfrac{1}{r+1}$，当初始状态是$b_1^1$或$b_2^2$时，由于满足条件$s_2 \leqslant \dfrac{1}{r+1}$，根据表3-4，可得到下一状态是$b_2^2$，由此得到状态序列为$b_2^2$，$b_2^2$，$b_2^2\cdots$或$b_1^1$，$b_2^2$，$b_2^2\cdots$，即状态$b_2^2$反复出现，记作$< b_2^2$，$b_2^2 >$。

（A）当初始状态 $b^{(0)} = b_3^2$ 时，由于满足条件 $s_2 \leqslant \dfrac{1}{r+1}$，根据表 3-5 可得 $b^{(1)} = b_3^2$，也就是说，如果从状态 b_3^2 出发，形成的状态序列为 b_3^2，b_3^2，…，即状态 b_3^2 反复出现，记作 $< b_3^2,\ b_3^2 >$。

（B）当初始状态 $b^{(0)} = b_2^1$ 时，由于满足条件 $s_2 < \dfrac{1}{r+1}$，根据表 3-5 可得 $b^{(1)} = b_3^2$，结合情况（A），得到 $b^{(2)} = b_3^2$，也就是说，如果从状态 b_2^1 出发，形成的状态序列为 b_2^1，b_3^2，b_3^2，…，即受阻状态 b_3^2 反复出现，记作 $< b_3^2,\ b_3^2 >$。

由以上情况（A）和（B）可知，从任意初始状态开始，在区域 1 上，都会构建出受阻状态转换循环 $< b_3^2,\ b_3^2 >$。类似地，可以构建出区域 2 上的状态循环（见表 3-5）。

以区域 1 上构建出的状态循环 $< b_3^2,\ b_3^2 >$ 为例，从循环中前一个状态 b_3^2 结束到后一个 b_3^2 结束的过程中，2 名工人共完成作业内容 $s_1 + s_2 + s_3 = 1$，所需时长 $(s_1 + s_3)/v_1$，由此，计算出 Seru 生产效率为 $\dfrac{1}{(s_1 + s_3)/v_1} = \dfrac{v_1}{s_1 + s_3}$。表 3-5 的最后一列给出所有区域上的不同状态循环对应的生产效率。例如，已知 $v_1 = 1.5$ 和 $v_2 = 1$，生产效率如图 3-13（b）所示。

表 3-5　　　双区分割式 Seru 的状态循环及生产效率

区域	区域定义	受阻状态循环	生产效率
1	$s_2 \leqslant \dfrac{1}{r+1}$	$< b_3^2,\ b_3^2 >$	$v_1/(s_1 + s_3)$
2	$s_2 > \dfrac{1}{r+1}$	$< b_2^1,\ b_2^1 >$	v_2/s_2

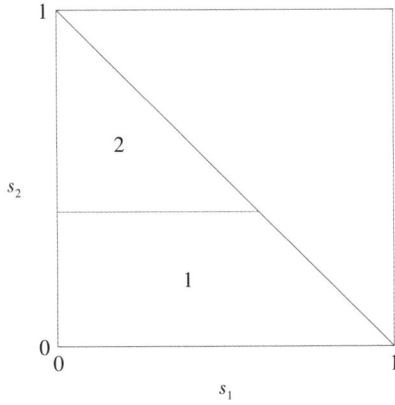

（a）区域划分

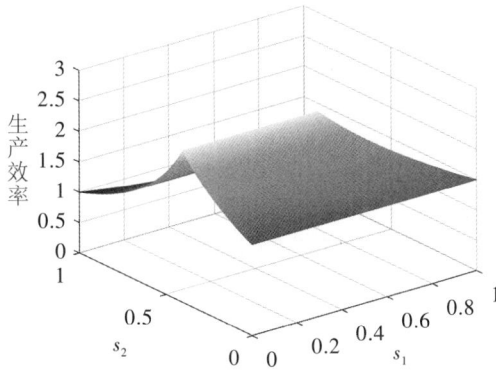

（b）双区分割式 Seru 生产效率 $v_1 = 1.5$，$v_2 = 1$

图 3-13　2 工人-3 工序双区分割式 Seru 区域划分和生产效率

3.3　2 工人-m 工序

3.3.1　交叠工序

令 c 表示相邻工作区交叠工序的数目，设 $c = 1$，也就是说，在两个相邻工作区之间仅有一道交叠工序，在这里，重点讨论交叠工序位置和大小对生产效率产生的影响。工人 1 和工人 2 分别表示为 w_1 和 w_2，工人 w_1 和 w_2 的作业效率分别表示为 v_1 和 v_2，令 $r = v_1/v_2$，表示工人 w_1 和 w_2 作业内容的比例。

1）单区分割式 Seru

（1）系统状态

令 Z_1 和 Z_2 为工人 w_1 和 w_2 负责的工作区，令 α 表示两个相邻工作区交叠工序的索引，那么，$Z_1 = \{s_1, ..., s_\alpha\}$ 和 $Z_2 = \{s_\alpha, ..., s_m\}$。

令 $D_1 = \{d_{\alpha-1}^1, d_\alpha^1\}$ 表示工人 w_1 状态集合，其中，$d_{\alpha-1}^1$ 和 d_α^1 分别表示工人 w_1 在正向作业过程中，从受阻于工序 $s_{\alpha-1}$ 和 s_α 的后端，到恢复作业的过程；$D_2 = \{d_{\alpha-1}^2, d_\alpha^2\}$ 表示工人 w_2 状态集合，其中，$d_{\alpha-1}^2$ 和 d_α^2 分别表示工人 w_2 在反向作业过程中，从受阻于工序 $s_{\alpha-1}$ 和 s_α 的后端，到恢复作业的过程（如图 3-14 所示）。

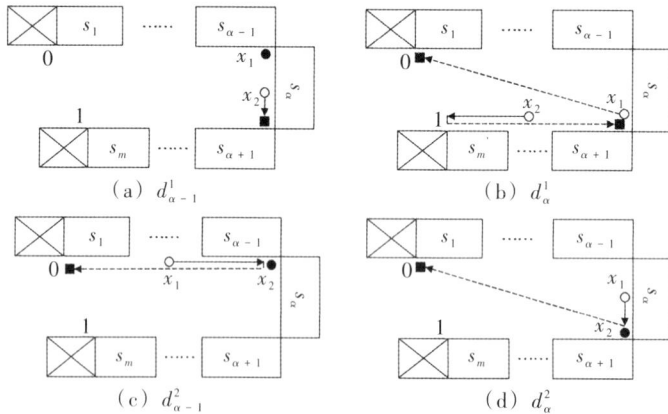

图 3-14　2 工人-m 工序单区分割式 Seru 内工人受阻时的实际作业过程

注：实心圆圈表示工人受阻的状态，空心圆圈和实心方块分别表示另一位工人的起始和结束状态，实线箭头表示作业内容和方向，虚线箭头表示行走轨迹和方向。

（2）状态转换条件及转换关系

表 3-6 给出了 Seru 状态在 2 名工人作业效率和 3 道工序作业内容

比例条件约束下的相互转换关系。

表3-6　　　2工人-m工序单区分割式Seru状态转换条件

前一状态	下一状态	转换条件
$d_{\alpha-1}^{2}$	$d_{\alpha-1}^{1}$	$\Phi \leqslant rs_{\alpha}$
	d_{α}^{1}	$\Phi > rs_{\alpha}$, $\Phi + s_{\alpha} \leqslant r(s_{\alpha} + \Omega)$
	$d_{\alpha-1}^{2}$	$\Phi > r(s_{\alpha} + \Omega)$
	d_{α}^{2}	$\Phi > rs_{\alpha}$, $\Phi \leqslant r(s_{\alpha} + \Omega) < \Phi + s_{\alpha}$
d_{α}^{2} 或 d_{α}^{1}	d_{α}^{1}	$\Phi + s_{\alpha} \leqslant r\Omega$
	$d_{\alpha-1}^{2}$	$\Phi > r\Omega$
	d_{α}^{2}	$\Phi \leqslant r\Omega < \Phi + s_{\alpha}$
$d_{\alpha-1}^{1}$	d_{α}^{1}	$s_{\alpha} \leqslant r\Omega$
	d_{α}^{2}	$s_{\alpha} > r\Omega$

注：$\Phi = \sum_{j=1}^{\alpha-1} s_{j}$, $\Omega = \sum_{j=\alpha+1}^{m} s_{j}$

下面以表3-6的第一状态为例，说明状态转换及转换条件。当前一状态是 $d_{\alpha-1}^{2}$，在工人 w_{1} 和 w_{2} 都恢复作业时，作业位置分别为 $x_{1} = 0$ 和 $x_{2} = s_{\alpha}$。分以下几种情况讨论：

（A）如果 $\Phi \leqslant rs_{\alpha}$，则下一状态是 $d_{\alpha-1}^{1}$。

若满足条件 $\Phi \leqslant rs_{\alpha} \Leftrightarrow \dfrac{\Phi}{v_{1}} \leqslant \dfrac{s_{\alpha}}{v_{2}}$，则意味着当工人 w_{2} 完成工序 s_{α} 上的作业内容之前，工人 w_{1} 已经完成在工序 $s_{1} \sim s_{\alpha-1}$ 上的作业内容，因此，下一状态是 $d_{\alpha-1}^{1}$。

（B）如果 $\Phi > rs_{\alpha}$ 和 $\Phi + s_{\alpha} \leqslant r(s_{\alpha} + \Omega)$，则下一状态是 d_{α}^{1}。

若满足条件 $\Phi > rs_{\alpha} \Leftrightarrow \dfrac{\Phi}{v_{1}} > \dfrac{s_{\alpha}}{v_{2}}$，则意味着当工人 w_{1} 完成工序 $s_{\alpha-1}$ 上的作业内容之前，工人 w_{2} 已经完成在工序 s_{α} 上的作业内容，因此，

状态 $d^1_{\alpha-1}$ 不会出现。

若满足条件 $\Phi + s_\alpha \leqslant r(s_\alpha + \Omega) \Leftrightarrow \dfrac{\Phi + s_\alpha}{v_1} \leqslant \dfrac{s_\alpha + \Omega}{v_2}$，则意味着当工人 w_2 完成工序 s_m 上的作业内容之前，工人 w_1 已经完成在工序 s_α 上的作业内容，因此，下一状态是 d^1_α。

（C）如果 $\Phi > r(s_\alpha + \Omega)$，则下一状态是 $d^2_{\alpha-1}$。

若满足条件 $\Phi > r(s_\alpha + \Omega) \Leftrightarrow \dfrac{\Phi}{v_1} > \dfrac{s_\alpha + \Omega}{v_2}$，则意味着当工人 w_1 完成工序 $s_{\alpha-1}$ 上的作业内容之前，工人 w_2 已经完成在工序 s_m 上的作业内容，因此，下一状态是 $d^2_{\alpha-1}$。

（D）如果 $\Phi > rs_\alpha$ 和 $\Phi \leqslant r(s_\alpha + \Omega) < \Phi + s_\alpha$，则下一状态是 d^2_α。

若满足条件 $\Phi > rs_\alpha$，$r(s_\alpha + \Omega) < \Phi + s_\alpha$ 和 $\Phi \leqslant r(s_\alpha + \Omega)$，则意味着状态 $d^1_{\alpha-1}$，d^1_α，$d^2_{\alpha-1}$ 不会出现。

若满足条件 $\Phi + s_\alpha > r(s_\alpha + \Omega) \Leftrightarrow \dfrac{\Phi + s_\alpha}{v_1} > \dfrac{s_\alpha + \Omega}{v_2}$，则意味着当工人 w_1 完成工序 s_α 上的作业内容之前，工人 w_2 已经完成在工序 s_m 上的作业内容，因此，下一状态是 d^2_α。

类似地，可得到前一状态是 d^2_α，d^1_α，$d^1_{\alpha-1}$ 的状态转换关系，归纳于表 3-6。

（3）交叠工序位置对生产效率的影响

设置工人数目 $n = 2$，工序作业内容均分，即 $s_j = 1/m$，$j = 1，2，\cdots，m$。在图 3-14 中，设 2 名工人的作业效率分别是 $v_1 = 1.2$ 和 $v_2 = 1.0$，工序数目 m 取值 $m = 5，6，\dots，20$。本实验通过开发算法，得到状态循环，计算 Seru 的平均生产效率。令 α 表示交叠工序的索引，图 3-14 显示交叠工序分别设置在 $\alpha = \lceil (1/4) \times m \rceil$，$\lceil (1/2) \times m \rceil$，$\lceil (3/4) \times m \rceil$ 位置上，Seru 平均生产效率的

变化情况。

在图3-14中，当$\alpha = \lceil (1/4) \times m \rceil$和$\alpha = \lceil (3/4) \times m \rceil$时，生产效率随着工序数目$m$增加而分段降低。例如，当$\alpha = \lceil (1/4) \times m \rceil$时，如果$m \in \{5, 6, 7, 8\}$，平均生产效率从1.666降低至1.333，如果$m \in \{13, 14, 15, 16\}$，平均生产效率从1.444降低至1.333。这是因为，工序$s_1 \sim s_\alpha$的作业比例较小，工人w_1反复受阻于工序s_α的后端，工人w_2保持在工序$s_{\alpha+1} \sim s_m$上作业，Seru平均生产效率为$(\Omega / v_2)^{-1} = (\sum_{j=\alpha+1}^{m} s_j / v_2)^{-1} = v_2 / (1 - \lceil (1/4) \times m \rceil / m)$。数值实验结果表明，当$\alpha = \lceil (1/4) \times m \rceil$，$m \to \infty$，$\Omega \to 3/4$，$(\Omega / v_2)^{-1} \to 1.333$。

图3-15表明，当工序数目m在相对较小的范围内，Seru平均生产效率随着工序数目m增加而显著下降。例如，当$\alpha = \lceil (3/4) \times m \rceil$时，如果$m = 8$和$m = 11$，平均生产效率分别为1.920和1.650；如果$m = 12$和$m = 15$，平均生产效率分别为1.800和1.636。尽管在这两种情况下，工序数目都增加了4，但平均生产效率分别下降了$(1.920 - 1.650)/1.920 \times 100\% = 14.1\%$和$(1.800 - 1.636)/1.800 \times 100\% = 9.1\%$。这是因为，工序$s_1 \sim s_\alpha$的作业比例较大，工人$w_2$反复受阻于工序$s_{\alpha-1}$的后端，工人$w_1$保持在工序$s_1 \sim s_{\alpha-1}$上作业，Seru平均生产效率为$(\Phi / v_1)^{-1} = (\sum_{j=1}^{\alpha-1} s_j / v_1)^{-1} = v_1 / (\lceil (3/4) \times m \rceil / m - 1/m)$。数值实验结果表明，当$\alpha = \lceil (3/4) \times m \rceil$，$m \to \infty$，$\Phi \to 3/4$，$(\Phi / v_1)^{-1} \to 1.600$。

图3-15表明，当$\alpha = \lceil (1/2) \times m \rceil$时，随着工序数目$m$的增加，Seru生产效率保持相对较高的水平。例如，当工序数目$m = 5$时，得到交叠工序索引$\alpha = 3$。由于工序$s_1 \sim s_3$的作业比例较大，工人w_2反复受阻于工序s_3的后端，工人w_1保持在工序$s_1 \sim s_3$上作业，此时，Seru平均生产效率为$((\phi + s_3) / v_1)^{-1} = (0.6/1.2)^{-1} = 2.000$；当工序数目$m = 6$

时，得到交叠工序索引 $\alpha = 3$，由于工序作业内容比例相对平均，工人 w_1 反复受阻于工序 s_3 的后端，此时，Seru 平均生产效率为 $(\Omega/v_2)^{-1} = (0.5/1.0)^{-1} = 2.000$。在图 3-15 中，当工序数目 $m \in \{6, 8, 10, 12, 14, 16, 18, 20\}$ 时，工人 w_1 反复受阻于工序 s_α 的后端，Seru 平均生产效率为 $(\Omega/v_2)^{-1} = (0.5/1.0)^{-1} = 2.000$。当工序数目 $m \in \{5, 7, 9, 11\}$，工人 w_2 反复受阻于工序 s_α 的后端，Seru 平均生产效率为 $((0.5 + 1/2m)/v_1)^{-1}$，此函数随工序数目 m 的增加而增长；然而，工序数目 $m \in \{13, 15, 17, 19\}$，工人 w_1 反复受阻于工序 s_α 的后端，Seru 平均生产效率为 $((0.5 - 1/2m)/v_2)^{-1}$，此函数随工序数目 m 的增加而减少。

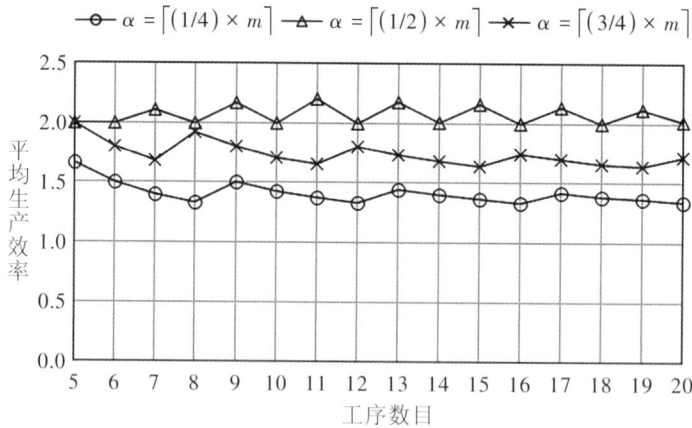

图 3-15　交叠工序位置对 2 工人-m 工序单区分割式 Seru 生产效率的影响

2）双区分割式 Seru

（1）系统状态

令 Z_1 和 Z_1' 为工人 w_1 负责的两个工作区，令 Z_2 和 Z_2' 为工人 w_2 负责的工作区，由于仅有 2 名工人，有 $Z_2 = Z_2'$。令 β 表示两个相邻工作区 Z_1 和 Z_2 的交叠工序的索引，令 β' 表示两个相邻工作区 Z_1' 和 Z_2' 的交叠工序的索引。那么，$Z_1 = \{s_1, ..., s_\beta\}$，$Z_1' = \{s_{\beta'}, \cdots, s_m\}$，$Z_2 = $

$Z_2' = \{ s_\beta, \cdots, s_{\beta'} \}_\circ$

令 $B_1 = \left\{ b^1_{\beta-1 \to \beta-1}, b^1_{\beta \to \beta'-1}, b^1_{\beta \to \beta'} \right\}$ 表示工人 w_1 的状态集合;

令 $B_2 = \left\{ b^2_{\beta'-1 \to \beta'-1}, b^2_{\beta' \to \beta-1}, b^2_{\beta' \to \beta} \right\}$ 表示工人 w_2 的状态集合。

从受阻状态到恢复作业过程中 2 名工人的位置变化如图 3-16 所示。

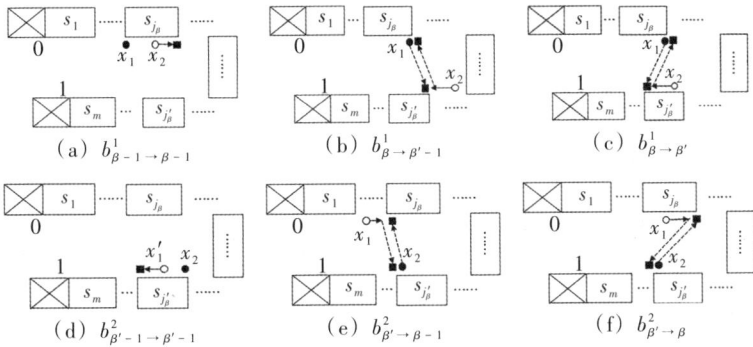

图 3-16　2 工人-m 工序双区分割式 Seru 内工人受阻时的实际作业过程

注：实心圆圈表示工人受阻的状态，空心圆圈和实心方块分别表示另一位工人的起始和结束状态，实线箭头表示作业内容和方向，虚线箭头表示行走轨迹和方向。

（2）状态转换条件及转换关系

表 3-7 给出工人状态在 2 名工人作业效率和 3 道工序作业内容比例条件约束下的相互转换关系。

表 3-7　　　2 工人-m 工序双区分割式 Seru 状态转换条件

前一状态	下一状态	转换条件
$b^1_{\beta-1 \to \beta-1}$	$b^1_{\beta \to \beta'-1}$	$s_\beta \leqslant r\Omega$
	$b^1_{\beta \to \beta'}$	$r\Omega < s_\beta \leqslant r(\Omega + s_{\beta'})$
	$b^2_{\beta' \to \beta}$	$s_\beta > r(\Omega + s_{\beta'})$

前一状态	下一状态	转换条件
$b^1_{\beta\to\beta'-1}$	$b^2_{\beta'-1\to\beta'-1}$	$s_{\beta'} > r\Omega$
	$b^1_{\beta\to\beta'-1}$	$\Phi + s_\beta + s_{\beta'} \leqslant r\Omega$
	$b^1_{\beta\to\beta'}$	$s_{\beta'} \leqslant r\Omega,\ r\Omega < \Phi + s_\beta + s_{\beta'} \leqslant r\left(\Omega + s_{\beta'}\right)$
	$b^2_{\beta'\to\beta-1}$	$s_{\beta'} \leqslant r\Omega,\ s_{\beta'} \leqslant r\left(\Omega + s_{\beta'}\right) < \Phi + s_{\beta'}$
	$b^2_{\beta'\to\beta}$	$s_{\beta'} \leqslant r\Omega,\ \Phi + s_{\beta'} \leqslant r\left(\Omega + s_{\beta'}\right) < \Phi + s_\beta + s_{\beta'}$
$b^1_{\beta\to\beta'}$ 或 $b^2_{\beta'\to\beta}$	$b^1_{\beta\to\beta'-1}$	$\Phi + s_\beta \leqslant r\Omega$
	$b^1_{\beta\to\beta'}$	$r\Omega < \Phi + s_\beta \leqslant r\left(\Omega + s_{\beta'}\right)$
	$b^2_{\beta'\to\beta-1}$	$\Phi > r\left(\Omega + s_{\beta'}\right)$
	$b^2_{\beta'\to\beta}$	$\Phi \leqslant r\left(\Omega + s_{\beta'}\right) < \Phi + s_\beta$
$b^2_{\beta'-1\to\beta'-1}$	$b^1_{\beta\to\beta'}$	$\Phi + s_\beta \leqslant rs_{\beta'}$
	$b^2_{\beta'\to\beta-1}$	$\Phi > rs_{\beta'}$
	$b^2_{\beta'\to\beta}$	$\Phi \leqslant rs_{\beta'} < \Phi + s_\beta$
$b^2_{\beta'\to\beta-1}$	$b^1_{\beta-1\to\beta-1}$	$\Phi \leqslant rs_\beta$
	$b^1_{\beta\to\beta'-1}$	$\Phi > rs_\beta,\ \Phi + s_\beta \leqslant r\left(s_\beta + \Omega\right)$
	$b^1_{\beta\to\beta'}$	$\Phi > rs_\beta,\ r\left(s_\beta + \Omega\right) < \Phi + s_\beta \leqslant r\left(s_\beta + s_{\beta'} + \Omega\right)$
	$b^2_{\beta'\to\beta-1}$	$\Phi > r\left(s_\beta + s_{\beta'} + \Omega\right)$
	$b^2_{\beta'\to\beta}$	$\Phi > rs_\beta,\ \Phi \leqslant r\left(s_\beta + s_{\beta'} + \Omega\right) < \Phi + s_\beta$

注：$\Phi = \sum\limits_{j=1}^{\beta-1} s_j + \sum\limits_{j=\beta'+1}^{m} s_j$，$\Omega = \sum\limits_{j=\beta+1}^{\beta'-1} s_j$

（3）交叠工序位置对生产效率的影响

设置工人数目 $n = 2$，工序作业内容均分，即 $s_j = 1/m$，$j =$

1，2，…，m。在图3-17中，设2名工人的作业效率分别是$v_1 = 1.2$和$v_2 = 1.0$，工序数目m取值$m = 11$，12，...，25。本实验通过开发算法，得到状态循环，计算Seru的平均生产效率。令α表示交叠工序的索引，图3-17显示交叠工序分别设置在$<\beta, \beta'> = <\lceil(1/5) \times m\rceil, \lceil(4/5) \times m\rceil>$，$<\lceil(1/4) \times m\rceil, \lceil(3/4) \times m\rceil>$，$<\lceil(1/3) \times m\rceil, \lceil(2/3) \times m\rceil>$位置上，Seru平均生产效率的变化情况。

在图3-17中，当$<\beta, \beta'> = <\lceil(1/4) \times m\rceil, \lceil(3/4) \times m\rceil>$时，生产效率随着工序数目$m$增加而保持相对较高的水平。例如，当$m = 11$和$m = 22$，可以得到最高生产效率$v_1 + v_2 = 1.2 + 1.0 = 2.2$，在此情况下，不存在工人受阻的状态，也没有作业时间的浪费。当$m = 23$，得到最低生产效率为2.091，工人w_1受阻，工人w_2始终保持在工序$s_{\beta+1} \sim s_{\beta'-1}$上作业，平均生产效率为$v_2 / \sum_{\beta+1}^{\beta'-1} s_j = 2.091$。

图3-17表示，当$<\beta, \beta'> = <\lceil(1/5) \times m\rceil, \lceil(4/5) \times m\rceil>$和$<\beta, \beta'> = <\lceil(1/3) \times m\rceil, \lceil(2/3) \times m\rceil>$时，随着工序数目$m$的增加，Seru平均生产效率发生分段波动。例如，当$<\beta, \beta'> = <\lceil(1/5) \times m\rceil, \lceil(4/5) \times m\rceil>$，如果工序数目从11增加到14，Seru平均生产效率从2.2降低到1.75；如果工序数目从14增加到16，Seru平均生产效率从1.75增加到2.0。这是因为，工序$s_{\beta+1} \sim s_{\beta'-1}$的作业比例较大，工人$w_2$保持在工序$s_{\beta+1} \sim s_{\beta'-1}$上作业，Seru生产效率为$(\Omega/v_2)^{-1} = (\sum_{j=\beta+1}^{\beta'-1} s_j / v_2)^{-1} = v_2 \times m / (\lceil(4/5) \times m\rceil - \lceil(1/5) \times m\rceil + 1)$。当$<\beta, \beta'> = <\lceil(1/5) \times m\rceil, \lceil(4/5) \times m\rceil>$时，$m \to \infty$，$\Omega \to 0.6$，$(\Omega/v_2)^{-1} \to 1.667$。

例如，当$<\beta, \beta'> = <\lceil(1/3) \times m\rceil, \lceil(2/3) \times m\rceil>$时，如果工序数

目从11增加到13，平均生产效率从2.2降低到1.950；如果工序数目从13增加到14，平均生产效率从1.950增加到2.100。这是因为，工序$s_\beta \sim s_{\beta'}$的作业比例较小，工人w_1保持在工序$s_1 \sim s_{\beta-1}$和$s_{\beta'+1} \sim s_m$上作业，平均生产效率为$(\phi/v_1)^{-1} = ((\sum\limits_{j=1}^{\beta-1} s_j + \sum\limits_{j=\beta+1}^{m} s_j)/v_1)^{-1} = v_1 \times m/(m - 1 + \lceil(1/3) \times m \rceil - \lceil(2/3) \times m \rceil)$。当$< \beta, \beta' >=< \lceil(1/3) \times m \rceil, \lceil(2/3) \times m \rceil >$时，$m \to \infty$，$(\emptyset/v_1)^{-1} \to 1.8$。

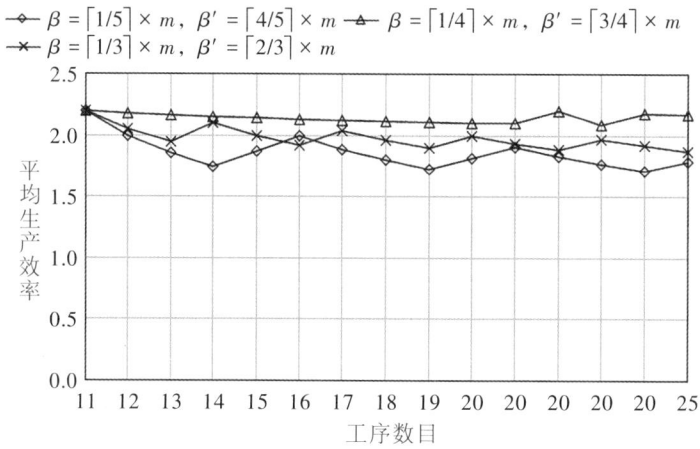

图3-17　交叠工序位置对2工人-m工序双区分割式Seru生产效率的影响

3.3.2　工序可调

1）单区分割式Seru

令$j_{(1)}$为工作区Z_1中工序的最大索引，即$Z_1 = \{ s_1, ..., s_{j_{(1)}} \}$，令$j_{(2)}$为工作区$Z_2$的最小索引，即$Z_2 = \{ s_{j_{(2)}}, \cdots, s_m \}$，且$1 < j_{(2)} \leqslant j_{(1)} + 1 \leqslant m$（如图3-18所示），蓝色矩形表示交叠工序。

对于由2名工人和m道工序构成的单区分割式Seru来说，可能存在$2(m - 1)$个状态。在生产管理实践中，若能形成仅包含一个状态的循环序列，对于管理者来说，可通过设置缓冲区或者增加状态出现工序的空间，为多技能工之间的高效协作提供有利条件，对工人而言，可以通过反复培训，以更加顺利地完成协作。接下来，讨论在工序作业内容任意比例的情况下，形成包含一个状态的循环序列的情况。

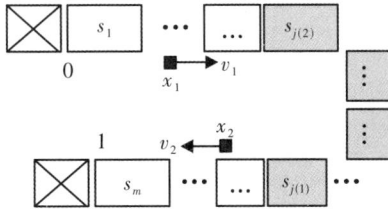

图 3-18 2 工人-m 工序单区分割式 Seru 示意图

令 $D_1 = \{ d_j^1 | j = j_{(2)} - 1, \cdots, j_{(1)} \}$ 表示工人 w_1 状态集合，其中，d_j^1 分别表示工人 w_1 在正向作业过程中，从受阻于工序 s_j 后端，到恢复作业的过程；令 $D_2 = \{ d_j^2 | j = j_{(2)}, \cdots, j_{(1)} + 1 \}$，其中，$d_j^2$ 表示工人 w_2 在反向作业过程中，从受阻于工序 s_j 的前端，到恢复作业的过程。

对于任意 2 工人-m 工序构成的单区分割式 Seru 来说，如果构建的状态循环是 $< d_j^i, d_j^i >$，即工人 w_i 反复受阻于工序 s_j，那么，存在以下两种情况：

情况（1）：工人 w_1 受阻

如果 $i = 1$，那么 $j = j_{(1)}$。假设 $j \neq j_{(1)}$，那么 $j = j_{(2)} - 1, \cdots, j_{(1)} - 1$。在状态 d_j^1 出现后，工人 w_1 和 w_2 分别在工序 s_{j+1} 的前端和后端，下一状态是 $d_{j'}^1 (j' = j + 1, \cdots, j_{(1)})$ 或 $d_{j'}^2 (j' = j_{(2)}, \cdots, j_{(1)} + 1)$，这意味着，不可能构建出状态循环 $< d_j^1, d_j^1 >$。因此，$j \neq j_{(2)} - 1, \cdots, j_{(1)} - 1$。

接下来，讨论工人 w_1 受阻于工序 $s_j (j = j_{(1)})$ 的工序作业内容比例条件。既然构建的状态循环是 $< d_{j_{(1)}}^1, d_{j_{(1)}}^1 >$，那么，在前一状态 $d_{j_{(1)}}^1$ 出现后，工人 w_1 和 w_2 的位置分别为工序 $s_{j_{(1)}}$ 的前端和后端。若满足条件

$$s_1 + \cdots + s_{j_{(1)}} < \frac{r}{r+1} \Leftrightarrow \frac{s_1 + \cdots + s_{j_{(1)}}}{v_1} < \frac{s_{j_{(1)}+1} + \cdots + s_m}{v_2}, \quad \text{则意味着当工}$$

人 w_1 完成在工序 $s_{j_{(1)}}$ 的作业内容时，工人 w_2 尚未返回到工序 $s_{j_{(1)}}$ 的后端，因此，下一状态是 $d_{j_{(1)}}^1$，也就是说，如果从状态 $d_{j_{(1)}}^1$ 出发，形成的状态序列为 $d_{j_{(1)}}^1$，$d_{j_{(1)}}^1 \cdots$，即状态 $d_{j_{(1)}}^1$ 反复出现，记作 $< d_{j_{(1)}}^1$，$d_{j_{(1)}}^1 >$。

因此，当满足条件 $s_1 + \cdots + s_{j_{(1)}} < \dfrac{r}{r+1}$，工人 w_1 反复受阻于固定的工序 s_j。

在这种情况下，给定工人 w_2 的作业效率 v_2，由于工人 w_2 保持作业状态，Seru 的生产效率是 $\dfrac{v_2}{s_{j+1} + \cdots + s_m}$，随着工人 w_2 作业内容 $s_{j+1} + \cdots + s_m$ 的减少而增加，由于 $s_1 + \cdots + s_j < \dfrac{r}{r+1}$，因此，

$$\frac{v_2}{s_{j+1} + \cdots + s_m} < v_2 \times (r+1) = v_1 + v_2。$$

情况（2）：工人 w_2 受阻

如果 $i = 2$，那么 $j = j_{(2)}$，$\cdots$，$j_{(1)} + 1$。假设 $j \neq j_{(2)}$，$\cdots$，$j_{(1)} + 1$，那么 $D_2 = \phi$。这意味着，不可能构建出状态循环 $< d_j^2$，$d_j^2 >$。

接下来，讨论工人 w_2 受阻于工序 $s_j (j = j_{(2)}$，$\cdots$，$j_{(1)} + 1)$ 的工序作业内容比例条件。既然构建的状态循环是 $< d_j^2$，$d_j^2 >$，那么，在前一状态 d_j^2 出现后，工人 w_1 和 w_2 的位置分别为工序 s_j 的前端和后端，再分两种子情况：（A）$j = j_{(2)}$ 和（B）$j = j_{(2)} + 1$，$\cdots$，$j_{(1)} + 1$。

（A）$j = j_{(2)}$

若满足条件 $\dfrac{1}{r+1} \geqslant s_j + \cdots + s_m \Leftrightarrow \dfrac{s_1 + \cdots + s_{j-1}}{v_1} \geqslant \dfrac{s_j + \cdots + s_m}{v_2}$，则意味着当工人 w_2 完成一件产品并到达工序 s_j 的前端时，工人 w_1 还未完成在工序 s_{j-1} 上的作业内容，这样，下一状态是 d_j^2，即状态 d_j^2 反复出现，记作 $< d_j^2$，$d_j^2 >$。

因此，当满足条件 $\frac{1}{r+1} \geqslant s_j + \cdots + s_m$，$j = j_{(2)}$，工人 w_2 反复受阻于固定的工序 $s_j (j = j_{(2)})$。

（B）$j = j_{(2)} + 1$，$\cdots$，$j_{(1)} + 1$

若满足条件 $s_j + \cdots + s_m > \dfrac{1 - s_{j-1}}{r+1} \Leftrightarrow \dfrac{s_j + \cdots + s_m}{v_2} > \dfrac{s_1 + \cdots + s_{j-2}}{v_1}$，则意味着当工人 w_1 完成在工序 s_{j-1} 上的作业内容时，工人 w_2 还未完成这件产品。若满足条件 $\dfrac{1}{r+1} \geqslant s_j + \cdots + s_m \Leftrightarrow \dfrac{s_1 + \cdots + s_{j-1}}{v_1} \geqslant \dfrac{s_j + \cdots + s_m}{v_2}$，则意味着当工人 w_2 完成一件产品并到达工序 s_j 的前端时，工人 w_1 还未完成在工序 s_{j-1} 上的作业内容，这样，下一状态是 d_j^2，即状态 d_j^2 反复出现，记作 $< d_j^2, d_j^2 >$。

因此，当满足条件 $\dfrac{1}{r+1} \geqslant s_j + \cdots + s_m > \dfrac{1 - s_{j-1}}{r+1}$，$j = j_{(2)} + 1$，$\cdots$，$j_{(1)} + 1$，工人 w_2 反复受阻于固定的工序 $s_j (j = j_{(2)} + 1$，$\cdots$，$j_{(1)} + 1)$。

综合以上两种子情况，给定工人 w_1 的作业效率 v_1，由于工人 w_1 保持作业状态，Seru 的生产效率是 $\dfrac{v_1}{s_1 + \cdots + s_{j-1}}$，随着工人 w_1 作业内容 $s_1 + \cdots + s_{j-1}$ 的减少而增加，由于 $\dfrac{1}{r+1} \geqslant s_j + \cdots + s_m$，因此，

$$\frac{v_1}{s_1 + \cdots + s_{j-1}} \leqslant v_2 \times (r+1) = v_1 + v_2。$$

例 3-1：一个由 2 名工人和 6 道工序组成的单区分割式 Seru，令 $j_{(1)} = 4$ 和 $j_{(2)} = 4$，也就是 $Z_1 = \{s_1, s_2, s_3, s_4\}$，$Z_2 = \{s_4, s_5, s_6\}$，$Z_1 \cap Z_2 = \{s_4\}$，$Z_1 \cup Z_2 = \{s_1, s_2, s_3, s_4, s_5, s_6\}$。给定 2 名工人的作业效率为 $v_1 = 1.5$ 和 $v_2 = 1.0$。

如果工人 w_1 受阻，那么，根据情况（1）的讨论结果，形成的包含一个状态的循环序列应该是 $< d_4^1,\ d_4^1 >$。

首先，可以排除的循环序列是 $< d_j^1,\ d_j^1 >$，$j = 1$，2，5，6。这是因为在本例中，$j_{(1)} = 4$ 和 $j_{(2)} = 4$，根据单区分割式 Seru 的作业规则，工人 w_1 不可能受阻于 s_j，$j = 1$，2，5，6，即状态 d_j^1，$j = 1$，2，5，6 在本例中不会出现。

其次，讨论是否可以排除循环序列 $< d_j^1,\ d_j^1 >$，$j = 3$。当前一状态是 d_3^1，在工人 w_1 和 w_2 都恢复作业时，作业位置分别为工序 s_4 的前端和后端。若满足条件 $\dfrac{s_4}{v_1} < \dfrac{s_5 + s_6}{v_2}$，下一状态 d_4^1 出现，否则，下一状态 d_5^2 出现，也就是说，无法形成状态循环 $< d_j^1,\ d_j^1 >$，$j = 3$。

最后，讨论是否可以排除循环序列 $< d_j^1,\ d_j^1 >$，$j = 4$。当前一状态是 d_4^1，在工人 w_1 和 w_2 都恢复作业时，作业位置分别为工序 s_1 的前端和工序 s_4 的后端。若满足条件 $\dfrac{s_1 + s_2 + s_3 + s_4}{v_1} < \dfrac{s_5 + s_6}{v_2}$，下一状态 d_4^1 出现，形成状态循环 $< d_j^1,\ d_j^1 >$，$j = 4$。比如，当工序作业内容比例为 $s_1 = s_2 = s_3 = s_4 = 0.1$，$s_5 = s_6 = 0.3$ 时，由于 $s_1 + \cdots + s_4 = 0.4 < \dfrac{r}{r+1} = 0.6 \Leftrightarrow \dfrac{s_1 + \cdots + s_4}{v_1} < \dfrac{s_5 + s_6}{v_2}$，即可形成状态循环 $< d_4^1,\ d_4^1 >$。

如果工人 w_2 受阻，那么，根据情况（2）的讨论结果，形成的包含一个状态的循环序列可能是 $< d_4^2,\ d_4^2 >$ 或 $< d_5^2,\ d_5^2 >$。

首先，可以排除的循环序列是 $< d_j^2,\ d_j^2 >$，$j = 1$，2，3，6。这是因为在本例中，$j_{(1)} = 4$ 和 $j_{(2)} = 4$，根据单区分割式 Seru 的作业规则，工人 w_2 不可能受阻于 s_j，$j = 1$，2，3，6，即状态 d_j^2，$j = 1$，2，3，6 在本例中不会出现。

其次，讨论是否可以排除循环序列 $< d_j^2,\ d_j^2 >$，$j = 4$。当前一状态是d_4^2，在工人w_1和w_2都恢复作业时，作业位置分别为工序s_1和工序s_4的前端。若满足条件$\dfrac{s_1+s_2+s_3}{v_1} \geqslant \dfrac{s_4+s_5+s_6}{v_2}$，下一状态$d_4^2$出现，形成状态循环$<d_j^2, d_j^2>$，$j=4$。比如，当工序作业内容比例为$s_1=s_2=0.2$，$s_3=0.3$和$s_4=s_5=s_6=0.1$时，由于$0.4=\dfrac{1}{r+1} \geqslant s_4+s_5+s_6 \Leftrightarrow \dfrac{s_1+s_2+s_3}{v_1} \geqslant \dfrac{s_4+s_5+s_6}{v_2}$，即可形成状态循环$<d_4^2, d_4^2>$。

最后，讨论是否可以排除循环序列是$<d_j^2, d_j^2>$，$j=5$。当迁移状态是d_5^2，在工人w_1和w_2都恢复作业时，作业位置分别为工序s_1和工序s_5的前端。若满足条件$\dfrac{s_1+s_2+s_3+s_4}{v_1} \geqslant \dfrac{s_5+s_6}{v_2} > \dfrac{s_1+s_2+s_3}{v_1}$，下一状态$d_5^2$出现，形成状态循环$<d_j^2, d_j^2>$，$j=5$。比如，当工序作业内容比例为$s_1=s_2=s_3=0.14$，$s_4=0.28$和$s_5=s_6=0.15$时，由于$0.4=\dfrac{1}{r+1} \geqslant s_5+s_6 \Leftrightarrow \dfrac{s_1+s_2+s_3+s_4}{v_1} \geqslant \dfrac{s_5+s_6}{v_2}$，即可形成状态循环$<d_5^2, d_5^2>$。

2）双区分割式Seru

令$j_{(1)}$为工作区Z_1中工序的最大索引，即$Z_1=\{1, \cdots, j_{(1)}\}$，令$j'_{(1)}$为工作区$Z'_1$中工序的最小索引，即$Z'_1=\{j'_{(1)}, \cdots, m\}$，令$j_{(2)}$和$j'_{(2)}$为工作区$Z_2$或$Z'_2$的最小和最大索引，即$Z_2=Z'_2=\{j_{(2)}, \cdots, j'_{(2)}\}$，且$1 \leqslant j_{(2)}-1 \leqslant j_{(1)} \leqslant j'_{(1)} \leqslant j'_{(2)}+1 \leqslant m$（如图3-19所示）。

令$B_1=\{b_j^1|j=j_{(2)}-1, \cdots, j_{(1)}\}$表示工人$w_1$受阻状态集合，其中，$b_j^1$表示工人$w_1$在正向作业过程中，从受阻于工序$s_j$后端，到恢复作业的过程；令$B_2=\{b_j^2|j=j'_{(1)}-1, \cdots, j'_{(2)}\}$，其中，$b_j^2$表示工人$w_2$在反向作业过程中，从受阻于工序$s_j$的后端，到恢复作业的过程。

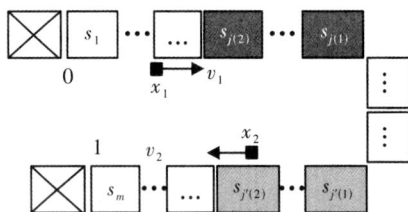

图 3-19　2 工人-m 工序双区分割式 Seru 示意图

对于任意 2 工人-m 工序构成的双区分割式 Seru 来说，如果构建的状态循环是 $<b_j^i, b_j^i>$，即工人 w_i 反复受阻于工序 s_j，那么，存在以下两种情况：

情况（1）：工人 w_1 受阻

假设 $j \neq j_{(1)}$，那么 $j = j_{(2)} - 1, \cdots, j_{(1)} - 1$。在状态 b_j^1 出现后，工人 w_1 和 w_2 分别在工序 s_{j+1} 的前端和后端，下一状态是 $b_{j'}^1 (j' = j + 1, \cdots, j_{(2)}')$，这意味着不可能构建出状态循环 $<b_j^1, b_j^1>$。因此，$j \neq j_{(2)} - 1, \cdots, j_{(1)} - 1$，即 $j = j_{(1)}$。

接下来，讨论工人 w_1 受阻于工序 $s_j (j = j_{(1)})$ 的工序作业内容比例条件。假设前一状态 $b_{j_{(1)}}^1$ 出现时，工人 w_2 在工序 s_{j^*}，$j^* = j_{(1)} + 1, \cdots, j_{(2)}'$ 上作业。既然构建的状态循环是 $<b_{j_{(1)}}^1, b_{j_{(1)}}^1>$，那么，在前一状态 $b_{j_{(1)}}^1$ 出现后，工人 w_1 和 w_2 的位置分别为工序 s_p，$\max\{j^* + 1, j_{(1)}'\} \leq p \leq j_{(2)}' + 1$ 的前端和工序 $s_{j_{(1)}}$ 的后端。若满足条件

$$\frac{\sum_{j=p}^{q} s_j}{v_1} < \frac{\sum_{j_{(1)}+1}^{q-1} s_j}{v_2}, \quad q = p, \cdots, j_{(2)}' + 1$$

，则意味着在工人 w_2 到达工序 s_q 的前端时，工人 w_1 已经完成在工序 s_q 的工作，状态 b_{q-1}^2 不会出现。若满足条

$$件 \sum_{j=j_{(1)}+1}^{j^*-1} s_j \leq \frac{1 - \left(\sum_{j=j^*}^{p-1} s_j\right)}{r+1} \Leftrightarrow \frac{s_{j_{(1)}+1} + \cdots + s_{j^*-1}}{v_2} \leq \frac{s_p + \cdots + s_m + s_1 + \cdots + s_{j_{(1)}}}{v_1},$$

则意味着在工人 w_1 到达工序 $s_{j_{(1)}}$ 的后端时，工人 w_2 已完成在工序 s_{j^*-1} 的

工作。若满足条件 $\dfrac{1-\left(\sum\limits_{j=j^*}^{p-1}s_j\right)}{r+1}<\sum\limits_{j=j_{(1)}+1}^{j^*}s_j \Leftrightarrow \dfrac{s_p+\cdots+s_m+s_1+\cdots+s_{j_{(1)}}}{v_1}<$

$\dfrac{s_{j_{(1)}+1}+\cdots+s_{j^*}}{v_2}$，则意味着在工人 w_2 完成工序 s_{j^*} 上的作业内容时，工

人 w_1 已经完成在工序 $s_{j_{(1)}}$ 上的工作，下一状态是 $b^1_{j_{(1)}}$，也就是说，如果

从状态 $b^1_{j_{(1)}}$ 出发，形成的状态序列为 $b^1_{j_{(1)}}$，$b^1_{j_{(1)}}$，$\cdots$，即状态 $b^1_{j_{(1)}}$ 反复出现，

记作 $< b^1_{j_{(1)}}$，$b^1_{j_{(1)}} >$。

因此，若满足条件 $\dfrac{\sum\limits_{j=p}^{q}s_j}{v_1}<\dfrac{\sum\limits_{j_{(1)}+1}^{q-1}s_j}{v_2}$ 且 $\sum\limits_{j=j_{(1)}+1}^{j^*-1}s_j \leqslant \dfrac{1-\left(\sum\limits_{j=j^*}^{p-1}s_j\right)}{r+1}<$

$\sum\limits_{j=j_{(1)}+1}^{j^*}s_j s_1 +\cdots+s_{j_{(1)}}<\dfrac{r}{r+1}$，$q=p$，$\cdots$，$j'_{(2)}+1$，其中，$p\in Z^+$ 且

$\max\left\{j^*+1，j'_{(1)}\right\}\leqslant p\leqslant j'_{(2)}+1$，工人 w_1 反复受阻于固定的工序 $s_{j_{(1)}}$。

在这种情况下，给定工人 w_2 的作业效率 v_2，由于工人 w_2 保持作

业状态，Seru 的生产效率是 $\dfrac{v_2}{s_{j_{(1)}+1}+\cdots+s_k}$，$k=\max\left\{j^*，j'_{(1)}-1\right\}$，随

着工人 w_2 作业内容 $s_{j_{(1)}+1}+\cdots+s_k$ 的减少而增加，由于 $s_{j_{(1)}+1}+\cdots+$

$s_k \geqslant \dfrac{1}{r+1}$，因此，$\dfrac{v_2}{s_{j_{(1)}+1}+\cdots+s_k}\leqslant v_2\times(r+1)=v_1+v_2$。

情况（2）：工人 w_2 受阻

假设 $j\neq j'_{(2)}$，那么 $j=j'_{(1)}-1$，$\cdots$，$j'_{(2)}-1$。在状态 b^2_j 出现后，工

人 w_1 和 w_2 分别在工序 s_{j+1} 的后端和前端，下一状态是 $b^2_{j'}(j'=j+$

1，$\cdots$，$j'_{(2)}$），这意味着不可能构建出状态循环 $< b^2_j$，$b^2_j >$。因此，

$j\neq j'_{(1)}-1$，$\cdots$，$j'_{(2)}-1$，即 $j=j'_{(2)}$。

接下来，讨论工人 w_2 受阻于工序 $s_j(j = j'_{(2)})$ 的工序作业内容比例条件。假设前一状态 $b^2_{j_{(2)}}$ 出现时，工人 w_2 在工序 s_{j^*}，$j^* = j'_{(2)} + 1, \cdots, m, 1, \cdots, j_{(1)}$ 上作业。既然构建的状态循环是 $< b^2_{j_{(2)}}, b^2_{j_{(2)}} >$，那么，在前一状态 $b^2_{j_{(2)}}$ 出现后，工人 w_1 和 w_2 的位置分别为工序 $s_{j_{(2)}+1}$ 的前端和工序 s_p，$\max\{j^* + 1, j_{(2)}\} \le p \le j_{(1)} + 1$ 的后端。如满足条件

$$\frac{1 - \sum_{j=q}^{j'_{(2)}-1} s_j}{v_1} > \frac{\sum_p^q s_j}{v_2}, \quad q = p, \cdots, j_{(1)} + 1$$，则意味着工人 w_1 到达工序 s_q 的前端时，工人 w_2 已经完成在工序 s_q 的工作，状态 b^1_{q-1} 不会出现。若满足条件 $1 - \sum_{j=j^*}^{p-1} s_j \le (r+1)\sum_{j=p}^{j'_{(2)}} s_j \Leftrightarrow \frac{s_{j'_{(2)}+1} + \cdots + s_m + s_1 + \cdots + s_{j^*-1}}{v_1} \le$

$\frac{s_p + \cdots + s_{j'_{(2)}}}{v_2}$，则意味着工人 w_2 完成工序 $s_{j'_{(2)}}$ 的工作时，工人 w_1 已经完成了在工序 s_{j^*-1} 的工作。若满足条件 $(r+1)\sum_{j=p}^{j'_{(2)}} s_j < 1 - \sum_{j=j^*+1}^{j'_{(2)}} s_j \Leftrightarrow$

$\frac{s_p + \cdots + s_{j'_{(2)}}}{v_2} < \frac{s_{j'_{(2)}+1} + \cdots + s_m + s_1 + \cdots + s_{j^*}}{v_1}$，则意味着 w_1 完成工序 s_{j^*} 的工作时，工人 w_2 已经完成在工序 $s_{j'_{(2)}}$ 的工作，下一状态是 $b^2_{j_{(2)}}$，也就是说，如果从状态 $b^2_{j_{(2)}}$ 出发，形成的状态序列为 $b^2_{j_{(2)}}, b^2_{j_{(2)}}, \cdots$，即状态 $b^2_{j_{(2)}}$ 反复出现，记作 $< b^2_{j_{(2)}}, b^2_{j_{(2)}} >$。

因此，当满足条件 $\dfrac{1 - \sum_{j=q}^{j'_{(2)}-1} s_j}{v_1} > \dfrac{\sum_p^q s_j}{v_2}$ 且 $1 - \sum_{j=j^*}^{p-1} s_j \le (r+1)\sum_{j=p}^{j'_{(2)}} s_j <$

$1 - \sum_{j=j^*+1}^{j'_{(2)}} s_j$，$q = p, \cdots, j_{(1)} + 1$，其中，$p \in Z^+$ 且 $\max\{j^* + 1, j_{(2)}\} \le p \le j_{(1)} + 1$，工人 w_2 反复受阻于固定的工序 $s_{j'_{(2)}}$。

在这种情况下，给定工人 w_1 的作业效率 v_1，由于工人 w_1 保持作业状态，Seru 的生产效率是 $\dfrac{v_1}{s_{j'_{(2)}+1} + \cdots + s_m + s_1 + \cdots + s_k}$，$k = \max\{j^*, j_{(2)} - 1\}$，随着工人 w_1 作业内容 $s_{j'_{(2)}+1} + \cdots + s_m + s_1 + \cdots + s_k = 1 - \left(s_{k+1} + \cdots + s_{j'_{(2)}}\right)$ 的减少而增加，由于 $s_{k+1} + \cdots + s_{j'_{(2)}} \leqslant \dfrac{r}{r+1}$，因此，$\dfrac{v_1}{s_{j'_{(2)}+1} + \cdots + s_m + s_1 + \cdots + s_k} \leqslant v_2 \times (r+1) = v_1 + v_2$。

例 3-2：一个由 2 名工人和 6 道工序组成的双区分割式 Seru，令 $j_{(1)} = 3$ 和 $j'_{(2)} = 5$，也就是 $Z_1 = \{s_1, s_2, s_3\}$，$Z_2 = \{s_3, s_4, s_5\}$，$Z'_1 = \{s_5, s_6\}$，$Z_1 \cap Z_2 = \{s_3\}$，$Z_2 \cap Z'_1 = \{s_5\}$。给定 2 名工人的作业效率为 $v_1 = 1.5$ 和 $v_2 = 1.0$。

如果工人 w_1 受阻，那么，根据情况（1）的讨论结果，形成的包含一个状态的循环序列应该是 $< b_3^1, b_3^1 >$。当前一状态是 b_3^1，在工人 w_1 和 w_2 都恢复作业时，作业位置分别为工序 s_5 的前端和工序 s_4 的前端。比如，当工序作业内容比例为 $s_1 = s_2 = s_3 = s_5 = s_6 = 0.11$ 和 $s_4 = 0.45$ 时，且 $j^* = 4$，由于 $s_4 \geqslant 0.4 \Leftrightarrow \dfrac{s_5 + s_6 + s_1 + s_2 + s_3}{v_1} < \dfrac{s_4}{v_2}$，在工人 w_2 完成工序 s_4 的工作之前，工人 w_1 已经完成在工序 s_3 上的作业，也就是说，状态 b_3^1 再次出现，即可形成状态循环 $< b_3^1, b_3^1 >$。

如果工人 w_2 受阻，那么，根据情况（2）的讨论结果，形成的包含一个状态的循环序列应该是 $< b_5^2, b_5^2 >$。当前一状态是 b_5^2，在工人 w_1 和 w_2 都恢复作业时，作业位置分别为工序 s_6 的前端和工序 s_4 的前端。比如，当工序作业内容比例为 $s_1 = s_2 = s_6 = 0.1$，$s_3 = 0.32$ 和 $s_4 = s_5 = 0.19$ 时，且 $j^* = 3$，由于 $\dfrac{s_6 + s_1 + s_2}{v_1} > \dfrac{s_4 + s_5}{v_2}$ 且 $\dfrac{s_6 + s_1 + s_2 + s_3}{v_1} >$

$\dfrac{s_4 + s_5}{v_2}$，在工人 w_1 完成工序 s_3 的工作之前，工人 w_2 已经完成在工序 s_5 上的作业，也就是说，状态 b_5^2 再次出现，即可形成状态循环 $< b_5^2,\ b_5^2 >$。

3.4 n 工人-m 工序

随着工人和工序数目的增加，分析工人状态规律难度急剧加大。本小节分别讨论相邻工作区是否存在交叠两种情况。

3.4.1 相邻工作区无交叠

对于单区分割式 Seru，工人 w_i 在工作区 Z_i 上作业，$j_{(i)}$ 表示工作区 Z_i 中工序的最大索引，即 $Z_i = \left\{ j_{(i-1)} + 1,\ \cdots,\ j_{(i)} \right\}$。设 $j_{(0)} = 0$，$j_{(n)} = m$，$1 \leqslant j_{(1)} < j_{(2)} < ... < j_{(n)} = m$。在图 3-20（a）中，单区分割式 Seru 中共有 3 名工人和 10 道工序，工人 w_1 在工作区 $Z_1 = \{ s_1,\ s_2,\ s_3 \}$ 上作业，工人 w_2 在工作区 $Z_2 = \{ s_4,\ s_5,\ s_6 \}$ 上作业，工人 w_3 在工作区 $Z_3 = \{ s_7,\ s_8,\ s_9,\ s_{10} \}$ 上作业。对于双区分割式 Seru，工人 w_i 在工作区 Z_i 和 Z_i' 上作业，设 $j_{(i)}$ 和 $j_{(i)}'$ 分别表示工作区 Z_i 和 Z_i' 中工序的最大索引，即 $Z_i = \left\{ s_{j_{(i-1)}+1},\ \cdots,\ s_{j_{(i)}} \right\}$ 和 $Z_i' = \left\{ s_{j_{(i+1)}'+1},\ \cdots,\ s_{j_{(i)}'} \right\}$。设 $j_{(0)} = 0$，$j_{(1)}' = m$，$1 \leqslant j_{(1)} < ... < j_{(n)} = j_{(n)}' < j_{(n-1)}' < \cdots < j_{(1)}' = m$。在图 3-20（b）中，双区分割式 Seru 中共有 3 名工人和 10 道工序，工人 w_1 在工作区 $Z_1 = \{ s_1 \}$ 和 $Z_1' = \{ s_9,\ s_{10} \}$ 上作业，工人 w_2 在工作区 $Z_2 = \{ s_2,\ s_3 \}$ 和 $Z_2' = \{ s_7,\ s_8 \}$ 上作业，工人 w_3 在工作区 $Z_3 = Z_3' = \{ s_4,\ s_5,\ s_6 \}$ 上作业。

对于工人 w_i 来说，在单区分割式 Seru 中的作业时间为

$\left(\sum\limits_{j_{(i-1)}+1}^{j_{(i)}} s_j \right) / v_i$，在双区分割式 Seru 中的作业时间为 $\left(\sum\limits_{j_{(i-1)}+1}^{j_{(i)}} s_j + \sum\limits_{j'_{(i)}+1}^{j'_{(i)}} s_j \right) / v_i$。

令 τ_I 和 τ_{II} 分别表示单区和双区分割式 Seru 的生产效率，那么：

$$\tau_I = \left(\max_{\forall i} \left\{ \frac{\sum\limits_{j_{(i-1)}+1}^{j_{(i)}} s_j}{v_i} \right\} \right)^{-1} \tag{3-1}$$

$$\tau_{II} = \left(\max_{\forall i} \left\{ \frac{\sum\limits_{j_{(i-1)}+1}^{j_{(i)}} s_j + \sum\limits_{j'_{(i)}+1}^{j'_{(i)}} s_j}{v_i} \right\} \right)^{-1} \tag{3-2}$$

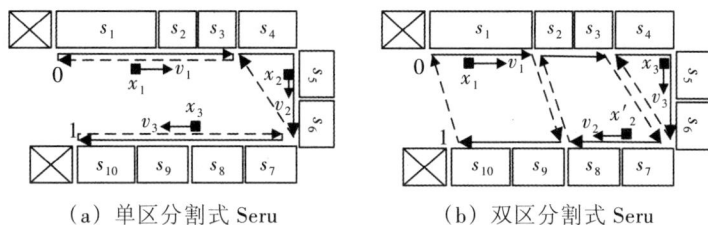

（a）单区分割式 Seru   （b）双区分割式 Seru

图 3-20　工作区之间无交叠分割式 Seru 举例

在所有的工人中，设工人 w_{i^*} 为瓶颈工人，即作业时间最长的工人，那么工人 w_{i^*} 一直保持作业状态，其他工人 $w_i (i \neq i^*)$ 都有可能被阻碍。对于单区分割式 Seru 来说，工人 $w_i (i \neq i^*)$ 或者在正向作业时受阻于工序 $s_{j_{(i)}}$ 的后端，或者在反向作业时受阻于工序 $s_{j_{(i-1)}+1}$ 的前端；对于双区分割式 Seru 来说，工人 $w_i (i \neq i^*)$ 或者在正向作业时受阻于工序 $s_{j_{(i)}}$ 的后端，或者在反向作业时受阻于工序 $s_{j'_{(i)}}$ 的后端。

如图 3-20 所示，设 3 名工人作业效率分别为 $v_1 = 2.4$，$v_2 = 2.0$ 和 $v_3 = 2.2$；工序作业内容比例分别为 $s_1 = 0.15$，$s_2 = 0.18$，$s_3 = 0.08$，$s_4 = 0.10$，$s_5 = 0.08$，$s_6 = 0.05$，$s_7 = 0.05$，$s_8 = 0.10$，$s_9 = 0.09$，$s_{10} = 0.12$，那么：

$$\tau_I = \left(\max \left\{ \frac{s_1 + s_2 + s_3}{v_1}, \frac{s_4 + s_5 + s_6}{v_2}, \frac{s_7 + s_8 + s_9 + s_{10}}{v_3} \right\} \right)^{-1} = 5.88$$

$$\tau_{II} = \left(\max \left\{ \frac{s_1 + s_9 + s_{10}}{v_1}, \frac{s_2 + s_3 + s_7 + s_8}{v_2}, \frac{s_4 + s_5 + s_6}{v_3} \right\} \right)^{-1} = 4.76$$

接下来，讨论如何达到最高生产效率。

1）工序可调

通过调整工序作业内容比例，使得分割式 Seru 达到最高生产效率。

令 τ_I 和 τ_{II} 分别表示单区和双区分割式 Seru 的最高生产效率，即 $\tau_I = \tau_{II} = \sum_{i=1}^{n} v_i$，对于单区分割式 Seru，当工序作业内容比例和工人作业效率满足条件 $\sum_{j_{(i-1)}+1}^{j_{(i)}} s_j = \dfrac{v_i}{\sum_{1}^{n} v_i}$ 时，可以达到最高生产效率；对于双区分割式 Seru，当工序作业内容比例和工人作业效率满足条件 $\sum_{j_{(i-1)}+1}^{j_{(i)}} s_j + \sum_{j'_{(i-1)}+1}^{j'_{(i)}} s_j = \dfrac{v_i}{\sum_{1}^{n} v_i}$ 时，可以达到最高生产效率。此时，分割式 Seru 达到完全平衡状态，尽管工人之间仍存在相互干扰与协作，但在不考虑交接产品等非作业时间的理想情况下，可以达到最高生产效率。

以图 3-20（a）的分割式 Seru 为例，通过调整工序作业内容比例，可以达到最高生产效率 $v_1 + v_2 + v_3 = 6.6$。对于单区分割式 Seru 来说，工序作业内容比例为 $s_1 + s_2 + s_3 = 0.364$，$s_4 + s_5 + s_6 = 0.303$，$s_7 + s_8 + s_9 + s_{10} = 0.333$。对于双区分割式 Seru 来说，工序作业内容比例为 $s_1 + s_9 + s_{10} = 0.364$，$s_2 + s_3 + s_7 + s_8 = 0.303$，$s_4 + s_5 + s_6 = 0.333$。

2）工序均分

给定工序数 m，工序作业内容比例均分，即 $s_j = 1/m(j = 1, 2, \cdots, m)$。对于单区分割式 Seru 来说，令 $p_i = |Z_i|$ 表示工作区 Z_i 中的工序数目，$m = \sum_{i=1}^{n} p_i$。由于工序作业内容均分，Seru 生产效率取决于分配给工人或者工作区包含的工序数目，计算单区分割式 Seru 生产效率的目标函数为：

$$max\left(\max_{\forall i} \left\{ \frac{p_i}{mv_i} \right\} \right)^{-1} \tag{3-3}$$

限制条件为：

$$m = \sum_{i=1}^{n} p_i, \ i = 1, \cdots, n \tag{3-4}$$

$$p_i \in Z_+, \ \forall i \tag{3-5}$$

对于双区分割式 Seru 来说，令 $q_i = |Z_i|$ 和 $q_i' = |Z_i'|$ 分别表示工作区 Z_i 和 Z_i' 中的工序数目，$m = \sum_{i=1}^{n} (q_i + q_i')$。与单区分割式 Seru 类似，计算双区分割式 Seru 生产效率的目标函数为：

$$max\left(\max_{\forall i} \left\{ \frac{q_i + q_i'}{mv_i} \right\} \right)^{-1} \tag{3-6}$$

限制条件为：

$$m = \sum_{i=1}^{n} (q_i + q_i'), \ i = 1, \cdots, n \tag{3-7}$$

$$q_i, \ q_i' \in Z_+, \ \forall i \tag{3-8}$$

下面，求解精确算法如算法 3-1 所示。

算法 3-1　　**分割式 Seru 最大化生产效率贪婪算法**

Input：Let $V = \{ v_1, \ v_2, \ \cdots, \ v_n \}$ be the velocities of n workers；let m be the number of stations.

Output：Let $P = \{ p_1, \ p_2, \ \cdots, \ p_n \}$ be the set of the number of stations in each zone；

let $T = \{t_1,\ t_2,\ \cdots,\ t_n\}$ be the set of working time for each worker; let τ be the maximum of throughput of a divisional seru.

（1）Initialize.

    for（each $i \in \{1,\ 2,\ \cdots,\ n\}$）do

      $p_i \leftarrow 0$

      $t_i \leftarrow 0$

（2）For each station, choose a worker i_min, $i \in \{1,\ 2,\ \cdots,\ n\}$, who has the shortest working time if assign one more station to him/her.

    for each（$j \in \{1,\ 2,\ \cdots,\ m\}$）do

      $i\_min \leftarrow 1$

      $t\_min \leftarrow t_1 + 1/v_1$

      for（each $i \in \{2,\ 3,\ \cdots,\ n\}$）do

        If $t\_min > t_i + 1/v_i$ then

          $i\_min \leftarrow i$

          $t\_min \leftarrow t_i + 1/v_i$

        end if

      end for

      $p_{i\_min} \leftarrow p_{i\_min} + 1$

      $t_{i\_min} \leftarrow t_{i\_min} + 1/v_{i\_min}$

    end for

（3）Return the set P as the optimal solution.

    接下来，讨论算法 3-1 是否可以获得最优解 P，采用递推法。

    当 $m = 1$ 时，把唯一的工序分配给瓶颈工人 w_{i^*}，达到最大作业时间 $1/v_{i^*}$，最优分配解即为 $p_{i^*} = 1$。

    当工序数目为 $m - 1$ 时，假设 $P' = \{p_1',\ p_2',\ \cdots,\ p_n'\}$ 为最优分配解。假设把最后一道工序分配给工人 $w_{i_{min}}$，整个 Seru 可以达到最小的作业时间，即 $t_{i_{min}} + 1/v_{i_{min}} \leqslant t_i + 1/v_i$，$i = 1,\ 2,\ \cdots,\ n$。根据贪婪算法

的第二步，最后一道工序将分配给工人 $w_{i_{min}}$，即 $p_{i_{min}} = p'_{i_{min}} + 1$。这就保证了 n 工人-m 工序的分割式 Seru 可以获得最优解。

例如，给定 3 名工人作业效率分别为 $v_1 = 2.4$，$v_2 = 2.0$ 和 $v_3 = 2.2$，工序作业内容比例为 $s_j = 0.1$，$j = 1$，2，…，10。根据算法 3-1，得到单区分割式 Seru 最优分配解为 $p_1 = 4$，$p_2 = 3$，$p_3 = 3$ 或者双区分割式最优解为 $q_1 + q'_1 = 4$，$q_2 + q'_2 = 3$，$q_3 + q'_3 = 3$，单区和双区分割式 Seru 的生产效率是 5.88。

3）数值实验

设置工人数目 $n = 3$，工序数目 $m = 15$，这意味着完成一件产品需要经过共计 15 道工序。令 δ 表示工人作业效率的差异值，即 $\delta = v_n - v_1$；σ^2 表示工人作业效率的方差；APN 表示分割式 Seru 的生产效率；APT 表示分割式 Seru 完成一件产品的时间。

实验（1）：工人作业效率差异性对生产效率的影响

工人作业效率差异性 δ 取值分别为 0.1、0.2、0.3、0.4、0.5、0.6。根据工人的作业效率由低到高进行工作区位置的排列，并且假设工人的作业效率在整个实验过程中是恒定的。这一假设的提出，旨在排除工人作业效率波动对实验结果的影响，从而准确地揭示工人作业效率差异性对分割式 Seru 生产效率的影响。同时，为了确保实验的公正性和准确性，本实验设定每名工人负责的工序数目相同，以排除其他潜在的干扰因素。表 3-8 为实验（1）中不同 δ 下各工人的作业效率。图 3-21 为实验（1）的实验结果。

表 3-8　　　　不同差异值下各工人的作业效率表

δ	v_1	v_2	v_3
0.1	0.95	1	1.05
0.2	0.9	1	1.1
0.3	0.85	1	1.15

δ	v_1	v_2	v_3
0.4	0.8	1	1.2
0.5	0.75	1	1.25
0.6	0.7	1	1.3

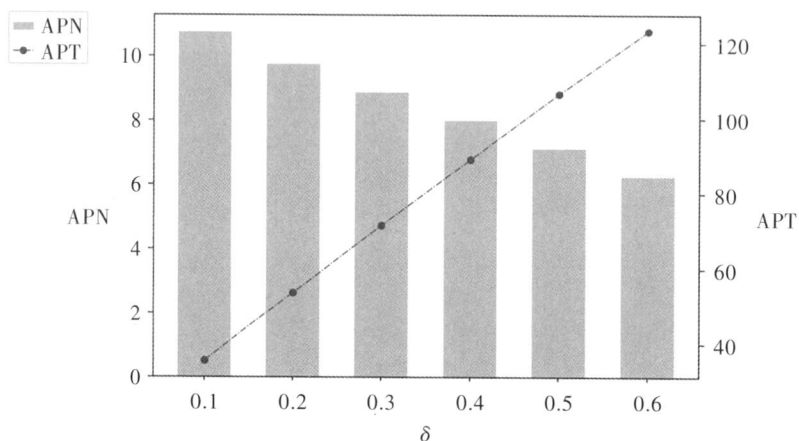

图3-21　工人作业效率差异性对分割式Seru的影响

随着工人作业效率差异值δ的增大，分割式Seru的效率呈现出明显的下降趋势。换言之，工人之间效率的差异性越显著，分割式Seru的效率就越低。例如，当δ = 0.1时，APN=10.75，APT=35.6778，而当δ=0.6时，APN=6.25，APT=123.31。这一现象的原因不难理解，工人作业效率的差异性越大，意味着分割式Seru的稳定性受到的影响也越大，从而不可避免地影响了分割式Seru的整体效率。因此，在构建分割式Seru系统时，应当尽量减小同一Seru内工人作业效率的差异性，以实现更高效、更稳定的生产过程，从而取得事半功倍的生产效果。这样的做法不仅有助于提高生产效率，还能降低生产成本，对企业来说，有可参考的价值与意义。

实验（2）：工人作业效率波动性对生产效率的影响

假设工人的作业效率服从正态分布 $N(v_i, \sigma^2)$，即每名工人的作业效率都是在原有作业效率的基础上，通过引入一个方差 σ^2 进行调整。σ^2 的具体取值分别为 0.0025，0.005，0.0075，0.01，...，0.05。通过逐渐增大 σ^2 的取值，可以更全面地探究工人作业效率波动性对分割式 Seru 的影响。通过实验（2），能够更深入地了解工人作业效率波动性对分割式 Seru 稳定性和效率的影响机制，为实际生产中的工人的管理和系统效率的提升提供有益的参考。实验（2）的结果如图 3-22 所示。

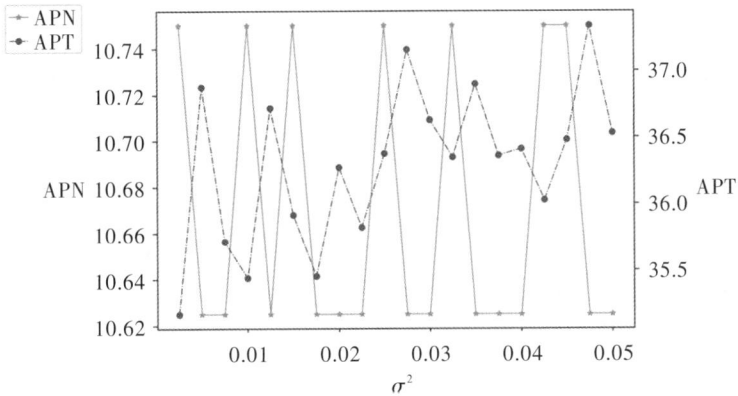

图 3-22 工人作业效率波动性对分割式 Seru 效率的影响

工人作业效率的波动性对分割式 Seru 的效率具有不可忽视的影响，尽管在波动性较小的情况下，这种影响相对有限，并不显著。例如，当 $\sigma^2=0.01$ 时，APN=10.75，APT=35.442，而当 $\sigma^2=0.05$ 时，APN=10.625，APT=36.532。深入分析其原因，已知在实际生产过程中，工人的作业效率并非一成不变的，而是存在一定的波动性。这种波动性既可能导致工人的作业效率超出预期水平，也可能使其低于平均标准，进而使得 SERU 系统的效率产生相应的波动。虽然无法确定工人作业效率波动的具体倾向，但在多名工人的相互影响下，这种波动越大对系统的影响往往越消极。因此，在构建分割式

Seru时，必须对工人作业效率的波动性进行把控，将其控制在一个合理的范围内。这样做不仅有助于确保分割式Seru的稳定运行，还能有效减少因效率波动带来的潜在风险，从而实现分割式Seru整体性能的优化和提升。

实验（3）：工人作业顺序对生产效率的影响

这里在实验（1）的基础上，对工人的作业顺序进行了调整，旨在进一步揭示工人作业顺序与分割式Seru之间的内在联系，为优化系统的生产流程、提高生产效率提供了理论依据。实验（3）的结果如图3-23所示。

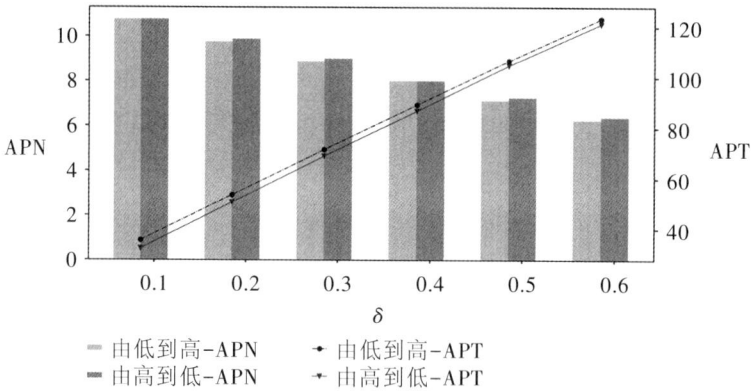

图3-23　工人作业顺序对分割式Seru效率的影响

首先，结果表明了实验（1）的结论在工人作业顺序发生变动的情况下依然有效。其次，经过深入观察与分析，发现当按照作业效率由高到低的顺序安排工人进行作业时，相较于由低到高的顺序，前者的效率更高，尽管这种差异并不显著。例如，当$\delta=0.2$时，工人作业顺序由低到高时，APN=9.75，APT=53.7213，而工人作业顺序由高到低时，APN=9.875，APT=50.7783。这可能是因为，尽管分割式Seru内的工人的作业效率并未发生明显改变，但按照由高到低的顺序安排工人的作业位置减少了产品在加工过程中的等待时间，从而在一定程度上提升了分割式 Seru 的效率，尽管这种提升并不显著。最后，在实际的生产活动中，建议将平均作业效率较高的工人安排在较为靠前的工作区，而将平均作业效率较低的工人安排在较后的工作区，这样可以在一定程度上缩减分割式 Seru 产品的等待时间，实现资源的有效利用并减少浪费。

3.4.2 相邻工作区有交叠

设置工人数目 $n = 3$，工序数目 $m = 15$，这意味着完成一件产品需要经过共计 15 道工序。令 δ 表示工人作业效率的差异值，即 $\delta = v_n - v_1$；σ^2 表示工人作业效率的方差；APN 表示分割式 Seru 的生产效率；APT 表示分割式 Seru 完成一件产品的时间。

实验（4）：交叠工序数目对生产效率的影响

在分割式 Seru 中，不同工人工作区交叠的产生是不可缺少的。随着工人所掌握的作业内容逐渐丰富，交叠工序能够在很大程度上提升工人的利用率和分割式 Seru 的整体效率。通过合理安排交叠工序，可以有效减少等待时间和资源浪费，从而实现生产效益的最大化。令 o 表示交叠工序的数目，c 表示培训 1 道工序的成本。

根据实验基础设置的已知条件，可以了解到，培养 1 名工人熟练掌握某一工序作业内容所需的成本为 c。在实验（1）的研究成果之上，进一步探究分割式 Seru 内交叠工序数目如何影响系统效率。随着交叠工序数目 o 的变化，培训成本如表 3-9 所示。实验（4）的仿真结果如图 3-24 所示。

表 3-9　　　　　不同交叠工序数目的培训成本表

o	0	1	2	3	4	5	6
培训成本	$15c$	$16c$	$17c$	$18c$	$19c$	$20c$	$21c$

从图 3-24 中可以发现，交叠工序数目 o 并非越多越好。具体而言，当 o 值为 3 时，分割式 Seru 的效率呈现出较高的水平且趋于稳定状态，同时工人的培训成本也维持在一个可接受的范围内。例如，当 $o=2$ 时，APN=10.625，APT=35.6778，而当 $o=3$ 时，APN=11.375，APT=35.6778。这一现象的背后原因可能是，虽然交叠工序数目的增加会使每道工序拥有更多的工人选择，但并不意味着 Seru 内工人的平均作业效率会随之提升。相反，工人负责工序数目的持续增加，可能会对他们的作业效率产生负面的影响，进而干扰分割式 Seru 的正常运作，导致效率下降。因此，对于分割式 Seru 而言，当工序数量较多时，设置交叠工序数目为 3，有助于提升系统的整体效率，同时还考虑到成本控制的问题，实现了效益的最大化。

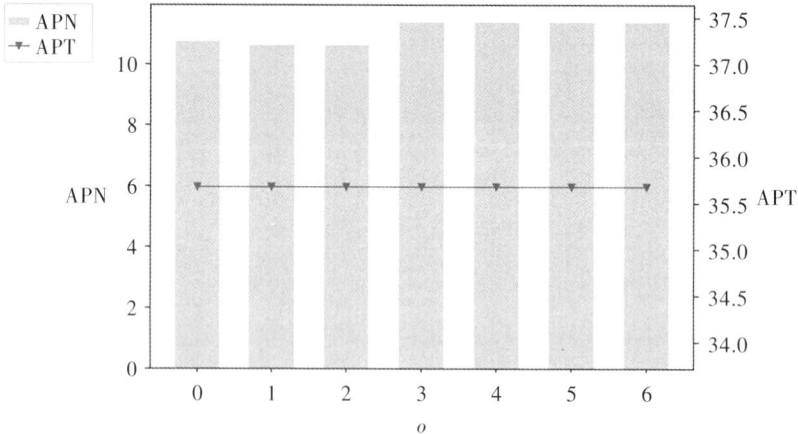

图 3-24　交叠工序数目对分割式 Seru 效率的影响

实验（5）：交叠工序位置对生产效率的影响

由实验（4）结果可知，在设定交叠工序数目 o 为 3 的条件下，存在四种典型的交叠工序位置安排（如图 3-25 所示）。实验（5）的结果如图 3-26 所示。

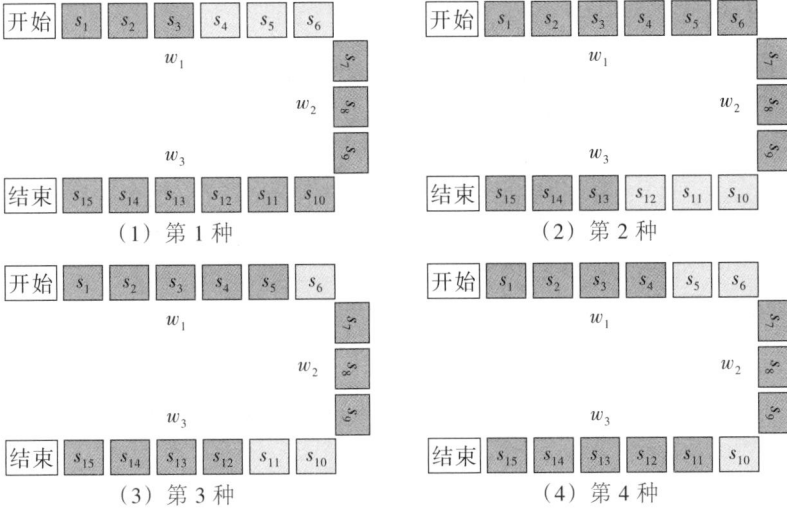

图 3-25 四种典型的交叠工序位置

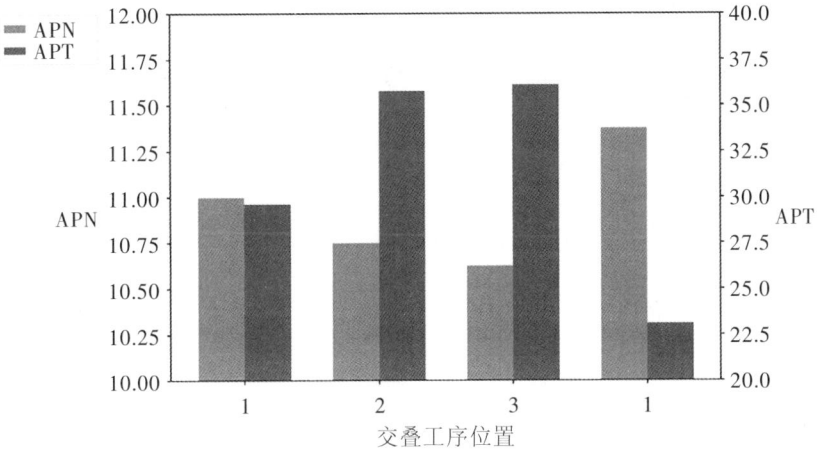

图 3-26 交叠工序位置对分割式 Seru 效率的影响

根据图 3-26 可知，当交叠工序采取第四种位置布局时，分割式 Seru 的效率呈现出更高的水平。例如，当交叠工序位置为第三种时，APN=10.625，APT=36.1379，而交叠工序位置为第四种时，APN=11.375，APN=23.1254。结合实验设计进行深入分析，可以发现，在分配交叠工序时，应考虑在工人作业效率较低的位置优先分配。同时，为了避免交叠工序分布过于集中而限制系统效率的提升，应确保交叠工序的分布相对均匀。对企业来说，在工人作业效率较低的位置设置更多的交叠工序，可以适当提高工人整体的平均作业效率。此外，为了进一步提升分割式 Seru 的效率，应尽可能让更多的工人能够在交叠工序上加工产品，充分利用交叠工序的优势，提升工人的利用率，实现生产效率的优化。

3.5　本章小结

本章研究了分割式 Seru 的多技能工状态规律及生产效率，将分割式 Seru 分为单区和双区两种子类型进行讨论，根据企业实际调研结果，分别定义单区和双区两种分割式 Seru 的多技能工作业规则，在此基础上，分析 2 工人–3 工序分割式 Seru 的多技能工状态转换条件和转换关系，并进一步探讨多技能工状态规律和 Seru 生产效率。对 2 工人–m 工序的分割式 Seru，给出达成分割式 Seru 最高生产效率的充分条件。此外，对是否存在交叠工序两种 Seru 布局情况下，可能达成的最高生产效率进行讨论。

4

巡回式 Seru 柔性建模与效率分析

在本章中，首先，建立 2 工人–3 工序的运行规则，构建多技能工与柔性工序关系模型，分析自组织情况下状态转换条件、演化过程和演化规律；其次，研究 2 工人–m 工序的自组织过程和自平衡机理，以及柔性工序可调和均分两种情况下的最优工序分布和划分；最后，设计数值实验，分析 n 工人–m 工序的柔性因素对效率产生的影响，为巡回式 Seru 生产组织与管理提供参考建议。

4.1 2 工人–3 工序

4.1.1 运行规则

对于由 2 名工人和 3 道工序构成的巡回式 Seru 来说，3 道工序占整个 U 形巡回式 Seru 作业内容的比例表示为 s_1、s_2 和 s_3，$s_1 + s_2 + s_3 = 1$，工人 w_1 和 w_2 的作业效率分别表示为 v_1 和 v_2，不失一般性，令 $v_1 > v_2$，工人 w_1 和 w_2 的位置分别表示为 x_1 和 x_2，2 名工人的作业规则定义如下：

1）工人 w_1 的作业规则

工人 w_1 手持工件依次在工序上作业，一旦完成一件产品，就开始一件新产品，直至工人 w_1 由于某工序被工人 w_2 占用而受阻于该工序的前端，放手工件在该工序的前端，走到该工序的后端，等待接手工人 w_2 的工件，从该工序的后端开始作业（如图 4-1（a）所示）。

2）工人 w_2 的作业规则

工人 w_2 手持工件依次在工序上作业，一旦完成一件产品，就开始一件新产品，直至工人 w_2 由于某工序被工人 w_1 占用而受阻于该工序的前端，工人 w_2 等待工人 w_1 完成在该工序上的工作，继续作业

（如图4-1（b）所示）。

（a）工人 w_1 受阻于工序 $s_j(j = 1，2，3)$

（b）工人 w_2 受阻于工序 $s_j(j = 1，2，3)$

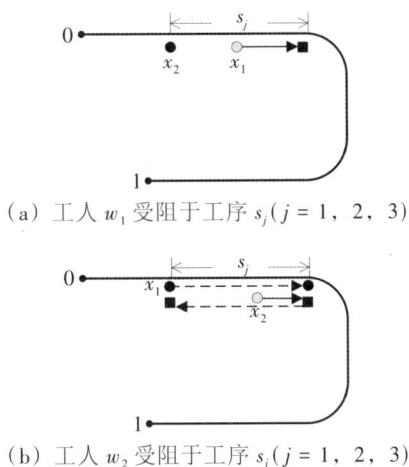

图4-1　2工人-3工序巡回式Seru的工人作业过程

注：实心圆圈表示工人受阻的状态，空心圆圈和实心方块分别表示另一位工人的起始和结束状态，实线箭头表示作业内容和方向，虚线箭头表示行走轨迹和方向。

4.1.2　系统状态

由上述运行规则分析可知，2名工人在作业过程中出现相互干扰的状况，在2工人-3工序巡回式Seru中存在两种状态：超越状态和受阻状态。

令 $P = \{p_1，p_2，p_3\}$ 表示2工人-3工序巡回式Seru的超越状态集合，其中，$p_j(j = 1，2，3)$ 表示工人 w_1 从受阻于工序 s_j 前端，到超越工人 w_2，再到从工序 s_j 后端重新开始作业的过程（如图4-2（a）所示）。

令 $B = \{b_1，b_2，b_3\}$ 表示2工人-3工序巡回式Seru的受阻状态合集。其中，$b_j(j = 1，2，3)$ 表示工人 w_2 从受阻于工序 s_j 前端，到等待

工人 w_1，再到从工序 s_j 前端重新开始作业的过程（如图 4-2（b）所示）。

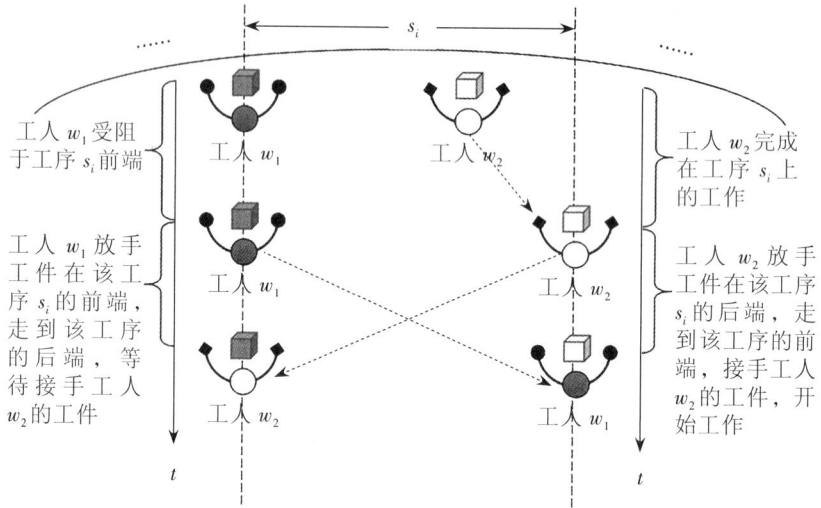

（a）超越状态

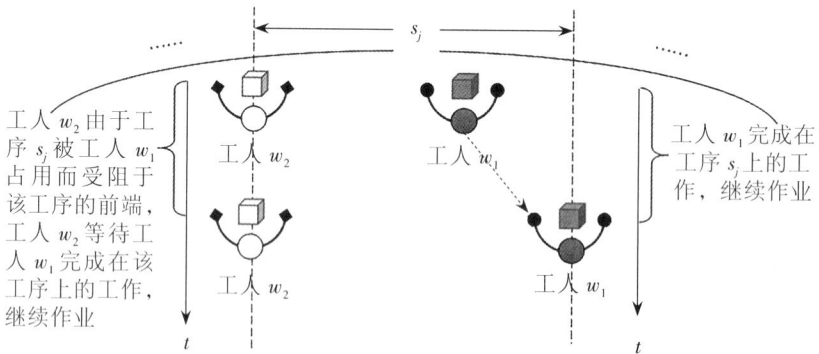

（b）受阻状态

图4-2　2工人-3工序巡回式Seru工人超越和受阻状态

4.1.3　状态转换条件及生产效率

定义如图 4-3 所示的工序作业内容分布三角形。其中，横坐标轴和纵坐标轴分别表示工序 s_1 和 s_2 占整个 U 形 Seru 作业内容的比例，这样，由横轴、纵轴和直线 $s_2 = 1 - s_1$ 围成的三角形区域可以用来描述3道工序作业内容的任意比例情况。比如，点 $(0.3，0.4)$ 表示3道工序作业内容的比例分别为：$s_1 = 0.3$，$s_2 = 0.4$，$s_3 = 0.3$。

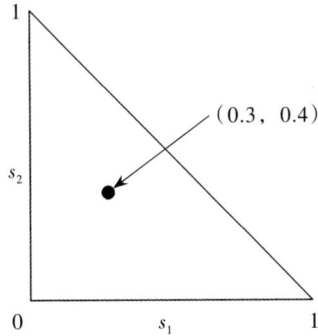

图4-3　3工序作业内容比例分布三角形

令 $r = v_1/v_2$ 表示2个工人作业效率的比例关系，由于 $v_1 > v_2$，则 $r > 1$，分为以下两种情况分析状态转换条件及生产效率：$r \geq 2$ 和 $2 > r > 1$。

1）$r \geq 2$

（1）状态转换条件及转换关系

表4-1给出了在2名工人作业效率和3道工序作业内容比例条件约束下的状态相互转换关系。

表4-1　　2工人–3工序巡回式Seru状态转换条件（$r \geq 2$）

前一状态	下一状态	转换条件
p_1 或 b_1	p_1	$s_1 \geq 1/(r + 1)$
	b_2	$rs_1 < s_2$
	b_3	$rs_1 \geq s_2$，$rs_1 + (r - 1)s_2 < s_3$
	p_2	$rs_1 \geq s_2$，$rs_1 + (r - 1)s_2 \geq s_3$，$s_1 < 1/(r + 1)$，$s_3 \leq (r - 1)/r$
	p_3	$rs_1 \geq s_2$，$rs_1 + (r - 1)s_2 \geq s_3$，$s_1 < 1/(r + 1)$，$s_3 > (r - 1)/r$

前一状态	下一状态	转换条件
	p_2	$s_2 \geq 1/(r+1)$
	b_3	$rs_2 < s_3$
p_2 或 b_2	b_1	$rs_2 \geq s_3$, $rs_2 + (r-1)s_3 < s_1$
	p_3	$rs_2 \geq s_3$, $rs_2 + (r-1)s_3 \geq s_1$, $s_2 < 1/(r+1)$, $s_1 \leq (r-1)/r$
	p_1	$rs_2 \geq s_3$, $rs_2 + (r-1)s_3 \geq s_1$, $s_2 < 1/(r+1)$, $s_1 > (r-1)/r$
	p_3	$s_3 \geq 1/(r+1)$
	b_1	$rs_3 < s_1$
p_3 或 b_3	b_2	$rs_3 \geq s_1$, $rs_3 + (r-1)s_1 < s_2$
	p_1	$rs_3 \geq s_1$, $rs_3 + (r-1)s_1 \geq s_2$, $s_3 < 1/(r+1)$, $s_2 \leq (r-1)/r$
	p_2	$rs_3 \geq s_1$, $rs_3 + (r-1)s_1 \geq s_2$, $s_3 < 1/(r+1)$, $s_2 > (r-1)/r$

下面以表4-1的第一状态为例，说明状态转换及转换条件。当前一状态是 p_1 或 b_1，在工人 w_1 和 w_2 都恢复作业时，作业位置分别为 $x_1 = s_1$ 和 $x_2 = 0$。分以下几种情况讨论：

（A）如果 $s_1 \geq \dfrac{1}{r+1}$，则下一状态是 p_1。

若满足条件 $s_1 \geq \dfrac{1}{r+1} \Leftrightarrow \dfrac{s_2 + s_3}{v_1} \leq \dfrac{s_1}{v_2}$，则意味着当工人 w_1 完成一件产品并到达工序 s_1 的前端时，工人 w_2 仍在工序 s_1 上作业，因此，下一状态是 p_1。

（B）如果 $rs_1 < s_2$，则下一状态是 b_2。

若满足条件 $rs_1 < s_2$ 和 $s_2 < 1 - s_1$，可得到 $s_1 < \dfrac{1}{r+1} \Leftrightarrow \dfrac{s_1}{v_2} < \dfrac{1 - s_1}{v_1}$，则意味着当工人 w_1 完成一件产品并到达工序 s_1 的前端时，工人 w_2 已经完成在工序 s_1 上的作业，p_1 不会出现。

若满足条件 $rs_1 < s_2 \Leftrightarrow \dfrac{s_2}{v_1} > \dfrac{s_1}{v_2}$，则意味着当工人 w_2 完成在工序 s_1 上的作业时，工人 w_1 仍在工序 s_2 上作业，因此，下一状态是 b_2。

（C）如果 $rs_1 \geqslant s_2$，$rs_1 + (r-1)s_2 < s_3$，则下一状态是 b_3。

若满足 $rs_1 + (r-1)s_2 < s_3$，$s_3 = 1 - s_1 - s_2$，可得到 $(r+1)s_1 < 1 - rs_2 < 1 \Leftrightarrow s_1 < \dfrac{1}{r+1}$，这样，$p_1$ 不会出现。

若满足条件 $rs_1 \geqslant s_2$，则 b_2 不会出现。

若满足条件 $rs_1 + (r-1)s_2 < s_3 \Leftrightarrow \dfrac{s_1+s_2}{v_2} < \dfrac{s_2+s_3}{v_1}$，则意味着当工人 w_2 到达工序 s_3 的前端时，工人 w_1 仍在工序 s_3 上作业，因此，下一状态是 b_3。

（D）如果 $rs_1 \geqslant s_2$，$rs_1 + (r-1)s_2 \geqslant s_3$，$s_1 < \dfrac{1}{r+1}$，$s_3 \leqslant \dfrac{r-1}{r}$，则下一状态是 p_2。

若满足条件 $rs_1 \geqslant s_2$，$rs_1 + (r-1)s_2 \geqslant s_3$，$s_1 < \dfrac{1}{r+1}$，$b_2$、$b_3$、$p_1$ 不会出现。

若满足条件 $s_3 \leqslant \dfrac{r-1}{r} \Leftrightarrow \dfrac{s_2+s_3+s_1}{v_1} = \dfrac{1}{v_1} \leqslant \dfrac{1-s_3}{v_2} = \dfrac{s_1+s_2}{v_2}$，则意味着当工人 w_1 完成一件产品并到达工序 s_2 的前端，工人 w_2 仍在工序 s_2 上作业，因此，下一状态是 b_1。

（E）否则，下一状态是 p_3。

否则，b_2、b_3、p_1、b_1 不会出现。若满足条件 $r \geqslant 2 \Leftrightarrow s_2 < 1 \leqslant r - 1 \Leftrightarrow \dfrac{s_2+s_3+s_1+s_2}{v_1} = \dfrac{1+s_2}{v_1} < \dfrac{1}{v_2} = \dfrac{s_1+s_2+s_3}{v_2}$，则意味着当工人 w_1 完成一件产品并到达工序 s_3 的前端，工人 w_2 仍在工序 s_3 上作业，因此，下一状态是 p_3。

类似地，可得到前一状态是p_2或b_2、p_3或b_3的状态转换关系。

（2）状态规律及生产效率

根据表4-1给出的状态转化条件，定义如下几条直线：

$$l_1: s_2 = rs_1$$

$$l_2: s_2 = \frac{1}{r+1} - \frac{1}{r+1}s_1 \Leftrightarrow rs_2 = s_3$$

$$l_3: s_2 = 1 - \frac{r+1}{r}s_1 \Leftrightarrow rs_3 = s_1$$

$$l_4: s_2 = \frac{1}{r} - \frac{r+1}{r}s_1 \Leftrightarrow rs_1 + (r-1)s_2 = s_3$$

$$l_5: s_2 = 1 - r + rs_1 \Leftrightarrow rs_2 + (r-1)s_3 = s_1$$

$$l_6: s_2 = \frac{r}{r+1} - \frac{1}{r+1}s_1 \Leftrightarrow rs_3 + (r-1)s_1 = s_2$$

$$l_7: s_1 = \frac{r-1}{r}$$

$$l_8: s_2 = \frac{r-1}{r}$$

$$l_9: s_1 + s_2 = \frac{1}{r} \Leftrightarrow s_3 = \frac{r-1}{r}$$

$$l_{10}: s_1 = \frac{1}{r+1}$$

$$l_{11}: s_2 = \frac{1}{r+1}$$

$$l_{12}: s_2 = \frac{r}{r+1} - s_1 \Leftrightarrow s_3 = \frac{1}{r+1}$$

为进一步分析状态之间的转换规律，将图4-3所示的三角形划分为7个区域（如图4-4（a）所示），每个区域对应不同的状态循环（见表4-2）。需要说明的是，当$r=2$时，三条直线$s_1 = \frac{1}{r+1}$，$s_2 = \frac{1}{r+1}$，$s_2 = \frac{r}{r+1} - s_1$相交于同一点$\left(\frac{1}{r+1}, \frac{1}{r+1}\right)$，此时，区域7消

失（如图4-4（b）所示）。

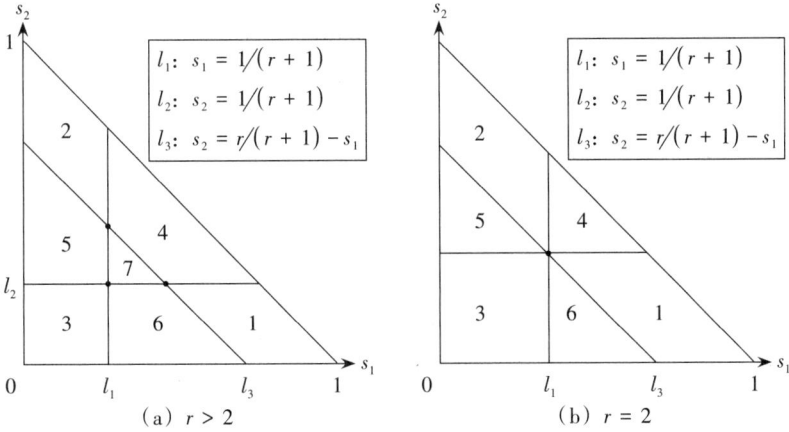

图4-4　2工人-3工序巡回式Seru的区域划分（$r \geqslant 2$）

直线 $l_1 \sim l_{12}$ 与工序作业内容分布三角形的交叉情况如图4-5所示，进一步将不同的区域划分为多个子区域，下面，讨论每个区域及其子区域的状态规律。

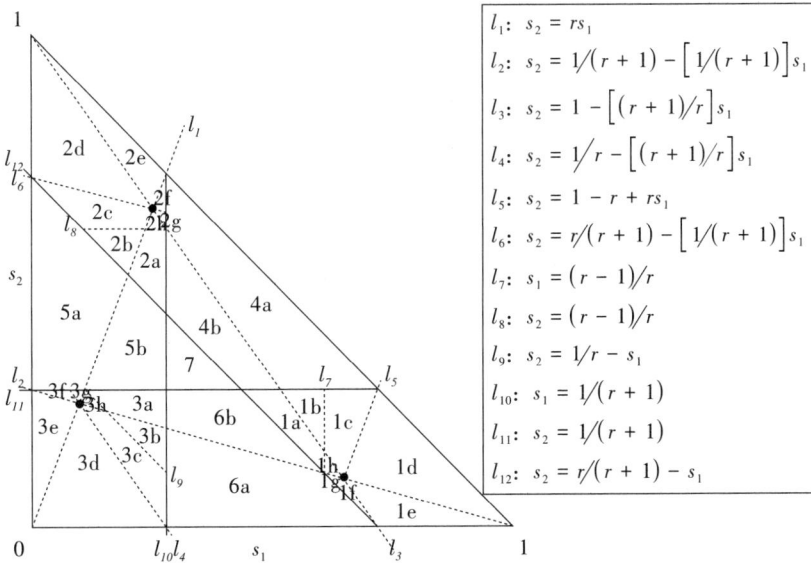

图4-5　直线 $l_1 \sim l_{12}$ 与工序作业内容分布三角形的交叉情况（$r \geqslant 2$）

以区域1为例，该区域定义为 $s_2 \leqslant \frac{1}{r+1}$，$s_2 > \frac{r}{r+1} - s_1$，直线 l_2、l_3、l_5 和 l_7 把区域1划分成8个子区域：1a~1h。根据初始状态的不同，分以下几种情况讨论：

（A）当初始状态是 p_1 或 b_1 时，由于满足条件 $s_1 > \frac{1}{r+1}$，根据表4-1可得下一状态是 p_1，也就是说，如果从状态 p_1 或 b_1 出发，形成的状态序列为 p_1，p_1，p_1，… 或 b_1，p_1，p_1，…，即状态 p_1 反复出现，记作 $< p_1, p_1 >$。

（B）当初始状态是 p_3 或 b_3 时，（a）在子区域1b、1c、1d、1e，由于满足条件 $s_2 > 1 - \frac{r+1}{r} s_1$，根据表4-1可得下一状态是 b_1，结合情况（A），得到 b_1 的下一状态是 p_1，也就是说，如果从状态 p_3 或 b_3 出发，形成的状态序列为 p_3，b_1，p_1，p_1，… 或 b_3，b_1，p_1，p_1，…，即状态 p_1 反复出现，记作 $< p_1, p_1 >$。（b）在子区域1a、1f、1g、1h，由于满足条件 $s_2 \leqslant 1 - \frac{r+1}{r} s_1$，$s_2 \leqslant \frac{r}{r+1} - \frac{1}{r+1} s_1$，$s_1 + s_2 > \frac{r}{r+1}$，$s_2 \leqslant \frac{r-1}{r}$，根据表4-1可得下一状态是 p_1，也就是说，如果从状态 p_3 或 b_3 开始，形成的状态序列为 p_3，p_1，p_1，… 或 b_3，p_1，p_1…，即状态 p_1 反复出现，记作 $< p_1, p_1 >$。

（C）当初始状态是 p_2 或 b_2 时，（a）在子区域1e、1f、1g，由于满足条件 $s_2 < \frac{1}{r+1} - \frac{1}{r+1} s_1$，根据表4-1可得下一状态是 b_3。在子区域1e，结合情况（A）和（B），从初始状态 p_2 或 b_2 开始，形成的状态序列为 p_2，b_3，b_1，p_1，p_1，… 或 b_2，b_3，b_1，p_1，p_1，…，即状态 p_1 反复出现，记作 $< p_1, p_1 >$。在子区域1f、1g，结合情况（A）和（B），从初始状态 p_2 或 b_2 开始，形成的状态序列为 p_2，b_3，

p_1，p_1，… 或 b_2，b_3，p_1，p_1，…，即 状 态 p_1 反 复 出 现 ， 记 作 $< p_1$，$p_1 >$。（b）在子区域 1d，由于满足条件 $s_2 \geqslant \dfrac{1}{r+1} - \dfrac{1}{r+1} s_1$，$s_2 < 1 - r + rs_1$，根据表 4-1 可得下一状态是 b_1。结合情况（1），从初始状态 p_2 或 b_2 开始，形成的状态序列为 p_2，b_1，p_1，p_1，… 或 b_2，b_1，p_1，p_1，…，即状态 p_1 反复出现，记作 $< p_1$，$p_1 >$。（c）在子区域 1a、1b，由于满足条件 $s_2 \geqslant \dfrac{1}{r+1} - \dfrac{1}{r+1} s_1$，$s_2 \geqslant 1 - r + rs_1$，$s_2 < \dfrac{1}{r+1}$，$s_1 \leqslant \dfrac{r-1}{r}$，根据表 4-1 可得下一状态是 p_3。在子区域 1b，结合情况（A）和（B），从初始状态 p_2 或 b_2 开始，形成的状态序列为 p_2，p_3，b_1，p_1，p_1，… 或 b_2，p_3，b_1，p_1，p_1，…，即状态 p_1 反复出现，记作 $< p_1$，$p_1 >$。在子区域 1a，结合情况（A）和（B），从初始状态 p_2 或 b_2 开始，形成的状态序列为 p_2，p_3，p_1，p_1，… 或 b_2，p_3，p_1，p_1，…，即状态 p_1 反复出现，记作 $< p_1$，$p_1 >$。（d）在区域 1c 和 1h，由于满足条件 $s_2 \geqslant \dfrac{1}{r+1} - \dfrac{1}{r+1} s_1$，$s_2 \geqslant 1 - r + rs_1$，$s_2 < \dfrac{1}{r+1}$，$s_1 > \dfrac{r-1}{r}$，根据表 4-1 可得下一状态是 p_1。结合情况（A），从初始状态 p_2 或 b_2 开始，形成的状态序列为 p_2，p_1，p_1，… 或 b_2，p_1，p_1，… 即状态 p_1 反复出现，记作 $< p_1$，$p_1 >$。

由以上（A）、（B）、（C）三种情况的分析可知，从任意初始状态开始，在区域 1 上，都会形成状态循环 $< p_1$，$p_1 >$。

由于巡回式 Seru 中工人作业顺序会发生改变，在工序上作业内容分布相对平衡时，从不同的初始状态开始，可能会构建出不同的状态循环。以区域 4 为例，该区域定义为 $s_1 \geqslant \dfrac{1}{r+1}$，$s_2 \geqslant \dfrac{1}{r+1}$，$s_3 <$

$\dfrac{1}{r+1}$。直线 l_3 把该区域划分成两个子区域 4a 和 4b，根据初始状态不同，分以下几种情况讨论：

（A）当初始状态是 p_1 或 b_1 时，由于满足条件 $s_1 \geqslant \dfrac{1}{r+1}$，根据表 4-1 可得下一状态是 p_1，也就是说，如果从状态 p_1 或 b_1 出发，形成的状态序列为 p_1，p_1，$\cdots$ 或 b_1，p_1，p_1，$\cdots$，即状态 p_1 反复出现，记作 $< p_1,\ p_1 >$。

（B）当初始状态是 p_2 或 b_2 时，由于满足条件 $s_2 \geqslant \dfrac{1}{r+1}$，根据表 4-1 可得下一状态是 p_2，也就是说，如果从状态 p_2 或 b_2 开始，形成的状态序列为 p_2，p_2，$\cdots$ 或 b_2，p_2，p_2，$\cdots$，即状态 p_2 反复出现，记作 $< p_2,\ p_2 >$。

（C）当初始状态是 p_3 或 b_3 时，（a）在子区域 4a，由于满足条件 $s_2 > 1 - \dfrac{r+1}{r} s_1$，根据表 4-1 可得下一状态是 b_1。结合情况（1），从初始状态 p_3 或 b_3 开始，形成的状态序列为 p_3，b_1，p_1，p_1，$\cdots$ 或 b_3，b_1，p_1，p_1，$\cdots$，即状态 p_1 反复出现，记作 $< p_1,\ p_1 >$。（b）在子区域 4b，由于满足条件 $s_2 \leqslant 1 - \dfrac{r+1}{r} s_1$，$s_2 \leqslant \dfrac{r}{r+1} - \dfrac{1}{r+1} s_1$，$s_1 + s_2 > \dfrac{r}{r+1}$，$s_2 \leqslant \dfrac{r-1}{r}$，根据表 4-1 可得下一状态是 p_1。结合情况（1），从初始状态 p_3 或 b_3 开始，形成的状态序列为 p_3，p_1，p_1，$\cdots$ 或 b_3，p_1，p_1，$\cdots$，即状态 p_1 反复出现，记作 $< p_1,\ p_1 >$。

由以上（A）、（B）、（C）三种情况的分析可知，在区域 4 上，如果从初始状态 p_1 或 b_1，p_3 或 b_3 开始，构建出的状态序列是 $< p_1,\ p_1 >$；如果从初始状态 p_2 或 b_2 开始，构建出的状态序列是 $< p_2,\ p_2 >$。

在这 7 个区域中,区域 7 上的工序作业内容比例最为均衡,该区域定义为 $s_1 \geqslant \dfrac{1}{r+1}$,$s_2 \geqslant \dfrac{1}{r+1}$,$s_3 \geqslant \dfrac{1}{r+1}$。根据初始状态的不同,分以下几种情况讨论:

(A)当初始状态是 p_1 或 b_1 时,由于满足条件 $s_1 \geqslant \dfrac{1}{r+1}$,根据表 4-1 可得到下一状态是 p_1,形成的状态转换序列为 p_1,p_1,… 或 b_1,p_1,p_1,…,构建的状态循环为 $< p_1,\ p_1 >$。

(B)当初始状态是 p_2 或 b_2 时,由于满足条件 $s_2 \geqslant \dfrac{1}{r+1}$,根据表 4-1 可得到下一状态是 p_2,形成的状态转换序列为 p_2,p_2,… 或 b_2,p_2,p_2,…,构建的状态循环为 $< p_2,\ p_2 >$。

(C)当初始状态是 p_3 或 b_3 时,由于满足条件 $s_3 \geqslant \dfrac{1}{r+1}$,根据表 4-1 可得到下一状态是 p_3,形成的状态转换序列为 p_3,p_3,… 或 b_3,p_3,p_3,…,构建的状态循环为 $< p_3,\ p_3 >$。

综合以上几种情况,在区域 7 上,如果从初始状态 p_1 或 b_1 开始,构建的状态循环为 $< p_1,\ p_1 >$;如果从初始状态 p_2 或 b_2 开始,构建的状态循环为 $< p_2,\ p_2 >$;如果从初始状态 p_3 或 b_3 开始,构建的状态循环为 $< p_3,\ p_3 >$。

以区域 1 构建出的状态循环 $< p_1,\ p_1 >$ 为例,从循环中前一个状态 p_1 结束到下一个状态 p_1 结束的过程中,工人 w_1 完成作业内容为 $s_2 + s_3$,工人 w_2 完成作业内容为 s_1,2 名工人共完成作业内容为 $s_1 + s_2 + s_3 = 1$,所需时间为 s_1/v_2,由此,计算出 Seru 生产效率为 $1/(s_1/v_2) = v_2/s_1$。表 4-2 的最后一列给出了所有区域上的状态循环对应的 Seru 生产效率。

表4-2　　　巡回式 Seru 状态循环及平均生产效率 （$r \geqslant 2$）

区域	区域定义	初始状态	状态循环	生产效率
1	$s_3 < 1/(r+1)$, $s_2 < 1/(r+1)$	任意状态	$< p_1, p_1 >$	v_2/s_1
2	$s_3 < 1/(r+1)$, $s_1 < 1/(r+1)$	任意状态	$< p_2, p_2 >$	v_2/s_2
3	$s_1 < 1/(r+1)$, $s_2 < 1/(r+1)$	任意状态	$< p_3, p_3 >$	v_2/s_3
4	$s_1 > 1/(r+1)$, $s_2 > 1/(r+1)$, $s_3 < 1/(r+1)$	p_1, p_3, b_1, b_3	$< p_1, p_1 >$	v_2/s_1
		p_2, b_2	$< p_2, p_2 >$	v_2/s_2
5	$s_1 < 1/(r+1)$, $s_2 > 1/(r+1)$, $s_3 > 1/(r+1)$	p_1, p_2, b_1, b_2	$< p_2, p_2 >$	v_2/s_2
		p_3, b_3	$< p_3, p_3 >$	v_2/s_3
6	$s_1 > 1/(r+1)$, $s_2 < 1/(r+1)$, $s_3 > 1/(r+1)$	p_2, p_3, b_2, b_3	$< p_3, p_3 >$	v_2/s_3
		p_1, b_1	$< p_1, p_1 >$	v_2/s_1
7	$s_1 > 1/(r+1)$, $s_2 > 1/(r+1)$, $s_3 > 1/(r+1)$	p_1, b_1	$< p_1, p_1 >$	v_2/s_1
		p_2, b_2	$< p_2, p_2 >$	v_2/s_2
		p_3, b_3	$< p_3, p_3 >$	v_2/s_3

例4-1：给定 $v_1 = 2.6$ 和 $v_2 = 1.2$，计算工人作业效率比例，得到 $r = v_1/v_2 = 2.17 \geqslant 2$。给定 $s_1 = 0.2$，$s_2 = 0.6$，$s_3 = 0.2$，初始状态为 p_1。根据表4-1，由于满足条件 $rs_1 < s_2$ 和 $a^{(2)} = p_2$，下一状态是 b_2，继续寻找状态关系及规律，由于满足条件 $s_2 \geqslant 1/(r+1)$，下一状态是 p_2，由此得到，状态序列是 p_1，b_2，p_2，p_2，…。根据表4-2，点（0.2，0.6）在区域4上（如图4-4（a）所示），构建的状态循环是 $< p_2, p_2 >$，该巡回式 Seru 的生产效率是 $v_2/s_2 = 2.0$。

在例4-1中，Seru 生产效率可能达到的最高值是 $v_1 + v_2 = 3.8$，可见，巡回式 Seru 由于2名工人的不协调可能引发生产效率的大幅下降。下面尝试给出在工序作业内容可调的情况下，当 $r \geqslant 2$ 时，2工人 -3 工序巡回式 Seru 达成最高生产效率的条件。

条件1：如果初始状态是 p_1 或 b_1，达成最高生产效率的条件是：

（1）$s_1 = \dfrac{1}{r+1}$；或者（2）$s_2 = \dfrac{1}{r+1}$ 且 $0 < s_1 < \dfrac{1}{r+1}$。

条件2：如果初始状态是 p_2 或 b_2，达成最高生产效率的条件是：

（1）$s_2 = \dfrac{1}{r+1}$；或者（2）$s_3 = \dfrac{1}{r+1}$ 且 $0 < s_2 < \dfrac{1}{r+1}$。

条件3：如果初始状态是 p_3 或 b_3，达成最高生产效率的条件是：

（1）$s_3 = \dfrac{1}{r+1}$；或者（2）$s_1 = \dfrac{1}{r+1}$ 且 $0 < s_3 < \dfrac{1}{r+1}$。

以条件1为例，在图4-4中，分以下几种情况讨论：

（A）对于区域1、4、6和7来说，所构建的状态循环是 $< p_1, \ p_1 >$，相应的生产效率是 v_2/s_1，也就是说，生产效率随着 s_1 的减少而增加，因此，当 $s_1 = \dfrac{1}{r+1}$ 时，可以达成最高生产效率 $\dfrac{v_2}{s_1} = \dfrac{v_2}{1/(r+1)} = v_1 + v_2$。

（B）对于区域2和5来说，所构建的状态循环是 $< p_2, \ p_2 >$，相应的生产效率是 v_2/s_2，也就是说，生产效率随着 s_2 的减少而增加，因此，当 $s_2 = \dfrac{1}{r+1}$ 时，可以达成最高生产效率 $\dfrac{v_2}{s_2} = \dfrac{v_2}{1/(r+1)} = v_1 + v_2$。

（C）对于区域3来说，所构建的状态循环是 $< p_3, \ p_3 >$，相应的生产效率是 v_2/s_3，也就是说，生产效率随着 s_3 的减少而增加，因此，由于 $r \geqslant 2$，当 $s_3 = \dfrac{r-1}{r+1} \Leftrightarrow 1 - s_3 = s_1 + s_2 = \dfrac{2}{r+1}$ 时，可以达成最高生产效率 $\dfrac{v_2}{s_3} = \dfrac{v_2}{(r-1)/(r+1)} < v_1 + v_2$。

综合（A）、（B）、（C）可知，如果初始状态是 p_1 或 b_1，达成最高生产效率的条件是 $s_1 = \frac{1}{r+1}$；或者 $s_2 = \frac{1}{r+1}$ 且 $0 < s_1 < \frac{1}{r+1}$。类似地，可以验证条件 2 和 3 的正确性。

继续讨论例 4-1 中工序作业内容任意分布情况 2 工人-3 工序巡回式 Seru 的生产效率。在这个例子中，由于 2 工人作业效率的比例 $r \geqslant 2$，系统运行稳定之后，进入状态循环，受阻状态 b_1、b_2 和 b_3 在循环中始终不会出现，具有较低作业效率的工人 w_2 始终保持在某一固定的工序上作业，具有较高作业效率的工人 w_1 不得不在该工序的前端等待，以完成超越状态，整个 Seru 的生产效率取决于工人 w_2 的作业效率和该工序的作业内容比例的大小，区域 4~7 的生产效率由于初始状态的不同而有所不同（如图 4-6 所示）。在图 4-6（a）中，如果初始状态是 p_1 或 b_1，当满足 $s_1 = 1/(r+1) = 0.32$ 或者 $s_2 = 0.32$ 且 $0 < s_1 < 0.32$ 时，可达成最高生产效率；在图 4-6（b）中，如果初始状态是 p_2 或 b_2，当满足 $s_2 = 0.32$ 或者 $s_3 = 0.32$ 且 $0 < s_2 < 0.32$ 时，可达成最高生产效率；在图 4-6（c）中，如果初始状态是 p_3 或 b_3，当满足 $s_3 = 0.32$ 或者 $s_1 = 0.32$ 且 $0 < s_3 < 0.32$ 时，可达成最高生产效率；最高平均生产效率是 $v_1 + v_2 = 3.8$。

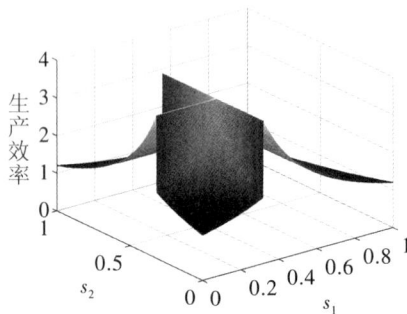

（a）初始状态 p_1 或 b_1

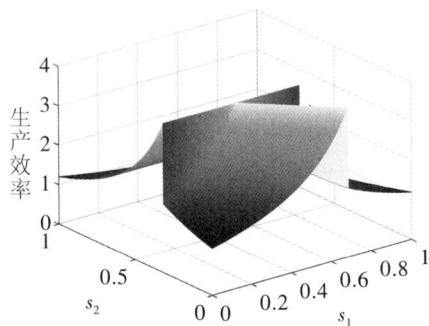

（b）初始状态 p_2 或 b_2

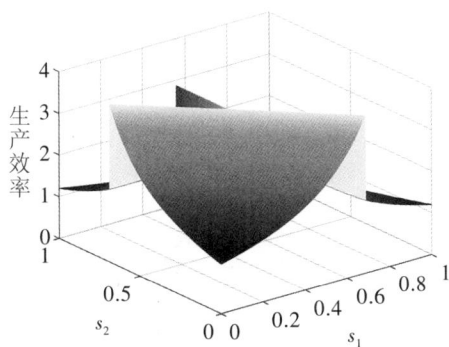

（c）初始状态 p_3 或 b_3

图 4-6　巡回式 Seru 的生产效率（v_1=2.6 和 v_2=1.2）

2）$2 > r > 1$

当 $2 > r > 1$ 时，由于三条直线 $s_1 = 1/(r + 1)$，$s_2 = 1/(r + 1)$ 和 $s_3 = 1/(r + 1)$ 的相对位置发生变化，一个新的区域 D 出现，该区域定义为 $s_1 < 1/(r + 1)$，$s_2 < 1/(r + 1)$，$s_3 < 1/(r + 1)$（如图 4-7（a）所示）。

其中，区域 1~6 上构建的状态规律保持不变，但由于作业效率比例 r 的不断减少，在工序作业内容比例相对均衡的情况下，工人 w_1 在连续受阻过程中可能会完成多件产品，工人 w_2 不会始终在同一道工序上反复作业。为进一步刻画如此复杂的状态转换关系和状态规律，把区域 D 进一步划分为 $k^* = \left\lceil \dfrac{2 - r}{3(r - 1)} \right\rceil$ 层。

令 $D(k)$，$k = 1$，2，$\cdots$，k^* 表示区域 D 的第 k 层，k^* 层由 k^* 个三角形嵌套而来，其中，第 $k(k = 1$，2，$\cdots$，$k^*)$ 个小三角形 $T(k)$ 定义为 $s_j < \dfrac{k - (k - 1)r}{r + 1}$，$j = 1$，$2$，$3$，由此，第 $k(k = 1$，2，$\cdots$，$k^* - 1)$ 层定义为 $D(k) = T(k) - T(k + 1)$，第 $k(k = k^*)$ 层定义为 $D(k^*) = T(k^*)$（如图 4-7（b）所示）。

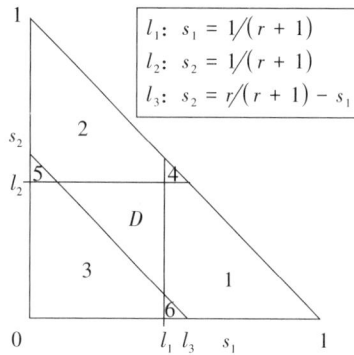

（a）区域 D

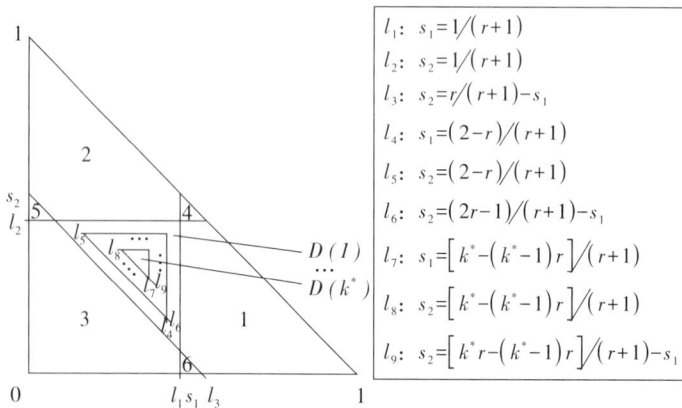

（b）k^* 个层

图 4-7　区域 D 划分为 k^* 层 （2>r>1）

（1）状态转换条件及转换关系

表4-3给出在工人作业效率和工序作业内容比例条件约束下的状态相互转换关系。

表4-3　2工人–3工序巡回式Seru状态转换条件（2>r>1）

上一状态	下一状态	转换条件
p_1或b_1	b_2	$rs_1 < s_2$
	b_3	$rs_1 \geqslant s_2$, $rs_1 + (r-1)s_2 < s_3$
	p_2	$rs_1 \geqslant s_2$, $rs_1 + (r-1)s_2 \geqslant s_3$, $s_3 \leqslant \Omega(k)$或$rs_1 \geqslant s_2$, $rs_1 + (r-1)s_2 \geqslant s_3$, $s_3 > \Omega(k)$, $s_2 > r\Omega(k)$, $s_1 < \Phi(k+1)$, $s_2 \geqslant \Phi(k+1)$
	p_3	$rs_1 \geqslant s_2$, $rs_1 + (r-1)s_2 \geqslant s_3$, $s_3 > \Omega(k)$, $s_2 \leqslant r\Omega(k)$或$rs_1 \geqslant s_2$, $rs_1 + (r-1)s_2 \geqslant s_3$, $s_3 > \Omega(k)$, $s_2 > r\Omega(k)$, $s_1 < \Phi(k+1)$, $s_2 < \Phi(k+1)$, $s_3 \geqslant \Phi(k+1)$
	p_1	$rs_1 \geqslant s_2$, $rs_1 + (r-1)s_2 \geqslant s_3$, $s_3 > \Omega(k)$, $s_2 > r\Omega(k)$, $s_1 \geqslant \Phi(k+1)$
p_2或b_2	b_3	$rs_2 < s_3$
	b_1	$rs_2 \geqslant s_3$, $rs_2 + (r-1)s_3 < s_1$
	p_3	$rs_2 \geqslant s_3$, $rs_2 + (r-1)s_3 \geqslant s_1$, $s_1 \leqslant \Omega(k)$或$rs_2 \geqslant s_3$, $rs_2 + (r-1)s_3 \geqslant s_1$, $s_1 > \Omega(k)$, $s_3 > r\Omega(k)$, $s_2 < \Phi(k+1)$, $s_3 \geqslant \Phi(k+1)$
	p_1	$rs_2 \geqslant s_3$, $rs_2 + (r-1)s_3 \geqslant s_1$, $s_1 > \Omega(k)$, $s_3 \leqslant r\Omega(k)$或$rs_2 \geqslant s_3$, $rs_2 + (r-1)s_3 \geqslant s_1$, $s_1 > \Omega(k)$, $s_3 > r\Omega(k)$, $s_2 < \Phi(k+1)$, $s_3 < \Phi(k+1)$, $s_1 \geqslant \Phi(k+1)$
	p_2	$rs_2 \geqslant s_3$, $rs_2 + (r-1)s_3 \geqslant s_1$, $s_1 > \Omega(k)$, $s_3 > r\Omega(k)$, $s_2 \geqslant \Phi(k+1)$
p_3或b_3	b_1	$rs_3 < s_1$
	b_2	$rs_3 \geqslant s_1$, $rs_3 + (r-1)s_1 < s_2$

上一状态	下一状态	转换条件
p_3 或 b_3	p_1	$rs_3 \geq s_1$, $rs_3 + (r-1)s_1 \geq s_2$, $s_2 \leq \Omega(k)$ 或 $rs_3 \geq s_1$, $rs_3 + (r-1)s_1 \geq s_2$, $s_2 > \Omega(k)$, $s_1 > r\Omega(k)$, $s_3 < \Phi(k+1)$, $s_1 \geq \Phi(k+1)$
	p_2	$rs_3 \geq s_1$, $rs_3 + (r-1)s_1 \geq s_2$, $s_2 > \Omega(k)$, $s_1 \leq r\Omega(k)$ 或 $rs_3 \geq s_1$, $rs_3 + (r-1)s_1 \geq s_2$, $s_2 > \Omega(k)$, $s_1 > r\Omega(k)$, $s_3 < \Phi(k+1)$, $s_1 < \Phi(k+1)$, $s_2 \geq \Phi(k+1)$
	p_3	$rs_3 \geq s_1$, $rs_3 + (r-1)s_1 \geq s_2$, $s_2 > \Omega(k)$, $s_1 > r\Omega(k)$, $s_3 \geq \Phi(k+1)$

注：$\Omega(k) = \dfrac{k(r-1)}{r}$，$\Phi(k) = \dfrac{k-(k-1)r}{r+1}$，其中，$k = 1, 2, \cdots, k^*$，$k^* = \left\lceil \dfrac{2-r}{3(r-1)} \right\rceil$。

以表 4-3 为例，当上一状态是 p_1 或 b_1，在 2 名工人恢复作业时，工人 w_1 和 w_2 的作业位置分别为 $x_1 = s_1$ 和 $x_2 = 0$。由于满足条件 $s_1 < \dfrac{k-(k-1)r}{r+1} \leq \dfrac{1}{r+1} \Leftrightarrow \dfrac{s_1}{v_2} < \dfrac{1-s_1}{v_1}$，当工人 w_1 完成一件产品后走到工序 s_1 的前端时，工人 w_2 已经离开工序 s_1。分以下几种情况讨论：

（A）如果 $rs_1 < s_2$，则下一状态是 b_2。

若满足条件 $rs_1 < s_2 \Leftrightarrow \dfrac{s_2}{v_1} > \dfrac{s_1}{v_2}$，则意味着当工人 w_2 完成在工序 s_1 上的作业时，工人 w_1 仍在工序 s_2 上作业，因此，下一状态是 b_2。

（B）如果 $rs_1 \geq s_2$，$rs_1 + (r-1)s_2 < s_3$，则下一状态是 b_3。

若满足条件 $rs_1 \geq s_2 \Leftrightarrow \dfrac{s_2}{v_1} \leq \dfrac{s_1}{v_2}$，则意味着当工人 w_2 完成在工序 s_1 上的作业时，工人 w_1 已经完成在工序 s_2 上的作业，状态 b_2 不会

出现。

由于满足条件 $rs_1 + (r-1)s_2 < s_3 \Leftrightarrow \dfrac{s_1+s_2}{v_2} < \dfrac{s_2+s_3}{v_1}$，则意味着当工人 w_2 完成在工序 s_2 上的作业时，工人 w_1 仍在工序 s_3 上作业，因此，下一状态是 b_3。

（C）如果 $rs_1 \geqslant s_2$，$rs_1 + (r-1)s_2 \geqslant s_3$，$s_3 \leqslant \Omega(k)$，则下一状态是 p_2。

若满足条件 $rs_1 \geqslant s_2$，$rs_1 + (r-1)s_2 \geqslant s_3$，则 b_2 和 b_3 不会出现。

下面，用反证法证明：当工人 w_2 完成 $k-1$ 件产品，且完成在工序 s_1 上的作业时，p_1、p_2、p_3 均不会出现。

假设工人 w_1 受阻于工序 s_j，根据 j 的值，分三种子情况讨论：$j=1$，$j=2$，$j=3$。

（a）$j=1$

工人 w_1 完成 $k'(k' \leqslant k)$ 件产品且行走到工序 s_1 的前端所需时间为 $t_1 = \dfrac{s_2+s_3+k'-1}{v_1}$，工人 w_2 完成 $k'-1$ 件产品且行走到工序 s_1 的后端所需时间为 $t_2 = \dfrac{s_1+s_2+s_3+k'-2+s_1}{v_2}$。由于假定工人 w_1 受阻于工序 s_1，因此，$t_1 \leqslant t_2 \Rightarrow s_1 \geqslant \dfrac{k'-(k'-1)r}{r+1} \geqslant \dfrac{k-(k-1)r}{r+1} = \Phi(k)$，与 $s_1 < \Phi(k)$ 矛盾。

（b）$j=2$

工人 w_1 完成 $k'(k' \leqslant k-1)$ 件产品且行走到工序 s_2 的前端所需时间为 $t_1 = \dfrac{s_2+s_3+k'-1+s_1}{v_1}$，工人 w_2 完成 $k'-1$ 件产品且行走到工序 s_2 的后端所需时间为 $t_2 = \dfrac{s_1+s_2+s_3+k'-2+s_1+s_2}{v_2}$。由于假定工人 w_1

受阻于工序 s_2，因此，$t_1 \leqslant t_2 \Rightarrow s_3 \leqslant \dfrac{r-1}{r} k' \leqslant \dfrac{r-1}{r} (k-1)$，与 $s_3 = 1 - s_1 - s_2 > 1 - 2\varPhi(k) > \dfrac{r-1}{r} (k-1)$ 矛盾。

（c）$j = 3$

工人 w_1 完成 $k'(k' \leqslant k-1)$ 件产品且行走到工序 s_3 的前端所需时间为 $t_1 = \dfrac{s_2 + s_3 + k' - 1 + s_1 + s_2}{v_1}$，工人 w_2 完成 $k' - 1$ 件产品且行走到工序 s_3 的后端所需时间为 $t_2 = \dfrac{s_1 + s_2 + s_3 + k' - 2 + s_1 + s_2 + s_3}{v_2}$。由于假设工人 w_1 受阻于工序 s_3，因此，$t_1 \leqslant t_2 \Rightarrow s_2 \leqslant k'(r-1) \leqslant (r-1)(k-1)$，与 $s_2 = 1 - s_1 - s_3 > 1 - \varPhi(k) - \varOmega(k) > (r-1)(k-1)$ 矛盾。

由于满足条件 $s_3 \leqslant \varOmega(k) \Leftrightarrow \dfrac{s_2 + s_3 + k - 1 + s_1}{v_1} = \dfrac{k}{v_1} \leqslant \dfrac{k - s_3}{v_2} = \dfrac{s_1 + s_2 + s_3 + k - 2 + s_1 + s_2}{v_2}$，则意味着当工人 w_1 完成 k 件产品且行走到工序 s_2 的前端，工人 w_2 仍在工序 s_2 上作业，因此，下一状态是 p_2。

（D）如果 $rs_1 \geqslant s_2$，$rs_1 + (r-1)s_2 \geqslant s_3$，$s_3 > \varOmega(k)$，$s_2 \leqslant r\varOmega(k)$，则下一状态是 p_3。

若满足条件 $rs_1 \geqslant s_2$，$rs_1 + (r-1)s_2 \geqslant s_3$，$p_3 > \varOmega(k)$，则意味着在工人 w_2 完成 $k-1$ 件产品且行走到工序 s_2 的后端时，状态 b_2、b_3、p_1、p_2、p_3 不会出现。

由于满足条件 $s_2 \leqslant r\varOmega(k) \Leftrightarrow \dfrac{s_2 + s_3 + k - 1 + s_1 + s_2}{v_1} = \dfrac{k + s_2}{v_1} \leqslant \dfrac{k}{v_2} = \dfrac{s_1 + s_2 + s_3 + k - 2 + s_1 + s_2 + s_3}{v_1}$，则意味着当工人 w_1 完成 k 件产品且行走到工序 s_3 的前端时，工人 w_2 完成 $k-1$ 件产品且在工序 s_3 上作业，因此，下一状态是 p_3。

（E）如果 $rs_1 \geqslant s_2$，$rs_1 + (r-1)s_2 \geqslant s_3$，$s_3 > \Omega(k)$，$s_2 > r\Omega(k)$，$s_1 \geqslant \Phi(k+1)$，则下一状态是 p_1。

若满足条件 $rs_1 > s_2$，$rs_1 + (r-1)s_2 > s_3$，$s_3 > \Omega(k)$，$s_2 > r\Omega(k)$，则意味着在工人 w_2 完成 $k-1$ 件产品且行走到工序 s_3 的后端时，状态 b_2、b_3、p_1、p_2、p_3 不会出现。

由于满足条件 $s_1 \geqslant \Phi(k+1) \Leftrightarrow \dfrac{s_2 + s_3 + k}{v_1} = \dfrac{k+1-s_1}{v_1} \leqslant \dfrac{k+s_1}{v_2} = \dfrac{s_1 + s_2 + s_3 + k - 1 + s_1}{v_2}$，则意味着当工人 w_1 完成 $k+1$ 件产品且行走到工序 s_1 的前端时，工人 w_2 完成 k 件产品且在工序 s_1 上作业，因此，下一状态是 p_1。

（F）如果 $rs_1 \geqslant s_2$，$rs_1 + (r-1)s_2 \geqslant s_3$，$s_3 > \Omega(k)$，$s_2 > r\Omega(k)$，$s_1 < \Phi(k+1)$，$s_2 \geqslant \Phi(k+1)$，则下一状态是 p_2。

若满足条件 $rs_1 \geqslant s_2$，$rs_1 + (r-1)s_2 \geqslant s_3$，$s_3 \geqslant \Omega(k)$，$s_2 > r\Omega(k)$，$s_1 < \Phi(k+1)$，则意味着当工人 w_2 完成 k 件产品且行走到工序 s_1 的后端时，状态 b_2、b_3、p_1、p_2、p_3 不会出现。

由于满足条件 $s_1 < \Phi(k+1)$，$s_2 < rs_1$，可得到 $s_3 = 1 - s_1 - s_2 > (r-1)k > \dfrac{r-1}{r}(k+1) \Rightarrow \dfrac{s_2 + s_3 + k + s_1}{v_1} < \dfrac{s_1 + s_2 + s_3 + k - 1 + s_1 + s_2}{v_2}$，则意味着当工人 w_1 完成 $k+1$ 件产品且行走到工序 s_2 的前端时，工人 w_2 完成 k 件产品且在工序 s_2 上作业，因此，下一状态是 p_2。

（G）如果 $rs_1 \geqslant s_2$，$rs_1 + (r-1)s_2 \geqslant s_3$，$s_3 > \Omega(k)$，$s_2 > r\Omega(k)$，$s_1 < \Phi(k+1)$，$s_2 < \Phi(k+1)$，$s_3 \geqslant \Phi(k+1)$，则下一状态是 p_3。

若满足条件 $rs_1 \geqslant s_2$，$rs_1 + (r-1)s_2 \geqslant s_3$，$s_3 > \Omega(k)$，$s_2 > r\Omega(k)$，$s_1 < \Phi(k+1)$，$s_2 < \Phi(k+1)$，则意味着当工人 w_2 完成 k 件产品且行走到工序 s_2 的后端时，状态 b_2、b_3、p_1、p_2、p_3 不会出现。

若满足条件 $s_3 \geqslant \Phi(k+1)$，$rs_1 \geqslant s_2$，可得到 $s_2 \leqslant (k+1)(r-1) \Rightarrow \dfrac{s_2 + s_3 + k + s_1 + s_2}{v_1} \leqslant \dfrac{s_1 + s_2 + s_3 + k - 1 + s_1 + s_2 + s_3}{v_2}$，则意味着当工人 w_1 完成 $k+1$ 件产品且行走到工序 s_3 的前端时，工人 w_2 完成 k 件产品且在工序 s_3 上作业，因此，下一状态是 p_3。

类似地，可以推导出上一状态是 p_2 或 b_2、p_3 或 b_3 时状态转换条件及转换关系。

（2）状态规律及生产效率

分两种子情况讨论状态规律及 Seru 生产效率：$k = 1, 2, \cdots, k^* - 1$ 和 $k = k^*$。

① $k = 1, 2, \cdots, k^* - 1$

为进一步说明区域划分和状态规律的构建过程，定义如下几条线：

l_1：$s_2 = rs_1$

l_2：$s_2 = \dfrac{1}{r+1} - \dfrac{1}{r+1} s_1 \Leftrightarrow rs_2 = s_3$

l_3：$s_2 = 1 - \dfrac{r+1}{r} s_1 \Leftrightarrow rs_3 = s_1$

l_4：$s_2 = \dfrac{1}{r} - \dfrac{r+1}{r} s_1 \Leftrightarrow rs_1 + (r-1)s_2 = s_3$

l_5：$s_2 = 1 - r + rs_1 \Leftrightarrow rs_2 + (r-1)s_3 = s_1$

l_6：$s_2 = \dfrac{r}{r+1} - \dfrac{1}{r+1} s_1 \Leftrightarrow rs_3 + (r-1)s_1 = s_2$

对于每层区域 $D(k)$，$k = 1, 2, \cdots, k^* - 1$ 来说，直线 $l_1 \sim l_6$ 与每层都有相交（如图 4-8 所示）。考虑到与 $D(k^* - 1)$ 交叉后形成的子区域更多，状态规律构建过程更复杂，下面以该层上的状态规律构建过程为例，讨论区域划分及状态规律，其他区域 $D(k)$，$k = 1, 2, \cdots, k^* - 2$ 的情况类似。

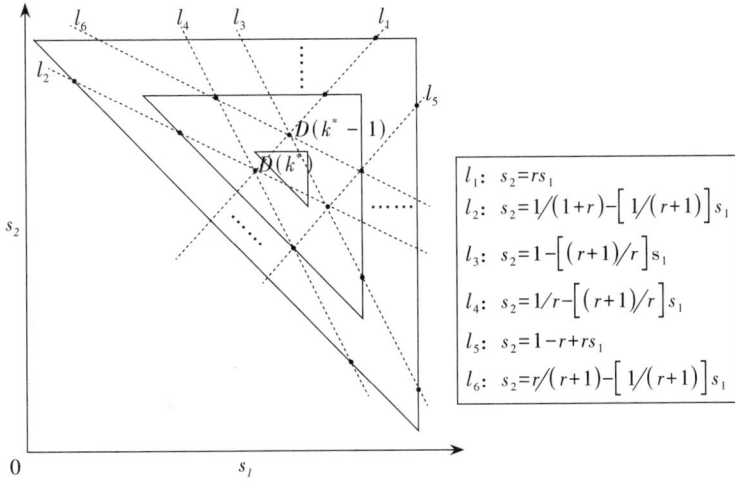

图4-8 层 D (k^*-1)

为进一步构建出 $D(k^* - 1)$ 任意点上的状态转换序列和状态循环，根据表4-3所列的状态转换条件，定义如下几条直线：

$$l_7: \quad s_1 = \frac{k + 1 - kr}{r + 1} \Leftrightarrow s_1 = \varPhi(k + 1)$$

$$l_8: \quad s_2 = \frac{k + 1 - kr}{r + 1} \Leftrightarrow s_2 = \varPhi(k + 1)$$

$$l_9: \quad s_2 = \frac{(k + 1)r - k}{r + 1} - s_1 \Leftrightarrow s_3 = \varPhi(k + 1)$$

$$l_{10}: \quad s_2 = \frac{k - (k - 1)r}{r} - s_1 \Leftrightarrow s_3 = \varOmega(k)$$

$$l_{11}: \quad s_2 = k + 1 - kr - s_1 \Leftrightarrow s_3 = r\varOmega(k)$$

$$l_{12}: \quad s_1 = \frac{k(r - 1)}{r} \Leftrightarrow s_1 = \varOmega(k)$$

$$l_{13}: \quad s_1 = k(r - 1) \Leftrightarrow s_1 = r\varOmega(k)$$

$$l_{14}: \quad s_2 = \frac{k(r - 1)}{r} \Leftrightarrow s_3 = \varOmega(k)$$

$$l_{15}: \quad s_2 = k(r - 1) \Leftrightarrow s_2 = r\varOmega(k)$$

其中，$k = k^* - 1$

$D(k^* - 1)$ 可划分为 12 个子区域（如图 4-9 所示），这 12 个子区域与 $l_1 \sim l_{15}$ 的交叉情况如图 4-10 所示，每个子区域的定义、状态循环及生产效率如表 4-4 所示。

表 4-4　　　　　　　　　　巡回式 Seru 状态循环及生产效率

区域		定义	初始状态	状态循环	生产效率
$k=$ k^*-1	1	$s_1 < \Phi(k)$, $s_2 < \Phi(k)$, $s_3 < \Omega(k)$	任意状态	$< p_1, p_2, p_1 >$	$\dfrac{4k}{2k - s_3} v_2$
	2	$s_1 < \Omega(k)$, $s_2 < \Phi(k)$, $s_3 < \Phi(k)$	任意状态	$< p_2, p_3, p_2 >$	$\dfrac{4k}{2k - s_1} v_2$
	3	$s_1 < \Phi(k)$, $s_2 < \Omega(k)$, $s_3 < \Phi(k)$	任意状态	$< p_1, p_3, p_1 >$	$\dfrac{4k}{2k - s_2} v_2$
	4	$s_2 > rs_1$, $s_2 < \Phi(k)$, $s_3 < r\Omega(k)$	任意状态	$< p_1, b_2, p_1 >$	$\dfrac{2k + 1}{k + s_2/r} v_2$
	5	$s_3 > rs_2$, $s_1 < r\Omega(k)$, $s_3 < \Phi(k)$	任意状态	$< p_2, b_3, p_2 >$	$\dfrac{2k + 1}{k + s_3/r} v_2$
	6	$s_1 > rs_3$, $s_2 < r\Omega(k)$, $s_1 < \Phi(k)$	任意状态	$< p_3, b_1, p_3 >$	$\dfrac{2k + 1}{k + s_1/r} v_2$
	7	$rs_1 \geqslant s_2$, $r\Omega(k) > s_3 > \Omega(k)$, $s_1 < \Phi(k)$ 或 $\Phi(k) > s_1 > \Phi(k + 1)$, $\Phi(k + 1) > s_2 > r\Omega(k)$, $\Phi(k + 1) > s_3 > r\Omega(k)$	任意状态	$< p_1, p_1 >$	$\dfrac{2k + 1}{k + s_1} v_2$
	8	$rs_2 \geqslant s_3$, $r\Omega(k) > s_1 > \Omega(k)$, $s_2 < \Phi(k)$ 或 $\Phi(k) > s_2 > \Phi(k + 1)$, $\Phi(k + 1) > s_3 > r\Omega(k)$, $\Phi(k + 1) > s_2 > r\Omega(k)$	任意状态	$< p_2, p_2 >$	$\dfrac{2k + 1}{k + s_2} v_2$
	9	$rs_3 \geqslant s_1$, $r\Omega(k) > s_2 > \Omega(k)$, $s_3 < \Phi(k)$ 或 $\Phi(k) > s_3 > \Phi(k + 1)$, $\Phi(k + 1) > s_2 > r\Omega(k)$, $\Phi(k + 1) > s_1 > r\Omega(k)$	任意状态	$< p_3, p_3 >$	$\dfrac{2k + 1}{k + s_3} v_2$

区域		定义	初始状态	状态循环	生产效率
$k = k^* - 1$	10	$s_1 > \Phi(k+1)$, $s_2 > \Phi(k+1)$, $s_3 > r\Omega(k)$	p_1或b_1或 p_3或b_3	$< p_1,\ p_1 >$	$\dfrac{2k+1}{k+s_1} \times v_2$
			p_2或b_2	$< p_2,\ p_2 >$	$\dfrac{2k+1}{k+s_2} \times v_2$
	11	$s_1 > r\Omega(k)$, $s_2 > \Phi(k+1)$, $s_3 > \Phi(k+1)$	p_1或b_1或 p_2或b_2	$< p_2,\ p_2 >$	$\dfrac{2k+1}{k+s_2} \times v_2$
			p_3或b_3	$< p_3,\ p_3 >$	$\dfrac{2k+1}{k+s_3} \times v_2$
	12	$s_1 > \Phi(k+1)$, $s_2 > r\Omega(k)$, $s_3 > \Phi(k+1)$	p_2或b_2或 p_3或b_3	$< p_3,\ p_3 >$	$\dfrac{2k+1}{k+s_3} \times v_2$
			p_1或b_1	$< p_1,\ p_1 >$	$\dfrac{2k+1}{k+s_1} \times v_2$

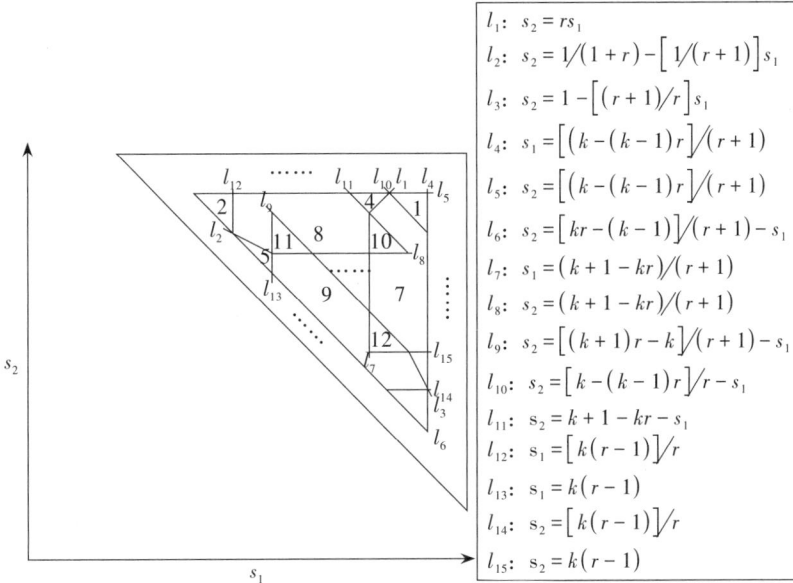

$l_1:\ s_2 = rs_1$

$l_2:\ s_2 = 1/(1+r) - \left[1/(r+1) \right] s_1$

$l_3:\ s_2 = 1 - \left[(r+1)/r \right] s_1$

$l_4:\ s_1 = \left[(k-(k-1)r)/(r+1) \right]$

$l_5:\ s_2 = \left[(k-(k-1)r)/(r+1) \right]$

$l_6:\ s_2 = \left[kr-(k-1)/(r+1) \right] - s_1$

$l_7:\ s_1 = (k+1-kr)/(r+1)$

$l_8:\ s_2 = (k+1-kr)/(r+1)$

$l_9:\ s_2 = \left[(k+1)r-k \right]/(r+1) - s_1$

$l_{10}:\ s_2 = \left[k-(k-1)r \right]/r - s_1$

$l_{11}:\ s_2 = k+1-kr - s_1$

$l_{12}:\ s_1 = \left[k(r-1) \right]/r$

$l_{13}:\ s_1 = k(r-1)$

$l_{14}:\ s_2 = \left[k(r-1) \right]/r$

$l_{15}:\ s_2 = k(r-1)$

图 4-9　层 D (k^*-1) 分割为 12 个子区域

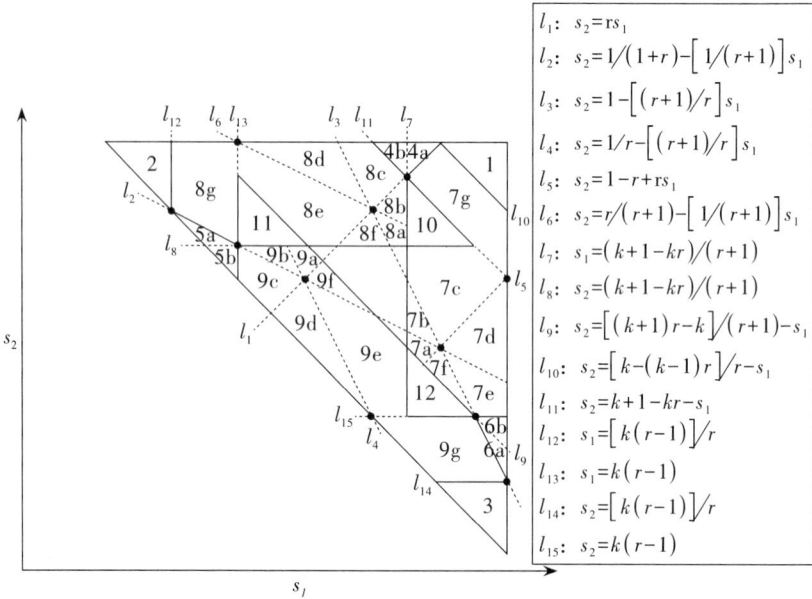

l_1: $s_2 = rs_1$

l_2: $s_2 = 1/(1+r) - [1/(r+1)]s_1$

l_3: $s_2 = 1 - [(r+1)/r]s_1$

l_4: $s_2 = 1/r - [(r+1)/r]s_1$

l_5: $s_2 = 1 - r + rs_1$

l_6: $s_2 = r/(r+1) - [1/(r+1)]s_1$

l_7: $s_1 = (k+1-kr)/(r+1)$

l_8: $s_2 = (k+1-kr)/(r+1)$

l_9: $s_2 = [(k+1)r-k]/(r+1) - s_1$

l_{10}: $s_2 = [k-(k-1)r]/r - s_1$

l_{11}: $s_2 = k+1-kr-s_1$

l_{12}: $s_1 = [k(r-1)]/r$

l_{13}: $s_1 = k(r-1)$

l_{14}: $s_2 = [k(r-1)]/r$

l_{15}: $s_2 = k(r-1)$

图4-10　$D(k^*-1)$ 的12个子区域与 $l_1 \sim l_{15}$ 的交叉

以子区域1为例，该子区域与直线 $l_1 \sim l_6$ 没有交叉，分以下三种情况讨论：

（A）初始状态是 p_1 或 b_1 时，由于满足条件 $rs_1 \geqslant s_2$，$s_2 \geqslant \dfrac{1}{r} - \dfrac{r+1}{r}s_1$，$s_1 + s_2 \geqslant \dfrac{k-(k-1)r}{r}$，根据表4-4可得到下一状态是 p_2。

（B）当初始状态是 p_2 或 b_2 时，由于满足条件 $s_2 \geqslant \dfrac{1}{r+1} - \dfrac{1}{r+1}s_1$，$s_2 \geqslant 1 - r + rs_1$，$s_1 > \dfrac{k(r-1)}{r}$，$s_1 + s_2 \leqslant k+1-kr$，根据表4-4可得到下一状态是 p_1。

（C）当初始状态是 p_3 或 b_3 时，由于满足条件 $s_2 > 1 - \dfrac{r+1}{r}s_1$，根据表4-4可得到下一状态是 b_1。

由以上分析可知，如果从初始状态 p_1 或 b_1 开始，形成的状态序列是p_1，p_2，p_1，…或b_1，p_2，p_1，…；如果从初始状态p_2或b_2开始，形成的状态序列是p_2，p_1，p_2，…或b_2，p_1，p_2，p_1，…；如果从初始状态p_3或b_3开始，形成的状态序列是p_3，b_1，p_2，p_1，…或b_3，b_1，p_2，p_1，…。综合以上情况，从任意初始状态开始，构建的状态循环是< p_1，p_2，p_1 >。类似地，可以构建出子区域2和3上的受阻状态循环< p_2，p_3，p_2 >和< p_3，p_1，p_3 >。

以子区域4为例，该子区域与直线$l_1 \sim l_6$没有交叉，分以下三种情况讨论：

（A）当初始状态是p_1或b_1时，由于满足条件$s_2 > rs_1$，根据表4-4可得到下一状态是b_2。

（B）当初始状态是p_2或b_2时，由于满足条件$s_2 \geqslant \dfrac{1}{r+1} - \dfrac{1}{r+1}s_1$，$s_2 \geqslant 1 - r + rs_1$，$s_1 > \dfrac{k(r-1)}{r}$，$s_1 + s_2 \geqslant k + 1 - kr$，根据表4-4可得到下一状态是$p_1$。

（C）当初始状态是p_3或b_3时，由于满足条件$s_2 > 1 - \dfrac{r+1}{r}s_1$，根据表4-4可得到下一状态是$b_1$。

由以上分析可知，如果从初始状态p_1或b_1开始，形成的状态序列为p_1，b_2，p_1，…或b_1，b_2，p_1，…；如果从初始状态p_2或b_2开始，形成的状态序列为p_2，p_1，b_2，…或b_2，p_1，b_2，…；如果从初始状态p_3或b_3开始，形成的状态序列为p_3，b_1，b_2，p_1，…或b_3，b_1，b_2，p_1，…。综合以上情况，从任意初始状态开始，构建的状态循环是< p_1，b_2，p_1 >。类似地，可以构建出子区域2和3上的状态循环。

以子区域7为例，该子区域与直线l_2、l_3、l_5、l_{11}相交，形成7个子区域7a~7g。分以下几种情况讨论：

（A）当初始状态是p_1或b_1时，由于满足条件$rs_1 \geqslant s_2$，$s_2 \geqslant \frac{1}{r} - \frac{r+1}{r}s_1$，$s_1 + s_2 < \frac{k - (k-1)r}{r}$，$s_2 > k(r-1)$，$s_1 \geqslant \frac{k+1-kr}{r+1}$，根据表4-4可得到下一状态是$p_1$。因此，形成的状态序列是$p_1$，$p_1$，…或$b_1$，$p_1$，$p_1$，…，构建的状态循环为$< p_1, p_1 >$。

（B）当初始状态是p_3或b_3时，（a）在子区域7c、7d、7e、7g，由于满足条件$s_2 > 1 - \frac{r+1}{r}s_1$，则根据表4-4可得到下一状态$b_1$。结合情况（A），形成的状态转换序列是$p_3$，$b_1$，$p_1$，…或$b_3$，$b_1$，$p_1$，$p_1$，…，构建的状态循环是$< p_1, p_1 >$。（b）在子区域7a、7b、7f，由于满足条件$s_2 \leqslant 1 - \frac{r+1}{r}s_1$，$s_2 \geqslant \frac{r}{r+1} - \frac{1}{r+1}s_1$，$s_2 > \frac{k(r-1)}{r}$，$s_1 > k(r-1)$，$s_1 + s_2 > \frac{(k+1)r - k}{r+1}$，$s_1 \geqslant \frac{k+1-kr}{r+1}$，根据表4-4可得到下一状态是$p_1$。结合情况（A），形成的状态转换序列是$p_3$，$p_1$，$p_1$，…或$b_3$，$p_1$，$p_1$，…，构建的状态循环是$< p_1, p_1 >$。

（C）当初始状态是p_2或b_2时，（a）在子区域7a、7f、7e，由于满足条件$s_2 < \frac{1}{r+1} - \frac{1}{r+1}s_1$，根据表4-4可得到下一状态是$b_3$。在子区域7e，结合情况（A）和（B），形成的状态序列是p_2，b_3，b_1，p_1，p_1，…或b_2，b_3，b_1，p_1，p_1，…，构建的状态循环是$< p_1, p_1 >$。在子区域7a和7f，结合情况（A）和（B），形成的状态序列是p_2，b_3，p_1，p_1，…或b_2，b_3，p_1，p_1，…，构建的状态循环是$< p_1, p_1 >$。（b）在子区域7d，由于满足条件$s_2 \geqslant \frac{1}{r+1} - \frac{1}{r+1}s_1$，$s_2 < 1 - r + rs_1$，根据表4-4可得到下一状态是$b_1$。结合情况（A），形成的状态转换序列是$p_2$，$b_1$，$p_1$，$p_1$，…或$b_2$，$b_1$，$p_1$，$p_1$，…，构建的状态循环是

$< p_1,\ p_1 >$。（c）在子区域 7g，由于满足条件 $s_2 \geqslant \dfrac{1}{r+1} - \dfrac{1}{r+1} s_1$，

$s_2 \geqslant 1 - r + r s_1$，$s_1 > \dfrac{k(r-1)}{r}$，$s_1 + s_2 \geqslant k + 1 - kr$，根据表 4-4 可得

到下一状态是 p_1。结合情况（A），形成的状态序列是 p_2，p_1，p_1，…

或 b_2，p_1，p_1，…，构建的状态循环是 $< p_1,\ p_1 >$。（d）子区域 7b、7c，

由于满足条件 $s_2 \geqslant \dfrac{1}{r+1} - \dfrac{1}{r+1} s_1$，$s_2 \geqslant 1 - r + r s_1$，$s_1 > \dfrac{k(r-1)}{r}$，

$s_1 + s_2 < k + 1 - kr$，$s_2 < \dfrac{k+1-kr}{r+1}$，$s_3 \leqslant \dfrac{k+1-kr}{r+1}$，根据表 4-4 可

得到下一状态是 p_1。结合情况（A），形成的状态序列为 p_2，p_1，p_1，…

或 b_2，p_1，p_1，…，构建的状态循环是 $< p_1,\ p_1 >$。

由以上分析可知，从任意初始状态开始，构建的状态循环是
$< p_1,\ p_1 >$。类似地，可以构建在子区域 8 和 9 上的状态循环分别为
$< p_2,\ p_2 >$ 和 $< p_3,\ p_3 >$。

以区域 10 为例，该区域与直线 $l_1 \sim l_6$ 不相交。分以下几种情况
讨论：

（A）当初始状态是 p_1 或 b_1 时，由于满足条件 $r s_1 \geqslant s_2$，$s_2 \geqslant \dfrac{1}{r} -$

$\dfrac{r+1}{r} s_1$，$s_1 + s_2 < \dfrac{k - (k-1)r}{r}$，$s_2 > k(r-1)$，$s_1 \geqslant \dfrac{k+1-kr}{r+1}$，根据

表 4-4 可得到下一状态 p_1。因此，形成的状态序列为 p_1，p_1，… 或

b_1，p_1，p_1，…，构建的状态循环是 $< p_1,\ p_1 >$。

（B）当初始状态是 p_2 或 b_2 时，由于满足条件 $s_2 \geqslant \dfrac{1}{r+1} - \dfrac{1}{r+1} s_1$，

$s_2 \geqslant 1 - r + r s_1$，$s_1 > \dfrac{k(r-1)}{r}$，$s_1 + s_2 < k + 1 - kr$，$s_2 \geqslant \dfrac{k+1-kr}{r+1}$，

根据表 4-4 可得到下一状态是 p_2。因此，形成的状态序列是 p_2，

p_2，… 或 b_2，p_2，p_2，…，构建的状态循环为 $< p_2,\ p_2 >$。

（C）当初始状态是p_3或b_3时，由于满足条件$s_2 > 1 - \dfrac{r+1}{r} s_1$，根据表4-4可得到下一状态是$b_1$。结合情况（A），形成的状态序列是$p_3$，$b_1$，$p_1$，$p_1$，…或$b_3$，$b_1$，$p_1$，$p_1$，…，构建的状态循环是$< p_1$，$p_1 >$。

由以上分析可知，当初始状态是p_1或p_3或b_1或b_3，构建的状态循环是$< p_1$，$p_1 >$，当初始状态是p_2或b_2，构建的状态循环是$< p_2$，$p_2 >$。类似地，可构建出子区域11和12上的状态循环。

以层$D(k^* - 1)$的子区域1上构建出的状态循环$< p_1$，p_2，$p_1 >$为例，从循环中前一状态p_1结束到下一个状态p_1结束的过程中，工人w_1完成作业内容为$2k + 1$，工人w_2完成作业内容为$2k - 1$，2名工人共完成作业内容为$4k$，所需时间为$(2k - s_3)/v_2$，由此，计算出Seru生产效率为$4kv_2/(2k - s_3)$。表4-4的最后一列给出所有区域上的状态循环对应的Seru生产效率。

②$k = k^*$

尽管在工序作业内容分布三角形中$D(k^*)$层所占面积较小，但在该层上，随着作业效率比例r的逐步减小，根据表4-3的状态转换规则，可划分出的子区域数目和相对位置也不断变化（如图4-11（a）~（m）所示）。例如，当$\Omega(k^*) \geqslant \Phi(k^*)$时，在$D(k^*)$层上只能构建出一个区域0（如图4-11（a）所示）；当$\Phi(k^*) > \Omega(k^*) > \dfrac{1}{3}$时，在$D(k^*)$层上可以构建出四个区域（如图4-11（b）所示）；当$\Omega(k^*) = \dfrac{1}{3}$时，区域0消失，由四个区域变为三个区域，但区域1~3的相对位置发生变化，同时，一个新的区域0'出现（如图4-11（d）所示）。经推导验证，各区域的可能状态规律及生产效率，列于表4-5中。

表 4-5　　　　　　　　　巡回式 Seru 状态循环及生产效率

区域		初始状态	状态循环	生产效率
$k = k^*$	0	任意状态	$< p_1,\ p_2,\ p_3,\ p_1 >$	$\dfrac{6k^* - 1}{3k^* - 1} \times v_2$
	0'	任意状态	$< p_1,\ p_3,\ p_2,\ p_1 >$	$\dfrac{6k^* + 1}{3k^*} \times v_2$
	1	任意状态	$< p_1,\ p_2,\ p_1 >$	$\dfrac{4k}{2k - s_3} \times v_2$
	2	任意状态	$< p_2,\ p_3,\ p_2 >$	$\dfrac{4k}{2k - s_1} \times v_2$
	3	任意状态	$< p_1,\ p_3,\ p_1 >$	$\dfrac{4k}{2k - s_2} \times v_2$
	4	任意状态	$< p_1,\ b_2,\ p_1 >$	$\dfrac{2k + 1}{k + s_2/r} \times v_2$
	5	任意状态	$< p_2,\ b_3,\ p_2 >$	$\dfrac{2k + 1}{k + s_3/r} \times v_2$
	6	任意状态	$< p_3,\ b_1,\ p_3 >$	$\dfrac{2k + 1}{k + s_1/r} \times v_2$
	7	任意状态	$< p_1,\ p_1 >$	$\dfrac{2k + 1}{k + s_1} \times v_2$
	8	任意状态	$< p_2,\ p_2 >$	$\dfrac{2k + 1}{k + s_2} \times v_2$
	9	任意状态	$< p_3,\ p_3 >$	$\dfrac{2k + 1}{k + s_3} \times v_2$
	10	p_1 或 b_1 或 p_3 或 b_3	$< p_1,\ p_1 >$	$\dfrac{2k + 1}{k + s_1} \times v_2$
		p_2 或 b_2	$< p_2,\ p_2 >$	
	11	p_1 或 b_1 或 p_2 或 b_2	$< p_2,\ p_2 >$	$\dfrac{2k + 1}{k + s_2} \times v_2$
		p_3 或 b_3	$< p_3,\ p_3 >$	
	12	p_2 或 b_2 或 p_3 或 b_3	$< p_3,\ p_3 >$	$\dfrac{2k + 1}{k + s_2} \times v_2$
		p_1 或 b_1	$< p_1,\ p_1 >$	

区域		初始状态	状态循环	生产效率
$k = k^*$	13	p_1或b_1	$< p_1,\ p_1 >$	$\dfrac{2k + 1}{k + s_1} \times v_2$
		p_2或b_2	$< p_2,\ p_2 >$	
		p_3或b_3	$< p_3,\ p_3 >$	

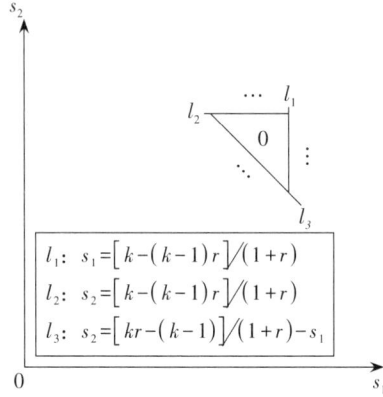

$$l_1:\ s_1 = \left[k - (k-1)r \right] \big/ (1+r)$$
$$l_2:\ s_2 = \left[k - (k-1)r \right] \big/ (1+r)$$
$$l_3:\ s_2 = \left[kr - (k-1) \right] \big/ (1+r) - s_1$$

(a) $\Omega(k^*) \geqslant \Phi(k^*)$

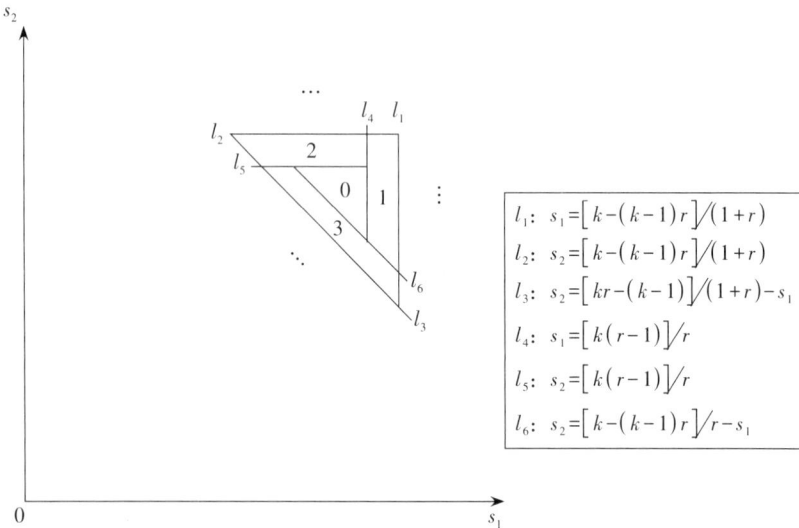

$$l_1:\ s_1 = \left[k - (k-1)r \right] \big/ (1+r)$$
$$l_2:\ s_2 = \left[k - (k-1)r \right] \big/ (1+r)$$
$$l_3:\ s_2 = \left[kr - (k-1) \right] \big/ (1+r) - s_1$$
$$l_4:\ s_1 = \left[k(r-1) \right] \big/ r$$
$$l_5:\ s_2 = \left[k(r-1) \right] \big/ r$$
$$l_6:\ s_2 = \left[k - (k-1)r \right] \big/ r - s_1$$

(b) $\Phi(k^*) > \Omega(k^*) > \dfrac{1}{3}$

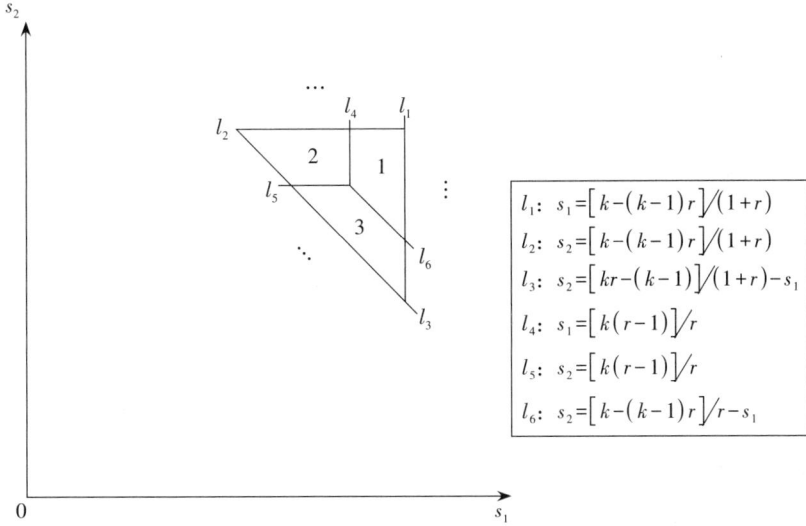

l_1: $s_1 = [k-(k-1)r]/(1+r)$

l_2: $s_2 = [k-(k-1)r]/(1+r)$

l_3: $s_2 = [kr-(k-1)]/(1+r)-s_1$

l_4: $s_1 = [k(r-1)]/r$

l_5: $s_2 = [k(r-1)]/r$

l_6: $s_2 = [k-(k-1)r]/r-s_1$

$$(c)\ \ \Omega(k^*) = \frac{1}{3}$$

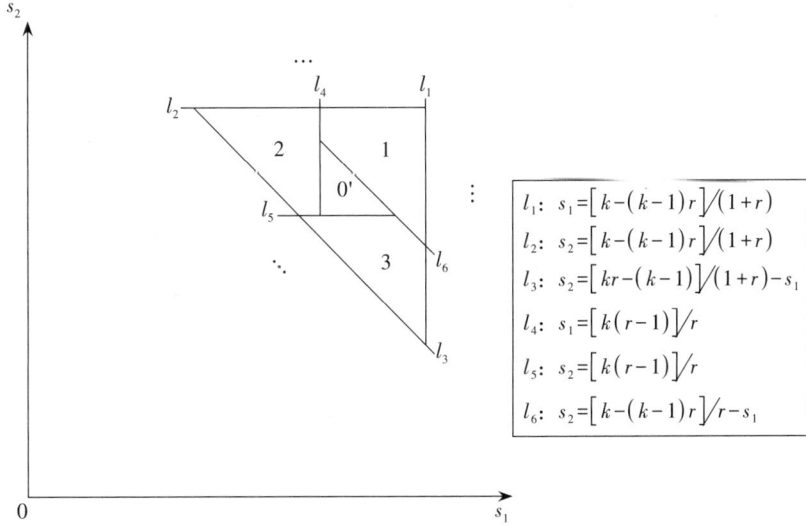

l_1: $s_1 = [k-(k-1)r]/(1+r)$

l_2: $s_2 = [k-(k-1)r]/(1+r)$

l_3: $s_2 = [kr-(k-1)]/(1+r)-s_1$

l_4: $s_1 = [k(r-1)]/r$

l_5: $s_2 = [k(r-1)]/r$

l_6: $s_2 = [k-(k-1)r]/r-s_1$

$$(d)\ \ \frac{1}{3} > \Omega(k^*) > \frac{1}{r}\Phi(k^*)$$

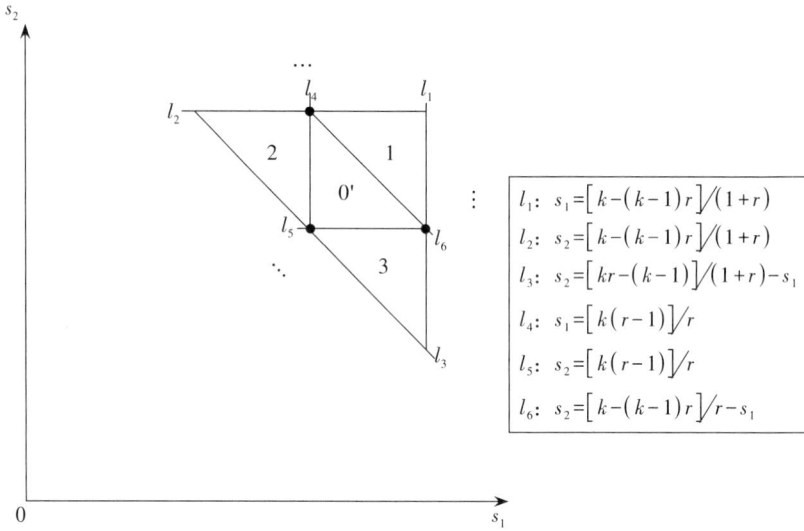

$l_1:\ s_1=\left[k-(k-1)r\right]\big/(1+r)$

$l_2:\ s_2=\left[k-(k-1)r\right]\big/(1+r)$

$l_3:\ s_2=\left[kr-(k-1)\right]\big/(1+r)-s_1$

$l_4:\ s_1=\left[k(r-1)\right]\big/r$

$l_5:\ s_2=\left[k(r-1)\right]\big/r$

$l_6:\ s_2=\left[k-(k-1)r\right]\big/r-s_1$

（e）$\Omega\left(k^*\right)=\dfrac{1}{r}\Phi\left(k^*\right)$

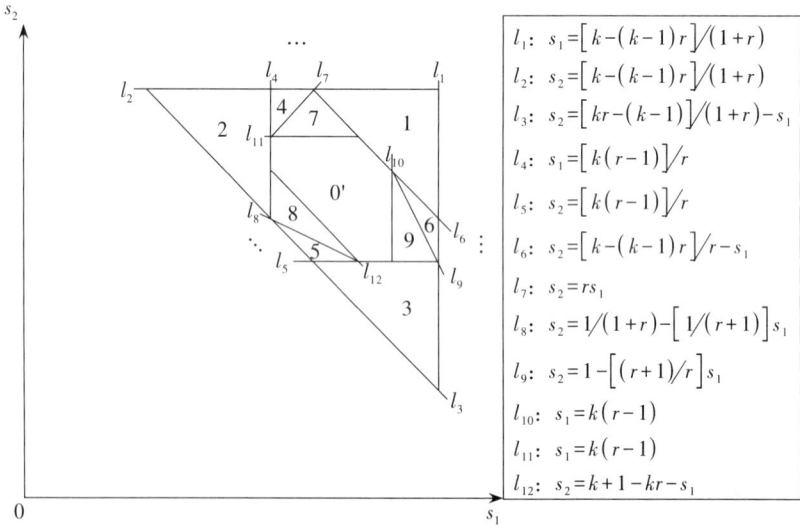

$l_1:\ s_1=\left[k-(k-1)r\right]\big/(1+r)$

$l_2:\ s_2=\left[k-(k-1)r\right]\big/(1+r)$

$l_3:\ s_2=\left[kr-(k-1)\right]\big/(1+r)-s_1$

$l_4:\ s_1=\left[k(r-1)\right]\big/r$

$l_5:\ s_2=\left[k(r-1)\right]\big/r$

$l_6:\ s_2=\left[k-(k-1)r\right]\big/r-s_1$

$l_7:\ s_2=rs_1$

$l_8:\ s_2=1\big/(1+r)-\left[1\big/(r+1)\right]s_1$

$l_9:\ s_2=1-\left[(r+1)\big/r\right]s_1$

$l_{10}:\ s_1=k(r-1)$

$l_{11}:\ s_1=k(r-1)$

$l_{12}:\ s_2=k+1-kr-s_1$

（f）$\dfrac{1}{r}\Phi\left(k^*\right)>\Omega\left(k^*\right)>\dfrac{r+1}{2r^2}\Phi\left(k^*\right)$

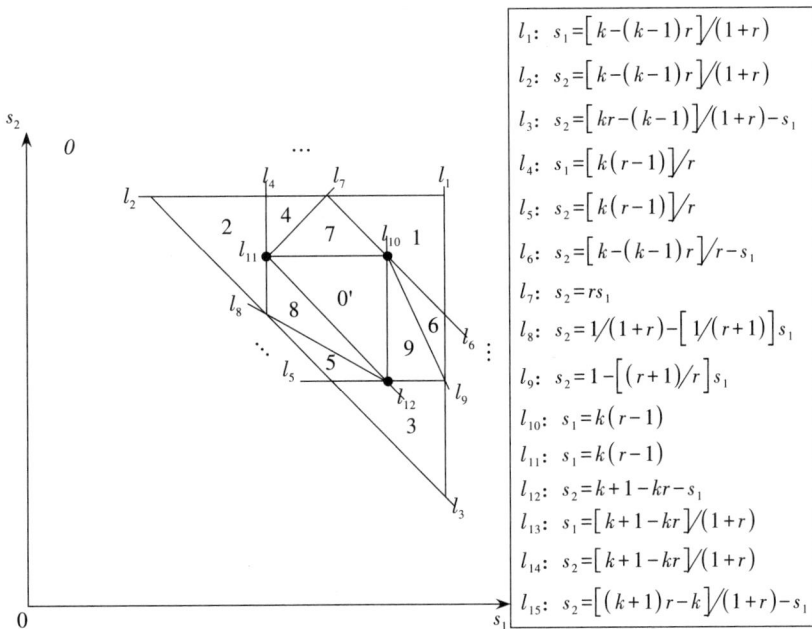

(g) $\Omega(k^*) > \dfrac{r+1}{2r^2}\Phi(k^*)$

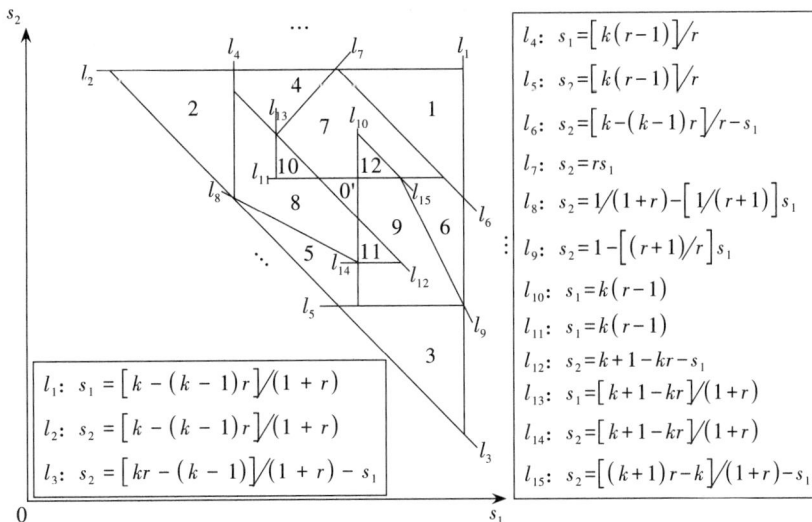

l_1: $s_1 = \left[k-(k-1)r\right]\big/(1+r)$

l_2: $s_2 = \left[k-(k-1)r\right]\big/(1+r)$

l_3: $s_2 = \left[kr-(k-1)\right]\big/(1+r)-s_1$

l_4: $s_1 = \left[k(r-1)\right]\big/r$

l_5: $s_2 = \left[k(r-1)\right]\big/r$

l_6: $s_2 = \left[k-(k-1)r\right]\big/r-s_1$

l_7: $s_2 = rs_1$

l_8: $s_2 = 1\big/(1+r)-\left[1\big/(r+1)\right]s_1$

l_9: $s_2 = 1-\left[(r+1)\big/r\right]s_1$

l_{10}: $s_1 = k(r-1)$

l_{11}: $s_1 = k(r-1)$

l_{12}: $s_2 = k+1-kr-s_1$

l_{13}: $s_1 = \left[k+1-kr\right]\big/(1+r)$

l_{14}: $s_2 = \left[k+1-kr\right]\big/(1+r)$

l_{15}: $s_2 = \left[(k+1)r-k\right]\big/(1+r)-s_1$

(h) $\dfrac{r+1}{2r^2}\Phi(k^*) > \Omega(k^*) > \dfrac{r+1}{2r}\Phi(k^*+1)$

l_4: $s_1 = \left[k(r-1)\right]\big/r$

l_5: $s_2 = \left[k(r-1)\right]\big/r$

l_6: $s_2 = \left[k-(k-1)r\right]\big/r-s_1$

l_7: $s_2 = rs_1$

l_8: $s_2 = 1\big/(1+r)-\left[1\big/(r+1)\right]s_1$

l_9: $s_2 = 1-\left[(r+1)\big/r\right]s_1$

l_{10}: $s_1 = k(r-1)$

l_{11}: $s_1 = k(r-1)$

l_{12}: $s_2 = k+1-kr-s_1$

l_{13}: $s_1 = \left[k+1-kr\right]\big/(1+r)$

l_{14}: $s_2 = \left[k+1-kr\right]\big/(1+r)$

l_{15}: $s_2 = \left[(k+1)r-k\right]\big/(1+r)-s_1$

l_1: $s_1 = \left[k-(k-1)r\right]\big/(1+r)$

l_2: $s_2 = \left[k-(k-1)r\right]\big/(1+r)$

l_3: $s_2 = \left[kr-(k-1)\right]\big/(1+r)-s_1$

s_2

l_2 l_4 l_7 l_1

4

2

l_{13} 7 1

8

l_{10}

10 12 l_6

l_{11}

5 11 6

t_{14} l_{15} l_{12}

9

l_8

l_5 3 l_9

$l_4:\ s_1=\left[k(r-1)\right]/r$

$l_5:\ s_2=\left[k(r-1)\right]/r$

$l_6:\ s_2=\left[k-(k-1)r\right]/r-s_1$

$l_7:\ s_2=rs_1$

$l_8:\ s_2=1/(1+r)-\left[1/(r+1)\right]s_1$

$l_9:\ s_2=1-\left[(r+1)/r\right]s_1$

$l_{10}:\ s_1=k(r-1)$

$l_{11}:\ s_1=k(r-1)$

$l_{12}:\ s_2=k+1-kr-s_1$

$l_{13}:\ s_1=\left[k+1-kr\right]/(1+r)$

$l_{14}:\ s_2=\left[k+1-kr\right]/(1+r)$

$l_{15}:\ s_2=\left[(k+1)r-k\right]/(1+r)-s_1$

$l_1:\ s_1=\left[k-(k-1)r\right]/(1+r)$

$l_2:\ s_2=\left[k-(k-1)r\right]/(1+r)$

$l_3:\ s_2=\left[kr-(k-1)\right]/(1+r)-s_1$

0 s_1

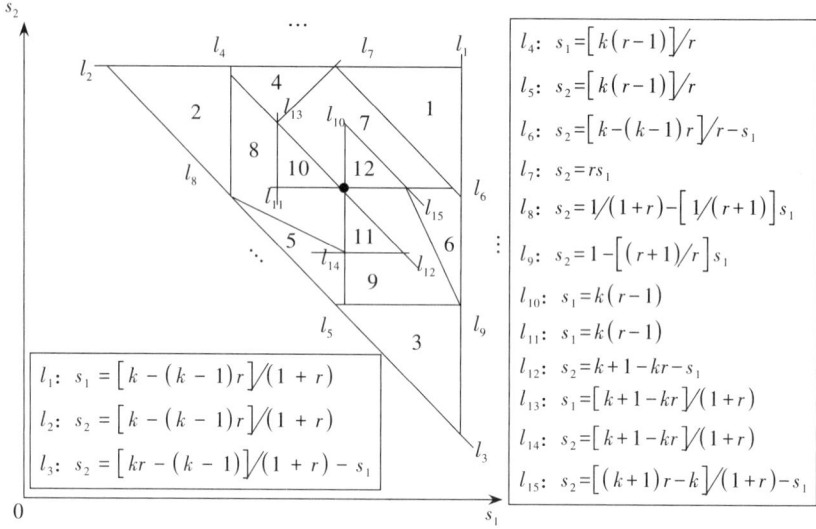

(i) $\ \Omega(k^*)>\dfrac{r+1}{2r}\Phi(k^*+1)$

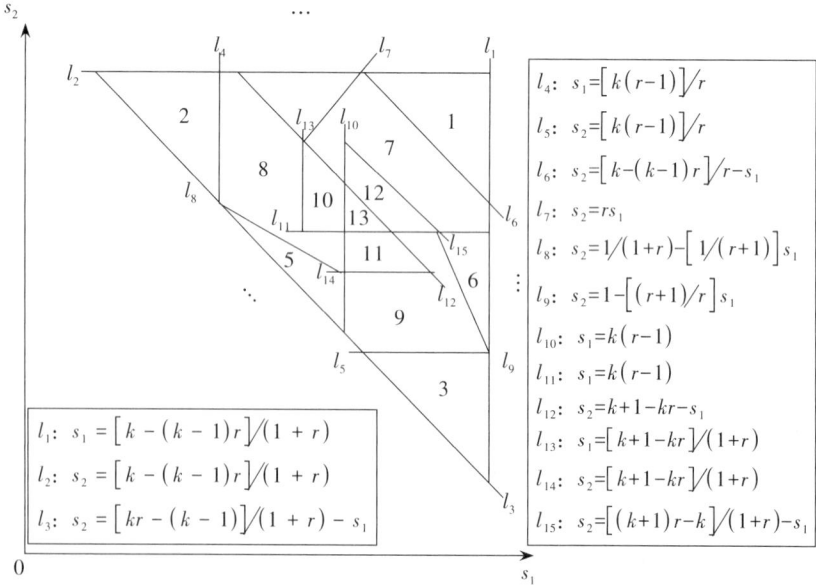

s_2

l_2 l_4 l_7 l_1

2

l_{13} l_{10}

8 7 1

10 12

l_{11} 13

5 11 6 l_6

l_8 l_{14} l_{15} l_{12}

9

l_5 3 l_9

$l_4:\ s_1=\left[k(r-1)\right]/r$

$l_5:\ s_2=\left[k(r-1)\right]/r$

$l_6:\ s_2=\left[k-(k-1)r\right]/r-s_1$

$l_7:\ s_2=rs_1$

$l_8:\ s_2=1/(1+r)-\left[1/(r+1)\right]s_1$

$l_9:\ s_2=1-\left[(r+1)/r\right]s_1$

$l_{10}:\ s_1=k(r-1)$

$l_{11}:\ s_1=k(r-1)$

$l_{12}:\ s_2=k+1-kr-s_1$

$l_{13}:\ s_1=\left[k+1-kr\right]/(1+r)$

$l_{14}:\ s_2=\left[k+1-kr\right]/(1+r)$

$l_{15}:\ s_2=\left[(k+1)r-k\right]/(1+r)-s_1$

$l_1:\ s_1=\left[k-(k-1)r\right]/(1+r)$

$l_2:\ s_2=\left[k-(k-1)r\right]/(1+r)$

$l_3:\ s_2=\left[kr-(k-1)\right]/(1+r)-s_1$

0 s_1

(j) $\ \dfrac{r+1}{2r}\Phi(k^*+1)>\Omega(k^*)>\dfrac{1}{r}\Phi(k^*+1)$

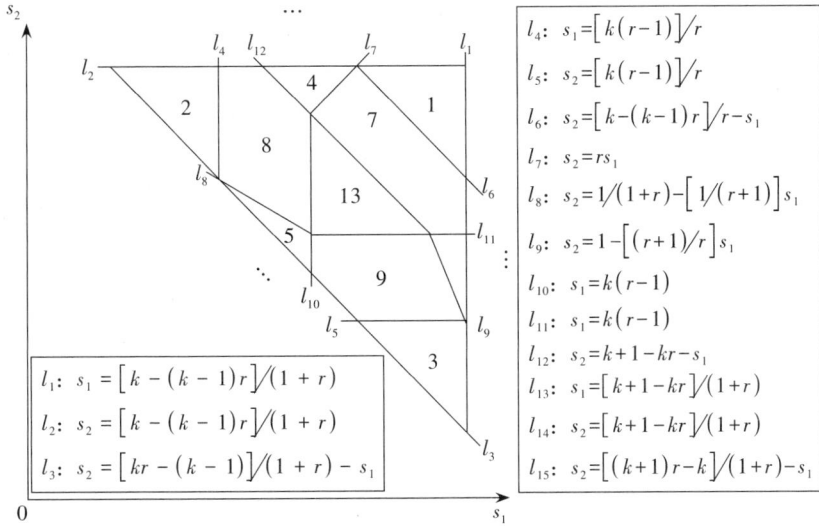

l_4: $s_1 = [k(r-1)]/r$

l_5: $s_2 = [k(r-1)]/r$

l_6: $s_2 = [k-(k-1)r]/r - s_1$

l_7: $s_2 = rs_1$

l_8: $s_2 = 1/(1+r) - [1/(r+1)]s_1$

l_9: $s_2 = 1 - [(r+1)/r]s_1$

l_{10}: $s_1 = k(r-1)$

l_{11}: $s_1 = k(r-1)$

l_{12}: $s_2 = k+1-kr-s_1$

l_{13}: $s_1 = [k+1-kr]/(1+r)$

l_{14}: $s_2 = [k+1-kr]/(1+r)$

l_{15}: $s_2 = [(k+1)r-k]/(1+r) - s_1$

l_1: $s_1 = [k-(k-1)r]/(1+r)$

l_2: $s_2 = [k-(k-1)r]/(1+r)$

l_3: $s_2 = [kr-(k-1)]/(1+r) - s_1$

$$(\text{k})\quad \Omega(k^*) = \frac{1}{r}\Phi(k^*+1)$$

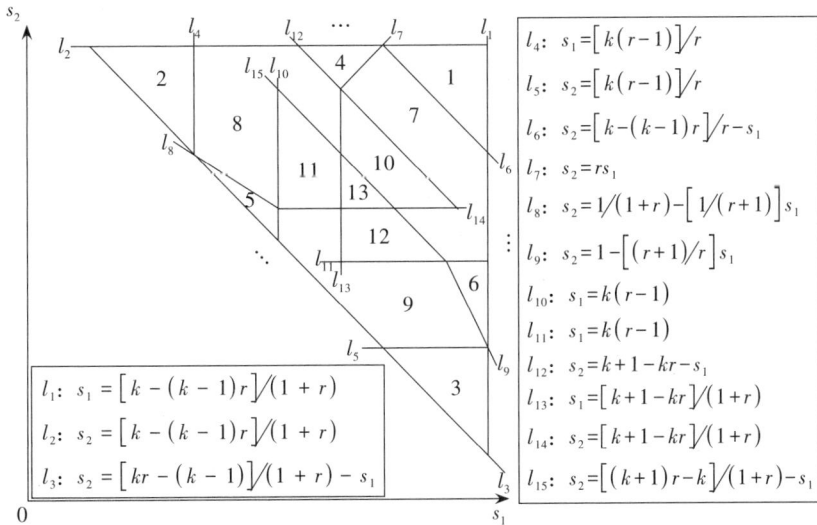

l_4: $s_1 = [k(r-1)]/r$

l_5: $s_2 = [k(r-1)]/r$

l_6: $s_2 = [k-(k-1)r]/r - s_1$

l_7: $s_2 = rs_1$

l_8: $s_2 = 1/(1+r) - [1/(r+1)]s_1$

l_9: $s_2 = 1 - [(r+1)/r]s_1$

l_{10}: $s_1 = k(r-1)$

l_{11}: $s_1 = k(r-1)$

l_{12}: $s_2 = k+1-kr-s_1$

l_{13}: $s_1 = [k+1-kr]/(1+r)$

l_{14}: $s_2 = [k+1-kr]/(1+r)$

l_{15}: $s_2 = [(k+1)r-k]/(1+r) - s_1$

l_1: $s_1 = [k-(k-1)r]/(1+r)$

l_2: $s_2 = [k-(k-1)r]/(1+r)$

l_3: $s_2 = [kr-(k-1)]/(1+r) - s_1$

$$(\text{l})\quad \frac{1}{r}\Phi(k^*+1) > \Omega(k^*) > \frac{2-r}{3r}$$

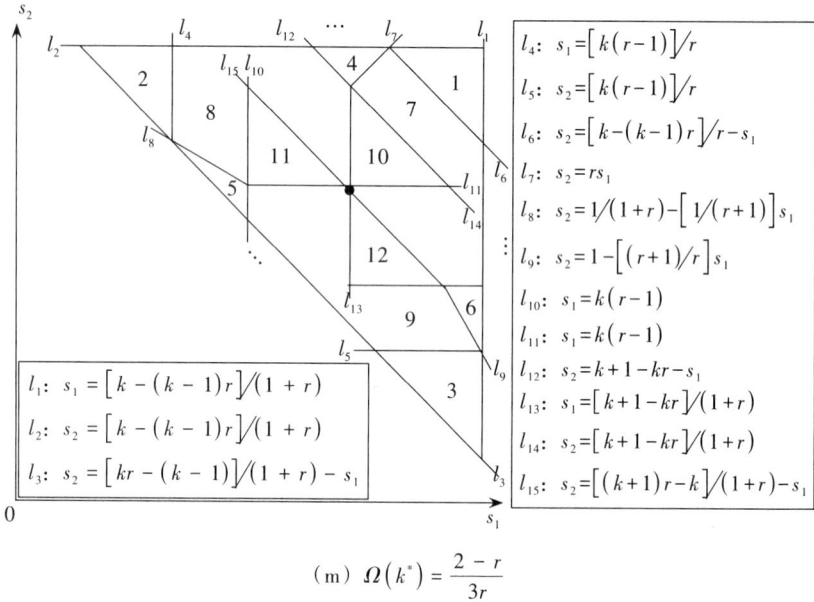

(m) $\Omega(k^*) = \dfrac{2-r}{3r}$

图 4-11　层 $D(k^*)$ 的 15 个子区域的演化

例 4-2：给定 $v_1 = 2.0$ 和 $v_2 = 1.8$，计算工人作业效率的比例，得到 $r = \dfrac{v_1}{v_2} = 1.11 < 2$，$k^* = 3$。给定 $s_1 = 0.4$，$s_2 = 0.41$，$s_3 = 0.19$，初始状态 p_1。由于 $T(2) = 0.4218$，$T(3) = 0.3697$，$T(3) \leqslant (s_1,\ s_2) < T(2)$，点 $(s_1,\ s_2)$ 在三角形的 $D(2)$ 层上。根据表 4-3，当初始状态是 p_1 时，下一状态是 p_2，再下一状态是 p_1，由此，得到状态序列是 p_1，p_2，p_1，…。点 $(s_1,\ s_2)$ 在层 $D(2)$ 的区域 1 上，根据表 4-4，构建状态循环是 $< p_1,\ p_2,\ p_1 >$，对应的生产效率是 $\dfrac{8}{4 - 0.19} \times 1.8 = 3.78$。

在例 4-2 中，Seru 生产效率可能达到的最高值是 $v_1 + v_2 = 3.8$，可见，巡回式 Seru 由于 2 名工人的不协调可能引发生产效率的大幅下降。下面，给出在工序作业内容可调的情况下，当 $2 > r > 1$ 时，2 工人-3 工序巡回式 Seru 达成最高生产效率的条件。

令　$\delta_1 = \dfrac{k+1-kr}{r+1}$,　$\delta_2 = k(r-1)$,　$\delta_3 = \dfrac{r(k+1-kr)}{r+1}$,　$\delta_4 = \dfrac{(2k+1)(r-1)}{r+1}$。

条件 1：如果初始状态是 p_1 或 b_1，达成最高生产效率的条件是：（A）$s_1 = \delta_1$ 且 $\delta_2 \leqslant s_2 \leqslant \delta_3$；或者（B）$s_2 = \delta_1$ 且 $\delta_2 \leqslant s_1 \leqslant \delta_1$；或者（C）$s_3 = \delta_1$ 且 $\delta_4 \leqslant s_1 \leqslant \delta_1$。

条件 2：如果初始状态是 p_2 或 b_2，达成最高生产效率的条件是：（A）$s_2 = \delta_1$ 且 $\delta_2 \leqslant s_3 \leqslant \delta_3$；或者（B）$s_3 = \delta_1$ 且 $\delta_2 \leqslant s_2 \leqslant \delta_1$；或者（C）$s_1 = \delta_1$ 且 $\delta_4 \leqslant s_2 \leqslant \delta_1$。

条件 3：如果初始状态是 p_3 或 b_3，达成最高生产效率的条件是：（A）$s_3 = \delta_1$ 且 $\delta_2 \leqslant s_1 \leqslant \delta_3$；或者（B）$s_1 = \delta_1$ 且 $\delta_2 \leqslant s_3 \leqslant \delta_1$；或者（C）$s_2 = \delta_1$ 且 $\delta_4 \leqslant s_1 \leqslant \delta_1$。

以条件 1 为例，在图 4-9 中，分以下几种情况讨论：

对于子区域 1 来说，所构建的状态循环是 $<p_1, p_2, p_1>$，相应的生产效率是 $\dfrac{4k}{2k-s_3}v_2$，也就是说，生产效率随着 s_3 的增加而提高，因此，当 $s_3 = \delta_2/r$ 时（图 4-9 中的 l_{10}），可以达成最高生产效率 $\dfrac{4r}{2k-k(r-1)/r}v_2 = \dfrac{4r}{r+1}v_2 < (r+1)v_2 = v_1 + v_2$。

对于子区域 2 来说，所构建的状态循环是 $<p_2, p_3, p_2>$，相应的生产效率是 $\dfrac{4k}{2k-s_1}v_2$，也就是说，生产效率随着 s_1 的增加而提高，因此，当 $s_1 = \delta_2/r$ 时（图 4-9 中的 l_{12}），可以达成最高生产效率 $\dfrac{4r}{2k-k(r-1)/r}v_2 = \dfrac{4r}{r+1}v_2 < (r+1)v_2 = v_1 + v_2$。

对于子区域 3 来说，所构建的状态循环是 $<p_1, p_3, p_1>$，相应的

生产效率是 $\dfrac{4k}{2k-s_2}v_2$，也就是说，生产效率随着 s_2 的增加而提高，因此，当 $s_2 = \delta_2/r$ 时（图 4-9 中的 l_{14}），可以达成最高生产效率

$$\dfrac{4r}{2k-k(r-1)/r}v_2 = \dfrac{4r}{r+1}v_2 < (r+1)v_2 = v_1 + v_2。$$

对于子区域 4 来说，所构建的状态循环是 $< p_1, b_2, p_1 >$，相应的生产效率是 $\dfrac{2k+1}{k+s_2/r}v_2$，也就是说，生产效率随着 s_2 的减少而提高，由于 $s_2 < \delta_3$（图 4-9 中的 l_{11} 和 l_1），可以达成最高生产效率 $\dfrac{2k+1}{k+s_2/r}v_2 <$

$$\dfrac{2k+1}{k-(k+1-kr)/(r+1)}v_2 = v_1 + v_2。$$

对于子区域 5 来说，所构建的状态循环是 $< p_2, b_3, p_2 >$，相应的生产效率是 $\dfrac{2k+1}{k+s_3/r}v_2$，也就是说，生产效率随着 s_3 的减少而提高，由于 $s_3 < \delta_3$（图 4-9 中的 l_{13} 和 l_2），可以达成最高生产效率 $\dfrac{2k+1}{k+s_3/r}v_2 <$

$$\dfrac{2k+1}{k-(k+1-kr)/(r+1)}v_2 = v_1 + v_2。$$

对于子区域 6 来说，所构建状态循环是 $< p_3, b_1, p_3 >$，相应的生产效率是 $\dfrac{2k+1}{k+s_1/r}v_2$，也就是说，生产效率随着 s_1 的减少而提高，由于 $s_1 < \delta_3$（图 4-9 中的 l_{15} 和 l_3），可以达成最高生产效率 $\dfrac{2k+1}{k+s_1/r}v_2 <$

$$\dfrac{2k+1}{k-(k+1-kr)/(r+1)}v_2 = v_1 + v_2。$$

对于子区域 7、10、12 来说，所构建的状态循环是 $< p_1, p_1 >$，相应的生产效率是 $\dfrac{2k+1}{k+s_1}v_2$，也就是说，生产效率随着 s_1 的减少而提高，因此，当 $s_1 = \delta_1$（图 4-9 中的 l_7），可以达成最高生产效率

$$\frac{2k+1}{k+s_1}v_2 = \frac{2k+1}{k-(k+1-kr)/(r+1)}v_2 = v_1 + v_2。$$

对于子区域 8、10、11 来说，所构建的状态循环是 $< p_2, p_2 >$，相应的生产效率是 $\frac{2k+1}{k+s_2}v_2$，也就是说，生产效率随着 s_3 的减少而提高，因此，当 $s_3 = \delta_1$ 时（图 4-9 中的 l_8），可以达成最高生产效率

$$\frac{2k+1}{k+s_2}v_2 = \frac{2k+1}{k-(k+1-kr)/(r+1)}v_2 = v_1 + v_2。$$

对于子区域 9、11、12 来说，所构建的状态循环是 $< p_3, p_3 >$，相应的生产效率是 $\frac{2k+1}{k+s_3}v_2$，也就是说，生产效率随着 s_3 的减少而提高，因此，当 $s_3 = \delta_1$ 时（图 4-9 中的 l_9），可以达成最高生产效率

$$\frac{2k+1}{k+s_3}v_2 = \frac{2k+1}{k-(k+1-kr)/(r+1)}v_2 = v_1 + v_2。$$

由以上讨论可知，如果初始状态是 b_1 或 p_1，达成最高生产效率的条件是 $s_1 = \delta_1$ 且 $\delta_2 \leqslant s_2 \leqslant \delta_3$；或者 $s_2 = \delta_1$ 且 $\delta_2 \leqslant s_1 \leqslant \delta_1$；或者 $s_3 = \delta_1$ 且 $\delta_4 \leqslant s_1 \leqslant \delta_1$。类似地，可以验证条件 2 和 3 的正确性。

继续讨论例 4-2 中，工序作业内容任意分布情况 2 工人-3 工序巡回式 Seru 的生产效率。在这个例子中，由于 2 名工人作业效率的比例为 $2 > r > 1$，系统运行稳定之后，进入状态循环。在区域 1-6，由于工序作业内容不够均衡，Seru 生产效率较低，工人 w_2 一直保持在某道工序上作业。相对地，区域 D 上工序作业内容相对均衡，工人 w_2 不再保持在某道工序上作业，而是有可能在状态循环过程中完成更多件产品。以层 $D(2)$ 为例，在图 4-12（a）中，如果初始状态是 p_1 或 b_1，当 $s_1 = 0.37$ 且 $0.22 \leqslant s_2 \leqslant 0.41$，或者 $s_2 = 0.37$ 且 $0.22 \leqslant s_1 \leqslant 0.37$，或者 $s_3 = 0.37$ 且 $0.26 \leqslant s_1 \leqslant 0.37$，可达成最高生产效率；在图 4-12（b）中，如果初始状态是 p_2 或 b_2，当 $s_1 = 0.37$ 且 $0.22 \leqslant s_2 \leqslant 0.41$，或者 $s_3 =$

0.37且0.22 ≤ s_2 ≤ 0.37，或者s_1 = 0.37且0.26 ≤ s_2 ≤ 0.37，可达成最高生产效率；在图4-12（c）中，如果初始状态是p_3或b_3，当s_3 = 0.37且0.22 ≤ s_1 ≤ 0.41，或者s_1 = 0.37且0.22 ≤ s_3 ≤ 0.37，或者s_2 = 0.37且0.26 ≤ s_1 ≤ 0.37，可达成最高生产效率。

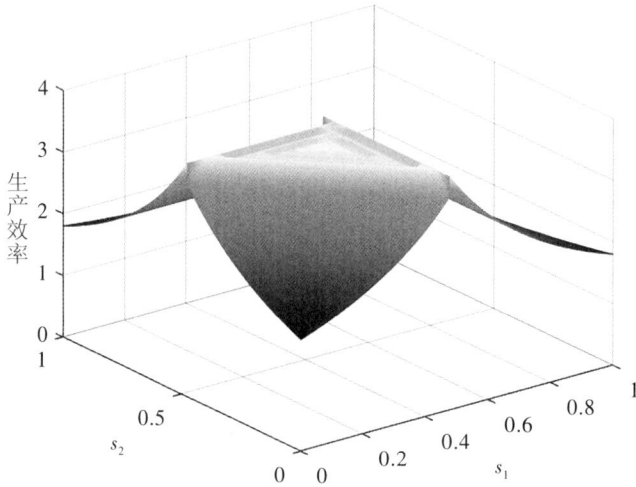

（a）初始状态 p_1 或 b_1

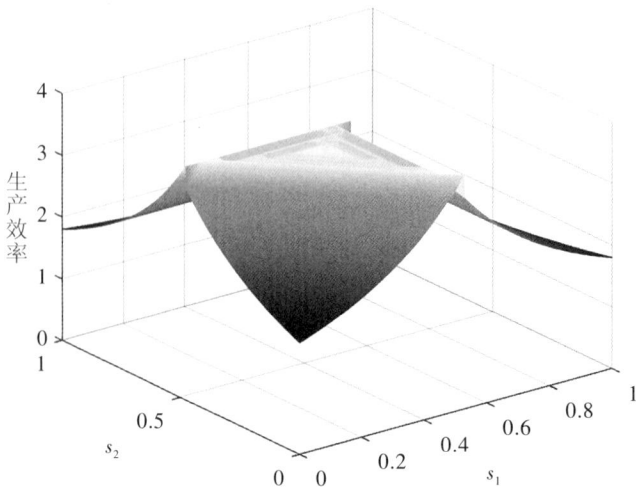

（b）初始状态 p_2 或 b_2

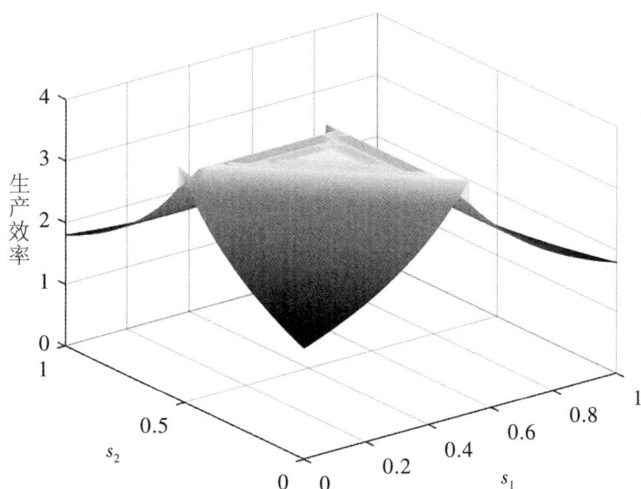

（c）初始状态 p_3 或 b_3

图4-12　巡回式 Seru 的生产效率（v_1=2.6 和 v_2=1.2）

4.2　2工人-m工序

4.2.1　状态规律

在2名工人和 m 道工序构成的巡回式 Seru 中，共有两种类型、$2m$ 个状态。

令 $P = \{p_1, p_2, \cdots, p_m\}$ 表示2工人-m工序巡回式 Seru 的超越状态集合，其中，$p_j(j = 1, 2, \cdots, m)$ 表示工人 w_1 从受阻于工序 s_j 前端，到超越工人 w_2，再到从工序 s_j 后端重新开始作业的过程（如图4-2（a）所示）。

令 $B = \{b_1, b_2, \cdots, b_m\}$ 表示2工人-m工序巡回式 Seru 的受阻状态合集。其中，$b_j(j = 1, 2, \cdots, m)$ 表示工人 w_2 从受阻于工序 s_j 前端，到等待工人 w_1，再到从工序 s_j 前端重新开始作业的过程（如图4-

2（b）所示）。

定理4-1 对于任意2工人-m工序构成的巡回式Seru来说，令x_1和x_2表示工人w_1和w_2的初始作业位置，v_1和v_2表示工人w_1和w_2的作业效率，不失一般性，令$v_1 > v_2$，系统运行稳定后，存在唯一的状态循环序列。

证明：

（1）首先，证明状态循环的存在性。从任意初始位置开始，2名工人之间第一次出现的状态，记作$a^{(0)}$，由此产生状态序列$a^{(0)}$，$a^{(1)}$，$\cdots$，$a^{(t)}$，$\cdots$，其中，$t \geq 0$且$t \in N$，与此状态序列相对应的工序编号序列为$i^{(0)}$，$i^{(1)}$，$\cdots$，$i^{(t)}$，$\cdots$，其中，$i^{(t)}$表示状态$a^{(t)}$出现的工序编号。沿着状态序列寻找第一个出现的状态$a^{(w)}$，状态$a^{(w)}$满足条件$a^{(w)} = a^{(u)}$且$i^{(w)} = i^{(u)}$，其中，$u \in \{0, 1, \cdots, w - 1\}$。由于工序数目$m$有限，可以找到状态序列$a^{(u)}$，$a^{(u+1)}$，$\cdots$，$a^{(w)}$，由于$i^{(w)} = i^{(u)}$，所以$a^{(w)} = a^{(u)}$，此状态序列为一个循环，记作$< a^{(u)}$，$a^{(u+1)}$，$\cdots$，$a^{(w)} >$。

（2）其次，证明状态循环的唯一性。反证法，假设存在不同的循环，那么，在状态序列$a^{(u)}$，$a^{(u+1)}$，$\cdots$，$a^{(w)}$上，存在某一个状态，有两个不同的后续状态。然而，对于2工人-3工序的巡回式Seru来说，任意状态的后续状态是唯一的。存在矛盾，因此，假设不成立。

引理4-1 给定r为工人作业效率的比例，即$r = v_1/v_2$，不失一般性，令$v_1 > v_2$，令$a^{(t)}$和$a^{(t+1)}$分别表示两个连续出现的状态，令k为非负整数，表示在$a^{(t)}$和$a^{(t+1)}$出现的过程中，工人w_2完成的产品数目，那么，k的取值范围分以下两种情况：

（1）如果$a^{(t+1)} \in P$，那么，$k \leq \left\lceil \dfrac{m - 1 - r}{m(r - 1)} \right\rceil + 1$；

（2）如果$a^{(t+1)} \in B$，那么，$k \leq 1$。

证明：

（1）令状态 $a^{(t)}$ 出现在工序 s_i，也就是说，$a^{(t)}$ 为 p_i 或 b_i，$a^{(t+1)}$ 出现在工序 s_j，i，$j = 1$，2，$\cdots$，m，$a^{(t+1)} = p_j$，$a^{(t+1)} \in P$，分两种情况证明 $k \leqslant \left\lceil \dfrac{m-1-r}{m(r-1)} \right\rceil + 1$。

（A）$r \geqslant 2$

由 $r \geqslant 2 \Leftrightarrow \dfrac{2}{v_1} \leqslant \dfrac{1}{v_2}$ 得出，下一状态出现之前，工人 w_2 到达工序 s_i 的前端，因此，$k \leqslant 1 \leqslant \left\lceil \dfrac{m-1-r}{m(r-1)} \right\rceil + 1$。

（B）$2 > r > 1$

反证法，假设 $k > \left\lceil \dfrac{m-1-r}{m(r-1)} \right\rceil + 1$，那么，$k \geqslant \dfrac{m-1-r}{m(r-1)} + 2 \Leftrightarrow$ $\dfrac{k-2+1/m}{v_2} \geqslant \dfrac{k-1-1/m}{v_1}$，分两种子情况讨论。

（a）$s_i \geqslant 1/m$

由 $s_i \geqslant \dfrac{1}{m} \Leftrightarrow \dfrac{k-2+s_i}{v_2} \geqslant \dfrac{k-2+1/m}{v_2} \geqslant \dfrac{k-1-1/m}{v_1} \geqslant \dfrac{k-1-s_i}{v_1}$ 得出，工人 w_2 在完成 $k-1$ 件产品并到达工序 s_i 的后端之前，下一状态会发生，与工人 w_2 完成 k 件产品矛盾。

（b）$s_i < 1/m$

如果对于任意工序 $s_{j'}$，$s_{j'} < \dfrac{1}{m}$，那么 $\sum\limits_{j'=1}^{m} s_{j'} < 1$。因此，当 $s_i < 1/m$ 时，至少存在一道工序 $s_{j'}$（$j' \neq i$），$s_{j'} \geqslant 1/m$。由 $s_{j'} \geqslant \dfrac{1}{m} \Leftrightarrow$ $\dfrac{k-2+s_{j'}}{v_2} \geqslant \dfrac{k-2+1/m}{v_2} \geqslant \dfrac{k-1-1/m}{v_1} \geqslant \dfrac{k-1-s_{j'}}{v_1}$，分 $i < j'$ 和 $i \geqslant j'$ 两种子情况讨论。

当 $i < j'$ 时，工人 w_1 完成 $k-1$ 件产品并到达工序 $s_{j'}$ 前端的时间为

$$t_1 = \frac{s_{i+1} + \cdots + s_m + k - 2 + s_1 + \cdots + s_{j'-1}}{v_1} = \frac{k - 1 + s_{i+1} + \cdots + s_{j'-1}}{v_1}，工$$

人 w_2 完成 $k-2$ 件产品并到达工序 $s_{j'}$ 后端的时间为 $t_2 =$

$$\frac{s_i + \cdots + s_m + k - 3 + s_1 + \cdots + s_{j'}}{v_2} = \frac{k - 2 + s_i + \cdots + s_{j'}}{v_2}，由于 \frac{k - 2 + s_{j'}}{v_2} \geqslant$$

$\dfrac{k - 1 - s_{j'}}{v_1}$，可以得到 $t_2 \geqslant t_1 + \dfrac{s_i + \cdots + s_{j'-1}}{v_2} - \dfrac{s_{i+1} + \cdots + s_{j'}}{v_1}$。

如果 $\dfrac{s_i + \cdots + s_{j'-1}}{v_2} < \dfrac{s_{i+1} + \cdots + s_{j'}}{v_1}$，那么在工人 w_1 完成在工序 $s_{j'}$

的作业内容之前，工人 w_2 到达工序 $s_{j'}$ 的前端，因此，$a^{(t+1)} = b_{j'}$，与

$a^{(t+1)} \in P$ 矛盾。

如果 $\dfrac{s_i + \cdots + s_{j'-1}}{v_2} \geqslant \dfrac{s_{i+1} + \cdots + s_{j'}}{v_1}$，那么 $t_2 \geqslant t_1$，在工人 w_1 完成

$k-1$ 件产品并到达工序 $s_{j'}$ 前端之前，下一状态将会出现，与工人 w_2

完成 k 件产品矛盾。

当 $i \geqslant j'$ 时，工人 w_1 完成 k 件产品并到达工序 $s_{j'}$ 前端的时间为 $t_1 =$

$$\frac{s_{i+1} + \cdots + s_m + k - 1 + s_1 + \cdots + s_{j'-1}}{v_1} = \frac{k - (s_{j'} + \cdots + s_i)}{v_1}，工人 w_2 完成 k - 1$$

件产品并到达工序 $s_{j'}$ 后端的时间为 $t_2 = \dfrac{s_i + \cdots + s_m + k - 2 + s_1 + \cdots + s_{j'}}{v_2} =$

$$\frac{k - 1 - (s_{j'+1} + \cdots + s_{i-1})}{v_2}，由于 \frac{k - 2 + s_{j'}}{v_2} \geqslant \frac{k - 1 - s_{j'}}{v_1}，可以得到 t_2 \geqslant t_1 +$$

$$\frac{(s_i + \cdots + s_m) + (s_1 + \cdots + s_{j'-1})}{v_2} - \frac{(s_{i+1} + \cdots + s_m) + (s_1 + \cdots + s_{j'})}{v_1}。$$

如果 $\dfrac{(s_i + \cdots + s_m) + (s_1 + \cdots + s_{j'-1})}{v_2} < \dfrac{(s_{i+1} + \cdots + s_m) + (s_1 + \cdots + s_{j'})}{v_1}$，

那么在工人 w_1 完成在工序 $s_{j'}$ 的作业内容之前，工人 w_2 到达工序 $s_{j'}$ 的前

端，因此，$a^{(t+1)} = b_{j'}$，与 $a^{(t+1)} \in P$ 矛盾。

如果 $\dfrac{(s_i + \cdots + s_m) + (s_1 + \cdots + s_{j'-1})}{v_2} \geq \dfrac{(s_{i+1} + \cdots + s_m) + (s_1 + \cdots + s_{j'})}{v_1}$，

那么 $t_2 \geq t_1$，下一状态将会出现，与工人 w_2 完成 k 件产品矛盾。

综合以上讨论，若 $a^{(t+1)} \in P$，则 $k \leq \left\lceil \dfrac{m-1-r}{m(r-1)} \right\rceil + 1$。

（2）令状态 $a^{(t)}$ 出现在工序 s_i，也就是说，$a^{(t)}$ 为 p_i 或 b_i，$a^{(t+1)}$ 出现在工序 s_j，$i, j = 1, 2, \cdots, m$，$a^{(t+1)} = b_j$，$a^{(t+1)} \in B$。工人 w_1 完成 k 件产品并到达工序 s_j 前端的时间为 $t_1 = \dfrac{(s_{i+1} + \cdots + s_m) + k - 1 + (s_1 + \cdots + s_j)}{v_1}$，工人 w_2 完成 k 件产品并到达工序 s_j 前端的时间为 $t_2 = \dfrac{(s_i + \cdots + s_m) + k - 1 + (s_1 + \cdots + s_{j-1})}{v_2}$。分两种情况证明 $k \leq 1$。

（A）如果 $i < j$，那么 $k = 0$

反证法，假设 $k > 0$，那么 $t_1 - t_2 = k\left(\dfrac{1}{v_1} - \dfrac{1}{v_2}\right) + \dfrac{s_{i+1} + \cdots + s_j}{v_1} - \dfrac{s_i + \cdots + s_{j-1}}{v_2}$。如果 $\dfrac{s_i + \cdots + s_{j-1}}{v_2} > \dfrac{s_{i+1} + \cdots + s_j}{v_1}$，那么 $t_1 < t_2$。由于 $\dfrac{1}{v_1} - \dfrac{1}{v_2} < 0$ 且 $k > 0$，那么 $a^{(t+1)} = b_{j'}$，$j' \neq j$。如果 $\dfrac{s_i + \cdots + s_{j-1}}{v_2} < \dfrac{s_{i+1} + \cdots + s_j}{v_1}$，那么 $k = 0$，与假设 $k > 0$ 矛盾。

（B）如果 $i \geq j$，那么 $k = 1$

反证法，假设 $k > 1$，那么 $t_1 - t_2 = (k-1)\left(\dfrac{1}{v_1} - \dfrac{1}{v_2}\right) + \dfrac{(s_{i+1} + \cdots + s_m) + (s_1 + \cdots + s_j)}{v_1} - \dfrac{(s_i + \cdots + s_m) + (s_1 + \cdots + s_{j-1})}{v_2}$。如果 $\dfrac{(s_{i+1} + \cdots + s_m) + (s_1 + \cdots + s_j)}{v_1} < \dfrac{(s_i + \cdots + s_m) + (s_1 + \cdots + s_{j-1})}{v_2}$，

那么 $t_1 < t_2$。由于 $\frac{1}{v_1} - \frac{1}{v_2} < 0$ 且 $k > 1$，那么 $a^{(t+1)} = b_{j'}$，$j' \neq j$。如果

$$\frac{(s_{i+1} + \cdots + s_m) + (s_1 + \cdots + s_j)}{v_1} > \frac{(s_i + \cdots + s_m) + (s_1 + \cdots + s_{j-1})}{v_2}，\quad 那$$

么 $k = 1$，与假设 $k > 1$ 矛盾。

继续讨论 k、m 和 r 之间的关系，令 $\alpha = \frac{m-1-r}{m(r-1)}$，那么，$\frac{\partial \alpha}{\partial m} =$

$\frac{r+1}{(r-1)m^2}$。由于 $m \geq 3$ 且 $r = v_1/v_2 \geq 1$，因此 $\frac{\partial \alpha}{\partial m} > 0$，$\alpha$ 是 m 的递增函

数。当 $m \gg r$，得到 $\alpha \to \frac{1}{(r-1)}$。当 $r \geq 2$，$\lceil \alpha \rceil = 1$ 且 $k = 0$，1，2。

当 $r < 2$，$\lceil \alpha \rceil = k^* > 1$ 时，这里，$k = 0$，1，$\cdots$，$k^* + 1$。理论上，如

果 $r = 1$，那么 k 为 $+\infty$，也就是说，$a^{(t+1)} \in P$ 不会出现。

4.2.2　生产效率

1）工序可调

如果可以调整工序作业内容分布，使得超越和受阻状态出现在一

个固定工序上，那么可以减少相互干扰，也可以训练工人熟悉这个受

阻或者超越过程，或者在这道工序的前后设置缓冲，或者增加工序的

作业空间，减少干扰和时间浪费。

以下给出超越状态出现在固定工序上的充分条件。分两种情况

讨论：

（1）$r \geq 2$

定理 4-2　对于 2 工人-m 工序的巡回式 Seru 来说，$r \geq 2$，如果工

人 w_2 反复受阻于某一固定工序 s_j，即构建的状态循环为 $<p_j，p_j>$，$j =$

1，2，$\cdots$，m，那么，工人 w_2 在一次状态循环中完成的产品数目

为 $k = 0$。

证明：

在状态 p_j 出现之后，工人 w_1 和 w_2 的作业位置分别为工序 s_j 的后端和前端。

首先，用反证法证明如果 $r \geq 2$，那么 $s_j \geq 1/(r+1)$ 成立。假设 $s_j < \dfrac{1}{r+1} \Rightarrow \dfrac{1-s_j}{v_1} > \dfrac{s_j}{v_2}$，在工人 w_1 完成一件产品并到达工序 s_j 前端之前，工人 w_2 已经离开工序 s_j。由于 $r \geq 2 \Leftrightarrow \dfrac{2}{v_1} \leq \dfrac{1}{v_2}$，在工人 w_2 完成一件产品并到达工序 s_j 之前，b_i 或者 $p_i (j \neq i)$ 会出现，这样，不会构建出状态循环 $< p_j, \ p_j >$，因此 $s_j \geq 1/(r+1)$。

接下来，证明 $k = 0$。由于 $s_j \geq \dfrac{1}{r+1} \Rightarrow \dfrac{1-s_j}{v_1} \leq \dfrac{s_j}{v_2}$，在工人 w_2 完成在工序 s_j 上作业之前，工人 w_1 已经到达工序 s_j 的前端，这样，工人 w_2 将继续在工序 s_j 上作业，因此，工人 w_2 完成产品数目 $k = 0$。

定理4-3　对于2工人-m工序的巡回式Seru来说，$r \geq 2$，给定初始状态 p_j 或 b_j，如果 $s_j \geq 1/(r+1)$，那么可以构建出状态循环 $< p_j, \ p_j >$。当 $s_j = 1/(r+1)$ 时，巡回式Seru可达成最高生产效率 $v_1 + v_2$。

证明：

在状态 p_j 出现后，工人 w_1 和 w_2 的作业位置分别在工序 s_j 的后端和前端。如果 $s_j \geq \dfrac{1}{r+1} \Leftrightarrow \dfrac{1-s_j}{v_1} \leq \dfrac{s_j}{v_2}$，那么意味着当工人 w_1 完成一件产品开始一件新产品并到达工序 s_j 前端时，工人 w_2 仍在工序 s_j 上作业。这样，状态 p_j 再次出现，从而构建出状态循环 $< p_j, \ p_j >$。

由于所构建的状态循环为 $< p_j, \ p_j >$，因此Seru生产效率为 $\dfrac{v_2}{s_j}$，这是因为，Seru一旦运行稳定进入状态循环，工人 w_2 一直保持在工序 s_j 上的作业状态。给定工人 w_2 的作业效率 v_2，生产效率随着 s_j 的增加而减少。由于 $s_j \geq \dfrac{1}{r+1}$，得到 $\dfrac{v_2}{s_j} \leq v_2 \times (r+1) = v_1 + v_2$。

（2）$r < 2$

定理 4-4　对于 2 工人 - m 工序的巡回式 Seru 来说，$2 > r > 1$，如果工人 w_2 反复受阻于某一固定工序 s_j，即构建的状态循环为 $< p_j, p_j >$，$j = 1, 2, \cdots, m$，那么工人 w_2 在一次状态循环中完成的产品数目 k 存在两种情况：

（A）如果 $s_j \geq 1/(r+1)$，那么 $k = 0$；

（B）如果 $s_j < 1/(r+1)$，那么 $1 \leq k \leq k^*$，其中，$k^* = \left\lceil \dfrac{m-1-r}{m(r-1)} \right\rceil$。

证明：

（A）如果 $s_j \geq \dfrac{1}{r+1} \Leftrightarrow \dfrac{s_j}{v_2} \geq \dfrac{1-s_j}{v_1}$，那么意味着当工人 w_1 完成一件产品并到达工序 s_j 的前端，工人 w_2 仍未完成在工序 s_j 上的作业。也就是说，工人 w_2 始终保持在工序 s_j 上作业，工人 w_2 没有完成产品，即 $k = 0$。

（B）反证法。假设 $k < 1 \Rightarrow k = 0$，或者 $k > \left\lceil \dfrac{m-1-r}{m(r-1)} \right\rceil \Rightarrow k \geq \dfrac{m-1-r}{m(r-1)} + 1$。分两种情况讨论：（a）$k = 0$ 和（b）$k \geq \dfrac{m-1-r}{m(r-1)} + 1$。

（a）$k = 0$

如果 $k = 0$，则意味着工人 w_2 始终保持在工序 s_j 上的作业状态，由于 $\dfrac{s_j}{v_2} \geq \dfrac{1-s_j}{v_1} \Rightarrow s_j \geq \dfrac{1}{r+1}$，与 $s_j < \dfrac{1}{r+1}$ 矛盾，因此，$k \geq 1$。

（b）$k \geq \dfrac{m-1-r}{m(r-1)} + 1$

如果 $k \geq \dfrac{m-1-r}{m(r-1)} + 1 \Leftrightarrow \dfrac{k-1+1/m}{v_2} \geq \dfrac{k-1/m}{v_1}$，分两种子情

况讨论：$s_j \geqslant 1/m$ 和 $s_j < 1/m$。

如果 $s_j \geqslant \dfrac{1}{m}$，那么 $\dfrac{k-1+s_j}{v_2} \geqslant \dfrac{k-1+1/m}{v_2} \geqslant \dfrac{k-1/m}{v_1} \geqslant \dfrac{k-s_j}{v_1}$，这意味着在状态循环的前一状态 p_j 出现后，下一状态出现在工人 w_1 完成 k 件产品并到达工序 s_j 的前端。这样，无法构建出状态循环。

假设任意工序 $s_{j'}$，其作业内容比例 $s_{j'} < 1/m$，则 $\sum\limits_{j=1}^{m} s_j < 1$。因此，必然存在一道工序 $s_{j'}(j' \neq j)$，其工序作业内容比例 $s_{j'} \geqslant 1/m$。如果 $s_{j'} \geqslant 1/m$，那么 $\dfrac{k-1+s_{j'}}{v_2} \geqslant \dfrac{k-1+1/m}{v_2} \geqslant \dfrac{k-1/m}{v_1} \geqslant \dfrac{k-s_{j'}}{v_1}$。分以下两种子情况继续讨论：$j' = j+1, \cdots, m$ 和 $j' = 1, \cdots, j-1$。

如果 $j' = j+1, \cdots, m$，工人 w_1 完成 k 件产品并到达工序 $s_{j'}$ 前端需要的时长为 $t_1 = \dfrac{s_{j'+1} + \cdots + s_m + k - 1 + s_1 + \cdots + s_{j'-1}}{v_1} = \dfrac{k + s_{j'+1} + \cdots + s_{j'-1}}{v_1}$。工人 w_2 完成 $k-1$ 件产品并到达工序 $s_{j'}$ 后端需要的时长为 $t_2 = \dfrac{s_j + \cdots + s_m + k - 2 + s_1 + \cdots + s_{j'}}{v_2} = \dfrac{k - 1 + s_j + \cdots + s_{j'}}{v_2}$。由于 $\dfrac{k-1+s_{j'}}{v_2} \geqslant \dfrac{k-s_{j'}}{v_1}$，得出 $t_2 \geqslant \dfrac{k-s_{j'}}{v_1} + \dfrac{s_j + \cdots + s_{j'-1}}{v_2} = t_1 + \dfrac{s_j + \cdots + s_{j'-1}}{v_2} - \dfrac{s_{j+1} + \cdots + s_{j'}}{v_1}$。

如果 $\dfrac{s_j + \cdots + s_{j'-1}}{v_2} < \dfrac{s_{j+1} + \cdots + s_{j'}}{v_1}$，那么工人 w_1 完成在工序 $s_{j'}$ 上的作业内容之前，工人 w_2 到达工序 $s_{j'}$ 的前端，因此，出现下一状态 $b_{j'}$，也就是说，没有形成状态循环 $<p_j, p_j>$。

如果 $\dfrac{s_j + \cdots + s_{j'-1}}{v_2} \geqslant \dfrac{s_{j+1} + \cdots + s_{j'}}{v_1}$，那么 $t_2 \geqslant t_1$，下一状态会发生在工人 w_1 完成 k 件产品并到达工序 $s_{j'}$ 的前端，也就是说，没有形成

状态循环$<p_j,\ p_{j'}>$。

如果 $j'=1,\ \cdots,\ j-1$，那么工人 w_1 完成 $k+1$ 件产品并到达工序 $s_{j'}$ 前端需要的时长为 $t_1=\dfrac{s_{j+1}+\cdots+s_m+k+s_1+\cdots+s_{j'-1}}{v_1}=$

$\dfrac{k+1-(s_{j'}+\cdots+s_j)}{v_1}$。工人 w_2 完成 $k-1$ 件产品并到达工序 $s_{j'}$ 后端需

要的时长为 $t_2=\dfrac{s_j+\cdots+s_m+k-1+s_1+\cdots+s_{j'}}{v_2}=\dfrac{k-(s_{j'+1}+\cdots+s_{j-1})}{v_2}$，

由于 $\dfrac{k-1+s_{j'}}{v_2}\geqslant\dfrac{k-s_{j'}}{v_1}$，得出不等式 $t_2\geqslant\dfrac{k-s_{j'}}{v_1}+\dfrac{1-(s_{j'}+\cdots+s_{j-1})}{v_2}=$

$t_1+\dfrac{\left(s_j+\cdots+s_m\right)+\left(s_1+\cdots+s_{j'-1}\right)}{v_2}-\dfrac{\left(s_{j+1}+\cdots+s_m\right)+\left(s_1+\cdots+s_{j'}\right)}{v_1}$。

如果 $\dfrac{\left(s_j+\cdots+s_m\right)+\left(s_1+\cdots+s_{j'-1}\right)}{v_2}<\dfrac{\left(s_{j+1}+\cdots+s_m\right)+\left(s_1+\cdots+s_{j'}\right)}{v_1}$，

那么意味着在工人 w_1 完成在工序 $s_{j'}$ 作业内容之前，工人 w_2 已经到达工序 $s_{j'}$ 的前端，因此，出现下一状态 $b_{j'}$，也就是说，没有形成状态循环$<p_j,\ p_{j'}>$。

如果 $\dfrac{\left(s_j+\cdots+s_m\right)+\left(s_1+\cdots+s_{j'-1}\right)}{v_2}\geqslant\dfrac{\left(s_{j+1}+\cdots+s_m\right)+\left(s_1+\cdots+s_{j'}\right)}{v_1}$，

那么 $t_2\geqslant t_1$。下一状态会发生在工人 w_1 完成 $k+1$ 件产品并到达工序 $s_{j'}$ 的前端，也就是说，没有形成状态循环$<p_j,\ p_{j'}>$。

综合以上所有情况，在 $k=0$ 和 $k\geqslant\dfrac{m-1-r}{m(r-1)}+1$ 的情况下，都无法形成状态循环$<p_j,\ p_{j'}>$。因此，如果 $s_j<\dfrac{1}{r+1}$，则 $1\leqslant k\leqslant\left\lceil\dfrac{m-1-r}{m(r-1)}\right\rceil$。

例 4-3：给定一个 2 工人-6 工序巡回式 Seru。令 $v_1=2.0$ 和 $v_2=$

1.8，工人作业效率比例为 $r = v_1/v_2 = 1.11$，形成的状态循环为 $< p_1,\ p_1 >$，即超越状态反复出现在工序 s_1 上。

设 $s_1 = 0.5 \geqslant 1/(r+1)$ 和 $s_2 = s_3 = s_4 = s_5 = s_6 = 0.1$。在前一状态 p_1 出现后，工人 w_1 和 w_2 的作业位置分别为工序 s_1 的后端和前端。由于 $s_1 = 0.5 \geqslant \dfrac{1}{r+1} \Leftrightarrow \dfrac{s_1}{v_2} \geqslant \dfrac{1-s_1}{v_1}$，在工人 w_2 完成在工序 s_1 上的作业内容之前，工人 w_1 已经完成一件产品并到达工序 s_1 的前端，也就是说，工人 w_2 一直保持在工序 s_1 上作业，从未完成一件产品，即 $k = 0$。

设 $s_1 = 0.45 < 1/(r+1)$ 和 $s_2 = s_3 = s_4 = s_5 = s_6 = 0.11$。由于 $s_1 = 0.45 \Leftrightarrow \dfrac{2-s_1}{v_1} < \dfrac{1+s_1}{v_2}$，在工人 w_2 完成一件产品并到达工序 s_1 后端之前，工人 w_1 已经完成两件产品并到达工序 s_1 的前端，也就是说，$k = 1$。

根据定理 4-4，在本例中 $m = 6$ 和 $r = 1.11$，工人 w_2 在连续两次状态 p_1 出现的过程中，完成的产品数 $k \leqslant k^* = \left\lceil \dfrac{m-1-r}{m(r-1)} \right\rceil = \lceil 5.89 \rceil = 6$。调整工序作业内容比例为 $s_1 = 0.165$ 和 $s_2 = s_3 = s_4 = s_5 = s_6 = 0.167$，此时 $s_1 = 0.165 \Leftrightarrow \dfrac{7-s_1}{v_1} < \dfrac{6+s_1}{v_2}$，则意味着在工人 w_2 完成 6 件产品并到达工序 s_1 后端之前，工人 w_1 已经完成 7 件产品并到达工序 s_1 的前端，也就是说，$k = 6$。

定理 4-5 对于 2 工人-m 工序的巡回式 Seru 来说，$2 > r > 1$，给定初始状态 p_j 或 b_j，如果 $s_j \geqslant 1/(r+1)$，且满足以下两个条件之一，那么，可以构建出状态循环 $< p_j,\ p_j >$，且在连续两次 p_j 出现过程中，工人 w_2 完成 k 件产品，工人 w_1 完成 $k+1$ 件产品，$k = 0,\ 1,\ 2,\ \cdots,\ k^*$，其中，$k^* = \left\lceil \dfrac{m-1-r}{m(r-1)} \right\rceil$。

（A）如果 $k = 0$，条件是 $s_j \geqslant 1/(r+1)$ （1）

且当$s_j = 1/(r+1)$，可以达成最高生产效率$(r+1) \times v_2 = v_1 + v_2$。

（B）如果$k = 1, 2, \cdots, k^*$，条件是

$$\begin{cases} k + r - kr - rs_{j'} > rs_{j'} + (r-1)\sum\limits_{o=j+1}^{j'-1} s_o \geqslant s_j, & j' = j+1, \cdots, m \\ k + r - kr - rs_{j'} > rs_{j'} + (r-1)\sum\limits_{o=j+1}^{m} s_o + (r-1)\sum\limits_{o=1}^{j'-1} s_o \geqslant s_j, & j' = 1, \cdots, j-1 \end{cases}$$

（2）

$$\begin{cases} k + 1 - kr \leqslant (r+1)s_j < k + r - kr, \\ (r+1)s_{j'} < k + r - kr, & j' = 1, \cdots, m, \ j' \neq j \end{cases}$$

（3）

且当$s_j = \dfrac{k+1-kr}{r+1}$，可以达成最高生产效率$(r+1)v_2 = v_1 + v_2$。

证明：略。

例4-4：给定一个2工人-6工序巡回式Seru。令$v_1 = 2.5$和$v_2 = 2.0$，工人作业效率比例为$r = v_1/v_2 = 1.25$。设$s_1 = 0.5$和$s_2 = s_3 = s_4 = s_5 = 0.125$。假设从状态$p_1$或$b_1$开始，工人$w_1$和$w_2$恢复作业时的位置分别为工序$s_1$的后端和前端，由于$s_1 = 0.5 \geqslant \dfrac{1}{r+1} \Leftrightarrow \dfrac{s_1}{v_2} \geqslant \dfrac{1-s_1}{v_1}$，下一状态是$p_1$，即形成状态循环$< p_1, p_1 >$，且$k = 0$。进一步分析，调整工序作业内容比例$s_1 = \dfrac{1}{r+1} = 0.44 \Leftrightarrow \dfrac{s_1}{v_2} = \dfrac{1-s_1}{v_1}$，在超越状态过程中，不存在非作业等待时间，工人$w_2$始终保持在工序$s_1$上作业，此时，可得到最高生产效率，即$v_1 + v_2 = 4.5$。

继续调整工序作业内容比例$s_3 = 0.3$和$s_1 = s_2 = s_4 = s_5 = 0.175$。假设从状态$p_3$或$b_3$开始，工人$w_1$和$w_2$恢复作业时的位置分别为工序$s_3$的后端和前端，由于$s_3 = 0.3 < \dfrac{1}{r+1} \Leftrightarrow \dfrac{s_3}{v_2} < \dfrac{1-s_3}{v_1}$，在工人$w_1$完成一件产品并到达工序$s_3$前端之前，工人$w_2$已经完成在工序$s_3$上的作业内容。因为$\dfrac{s_3}{v_2} \geqslant \dfrac{s_4}{v_1}$，$\dfrac{s_3+s_4}{v_2} \geqslant \dfrac{s_4+s_5}{v_1}$，$\dfrac{s_3+s_4+s_5}{v_2} \geqslant \dfrac{s_4+s_5+s_1}{v_1}$和

$\dfrac{s_3 + s_4 + s_5 + s_1}{v_2} \geqslant \dfrac{s_4 + s_5 + s_1 + s_2}{v_1}$，满足定理4-5条件（B），在工人 w_2 到达工序 s_4、s_5、s_1 和 s_2 前端的时候，工人 w_1 已经完成在工序 s_4、s_5、s_1 和 s_2 上的作业，也就是说，状态 b_4、b_5、b_1 和 b_2 不会出现。

继续追溯2名工人的状态，因为 $\dfrac{1}{v_1} > \dfrac{s_3 + s_4}{v_2}$，$\dfrac{1 + s_4}{v_1} > \dfrac{s_3 + s_4 + s_5}{v_2}$，$\dfrac{1 + s_4 + s_5}{v_1} > \dfrac{s_3 + s_4 + s_5 + s_1}{v_2}$，$\dfrac{1 + s_4 + s_5 + s_1}{v_1} > \dfrac{1}{v_2}$ 和 $\dfrac{2 - s_3}{v_1} > \dfrac{1 + s_3}{v_2}$，满足定理4-5条件（3），在工人 w_1 完成两件产品并到达工序 s_3 的前端时，超越状态不会出现。又因为 $\dfrac{2}{v_1} > \dfrac{1 + s_3 + s_4}{v_2}$ 和 $\dfrac{2 + s_4}{v_1} > \dfrac{1 + s_3 + s_4 + s_5}{v_2}$，满足定理4-5条件（B），当工人 w_1 完成3件产品并到达工序 s_1 和 s_2 前端时，工人 w_2 已经完成了在工序 s_1 和 s_2 上的作业，也就是说，状态 p_4、p_5、p_1 和 p_2 不会出现。

因为 $\dfrac{3 - s_3}{v_1} \leqslant \dfrac{2 + s_3}{v_2}$，满足定理4-5条件（3），在工人 w_2 完成两件产品并离开工序 s_3 后端之前，工人 w_1 已经完成3件产品并到达工序 s_3 的前端，这样，状态 p_3 出现，形成状态循环 $< p_3, p_3 >$，此时，$k = 2$。进一步调整工序作业内容比例为 $s_3 = \dfrac{3 - 2r}{r + 1} = 0.22 \Leftrightarrow \dfrac{3 - s_3}{v_1} = \dfrac{2 + s_3}{v_2}$，工人 w_1 超越工人 w_2 恰好不存在非作业等待时间，可得到最高生产效率，即 $v_1 + v_2 = 4.5$。

2）工序均分

与工序可调的情况类似，通常地，将发生超越的状态固定在某特定的工序上，也就是说，如果工人 w_1 追赶上工人 w_2，与工人 w_2 保持同样的作业速度，直到2名工人到达允许超越工序的前端。

定理 4-6　设 m 道工序作业内容比例均分，即 $s_j = 1/m$，$j =$ 1，2，$\cdots$，m，设工序 s_{j^*} 为固定的允许超越工序，令参数 $\varphi = \dfrac{m-2}{m(r-1)} + \dfrac{j^*-1}{m}$ 和 $j^c = \lceil m(\varphi mod 1)\rceil$，那么，2 工人–$m$ 工序的巡回式 Seru 平均生产效率 $\overline{\tau_R}$ 为：

如果 $j^c \leqslant j^*$，那么 $\overline{\tau_R} = \dfrac{\left(2\times\lfloor\varphi\rfloor+1\right)\times v_2}{\lfloor\varphi\rfloor+1/m}$；如果 $j^c > j^*$，那么 $\overline{\tau_R} = \dfrac{\left(2\times\lfloor\varphi\rfloor+3\right)\times v_2}{\lfloor\varphi\rfloor+1+1/m}$。

证明：

既然超越状态仅允许出现在工序 s_{j^*}，那么，两次连续超越状态构成一个状态循环 $< p_{j^*}$，$p_{j^*} >$。在连续两次超越状态 p_{j^*} 出现过程中，2 名工人存在以下三种状态：

首先，在状态 p_{j^*} 发生后，工人 w_1 和 w_2 的作业位置分别为工序 s_{j^*} 的后端和前端。

设工人 w_1 追赶上工人 w_2 时，工人 w_2 正在工序 s_{j^c} 上作业。设 N_1 和 N_2 为工人 w_1 和 w_2 完成的产品数目。

为计算出工序索引 j^c 的值，考虑这样一个状态，工人 w_2 正在工序 s_{j^c} 上作业，但 2 名工人之间的距离为 $1/m$。

此时，工人 w_1 完成的作业内容比工人 w_2 完成作业内容多了 $1 - 2/m$。令 L_2 表示工人 w_2 完成的作业内容，那么

$$L_2 = \left(\frac{1}{r-1}\right)\times\left(1-\frac{2}{m}\right) = \frac{m-2}{m(r-1)}$$

令 x_2 表示工人 w_2 的位置，那么

$$x_2 = \left(L_2 - \left(1-\frac{j^*-1}{m}\right)\right)mod 1 = \left(L_2 + \frac{j^*-1}{m}\right)mod 1 = \left(\frac{m-2}{m(r-1)}+\frac{j^*-1}{m}\right)mod 1 = \varphi mod 1$$

$$N_2 = L_2 - \left(1 - \frac{j^* - 1}{m}\right) - x_2 + 1 = L_2 + \frac{j^* - 1}{m} - x_2 = \left\lfloor \frac{m-2}{m(r-1)} + \frac{j^* - 1}{m} \right\rfloor = \lfloor \varphi \rfloor$$

由此，可以计算出 j^c 的值，即

$$j^c = \left\lceil \frac{x_2}{1/m} \right\rceil = \lceil m(\varphi \bmod 1) \rceil$$

接下来，从工人 w_1 受阻于工序 s_{j^*} 前端开始，到 2 名工人交换工件，完成超越，完成一个状态循环。令 t 为一个状态循环需要的时长，生产效率分以下两种情况计算：

（A）$j^c \leqslant j^*$

这一状态循环中，工人 w_1 和工人 w_2 完成的产品数分别为 $N_1 = N_2 + 1$ 和 N_2，那么

$$t = \frac{N_2 + 1/m}{v_2}$$

$$\overline{\tau_R} = \frac{2 \times N_2 + 1}{t} = \frac{(2 \times N_2 + 1) \times v_2}{N_2 + 1/m} = \frac{(2 \times \lfloor \varphi \rfloor + 1) \times v_2}{\lfloor \varphi \rfloor + 1/m} = 2 \times v_2 + \frac{1 - 2/m}{\lfloor \varphi \rfloor + 1/m} \times v_2$$

（B）$j^c > j^*$

这一状态循环中，工人 w_1 和工人 w_2 完成的产品数分别为 $N_1 = N_2 + 2$ 和 $N_2 + 1$，那么

$$t = \frac{N_2 + 1 + 1/m}{v_2}$$

$$\overline{\tau_R} = \frac{(2 \times N_2 + 3) \times v_2}{N_2 + 1 + 1/m} = \frac{(2 \times \lfloor \varphi \rfloor + 3) \times v_2}{\lfloor \varphi \rfloor + 1 + 1/m}$$

例 4-5：令 2 名工人的平均作业效率为 $v_a = (v_1 + v_2)/2$，这样，得到 $v_1 = 2v_a r/(r+1)$ 和 $v_2 = 2v_a/(r+1)$。设允许超越工序是 s_3，即 $j^*=3$。

首先，通过例 4-5，讨论参数 φ 对生产效率的影响。图 4-13 显示了巡回式 Seru 生产效率随参数的增长分段提升。例如，当 $m = 5$ 和 $\varphi \in [1.1，1.5]$ 时，随着 φ 的取值从 1.1 增加至 1.5，巡回式 Seru 平均生产效率从 1.750 提升至 1.964；当 $m = 5$ 和 $\varphi \in [1.6，2.5]$ 时，随着 φ 的

取值从 1.6 增加至 2.5，巡回式 Seru 平均生产效率从 1.818 提升至 1.989。这是因为，作业效率比例 r 随着参数 φ 的增加而减少，工人 w_1 受阻的可能性更小。例如，如果 $\varphi = 1.2$，那么 $r = 1.75$ 和 $j^c = 1$，工人 w_1 在固定工序 s_3 超越工人 w_2 之前，在工序 s_1、s_2 和 s_3 上都会受阻；如果 $\varphi = 1.4$，那么 $r = 1.60$ 和 $j^c = 2$，工人 w_1 在固定工序 s_3 超越工人 w_2 之前，仅在工序 s_2 和 s_3 上受阻。因此，在某个 φ 取值的范围内，较小的工人作业效率差异有利于提升 Seru 生产效率。

然而，在不同的 φ 取值范围内，并不能确保较小的工人作业效率差异有利于提升 Seru 生产效率。例如，当 $\varphi \in [1.1, 1.5]$ 时，如果 $\varphi = 1.5$，那么 $r = 1.5$ 和 $j^c = 3$，工人 w_1 在固定工序 s_3 超越工人 w_2 之前，在工序 s_3 上受阻。当 $\varphi \in [1.6, 2.5]$ 时，如果 $\varphi = 1.7$，那么 $r = 1.46$ 和 $j^c = 4$，工人 w_1 在固定工序 s_3 超越工人 w_2 之前，会依次在工序 s_4、s_5、s_1、s_3 和 s_3 上受阻。也就是说，尽管工人作业效率比例变小，但是受阻持续时间更长。

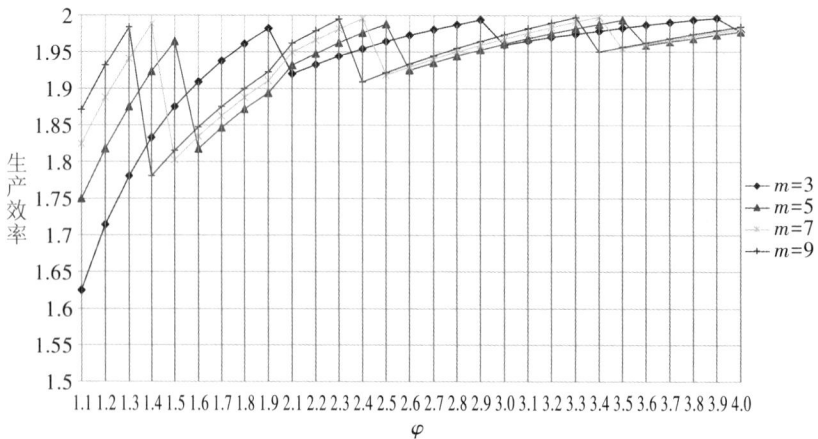

图 4-13　巡回式 Seru 生产效率随参数 φ 增长的变化情况

给定工序数目 m 的取值，讨论在 φ 某一间隔取值范围内，巡回式

Seru生产效率最大值和最小值的差距。如果φ的取值较大，生产效率最大值和最小值的差距也较大。例如，当$\varphi \in [1.1，1.5]$时，生产效率差距为0.982-0.875=0.107；当$\varphi \in [1.6，2.5]$时，生产效率差距为0.994-0.909=0.085；当$\varphi \in [2.6，3.5]$时，生产效率差距为0.997-0.963=0.034。因此，当管理者不希望生产效率波动较大的时候，应安排工人作业效率差异较小的工人到同一巡回式Seru中作业。

接下来，讨论工序数目m的影响。当φ取值相对较小时，工序数目m对巡回式Seru生产效率的影响较大。例如，当$\varphi = 1.2$时，如果$m = 3，5，7，9$，巡回式Seru生产效率为0.857、0.909、0.944、0.966。这说明，如果φ取值相对较小，工序数目m对生产效率的影响较大，工序数目m越大，生产效率越高。但是，也有随工序数目m增大，生产效率下降的情况，比如，当$\varphi = 1.4$时，m取值为7和9时，生产效率分别为1.988和1.780。因此，在某些情况下，划分出更多的工序数目m，对提升生产效率并不一定有帮助。

4.3 n工人-m工序

由n名工人和m道工序构成巡回式Seru的生产效率。令v_i（$i = 1，2，\cdots，n$）表示n名工人的作业效率，其中，$v_1 > v_2 > \cdots > v_n$；令$\delta = v_1/v_n$表示工人作业效率的差异。假设作业效率是等差数列，即

$$v_i = \left(1 - \frac{\delta - 1}{\delta(n - 1)}(j = i - 1)\right)v_1，\quad i = 1，2，\cdots，n。$$假设作业效率高的工人有优先超越权，也就是说，当多名工人受阻于某一工序的前端，作业效率越高，越率先超越其他工人。本节通过数值实验讨论工人作业效率比例、工人数目、工序数目、作业效率变化率等因素对

Seru平均作业效率的影响。

4.3.1 工人数目和作业效率比例对生产效率的影响

图4-14显示了工人作业效率比例δ和工人数目n产生的影响。令n名工人平均作业效率为$\bar{v} = 0.5$，调整作业效率比例δ的取值范围，$\delta \in [1.2，1.8]$，图4-14的每条曲线对应一种δ的取值，工人数目n的取值范围为n=2，3，4，5，6，7，8，9。图4-14的横轴显示工人数目n的变化，纵轴表示巡回式Seru平均生产效率。令m为划分工序数目，工序作业内容比例均分，即$s_j = 1/m$（$j = 1$，2，$\cdots$，m），m取值范围为$m = 10$，11，$\cdots$，20。根据每种n和δ的取值，对11种m取值进行计算，$m = 10$，11，$\cdots$，20，取Seru平均生产效率。例如，图4-14中最右上角的点表示$n = 9$和$\delta = 1.2$这种参数情况的组合。

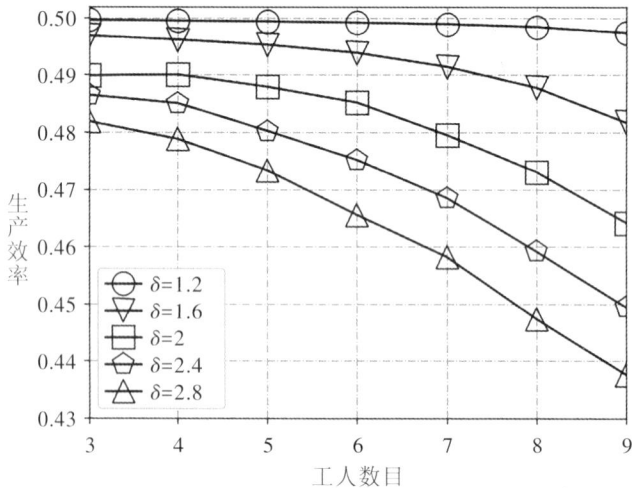

图4-14 工人数目和作业效率比例对生产效率的影响

图4-14显示了巡回式Seru生产效率随着工人数目的增加而逐步减少。例如，当$\delta = 1.6$和$n = 4$时，平均生产效率减少至0.496，原因在于，随着工人数目的增加，工人之间发生受阻和超越的可能性就越

大。类似地，当 $n = 5$ 和 $\delta = 1.2$ 时，平均生产效率为0.499，然而，当 $n = 5$ 和 $\delta = 2.0$ 时，尽管工人数目不变，但平均生产效率减少为 0.488，这是因为巡回式Seru生产效率随 δ 的增加而逐步减少，作业效率高的工人超越作业效率低的工人的概率更高。

4.3.2 工序数目对生产效率的影响

图4-15显示了工序数目 m 产生的影响。与实验1相比，参数工序数目 m、工人平均作业效率、工人数目 n 和工序作业内容比例 s_j 的设置保持不变，调整作业效率比例 δ 的取值范围，$\delta \in [1.1，2.9]$。图4-15的横轴表示工序数目 m，纵轴表示平均生产效率。例如，图4-15中最右上角的点表示 $n = 20$ 和 $m = 20$ 这种参数情况的组合。

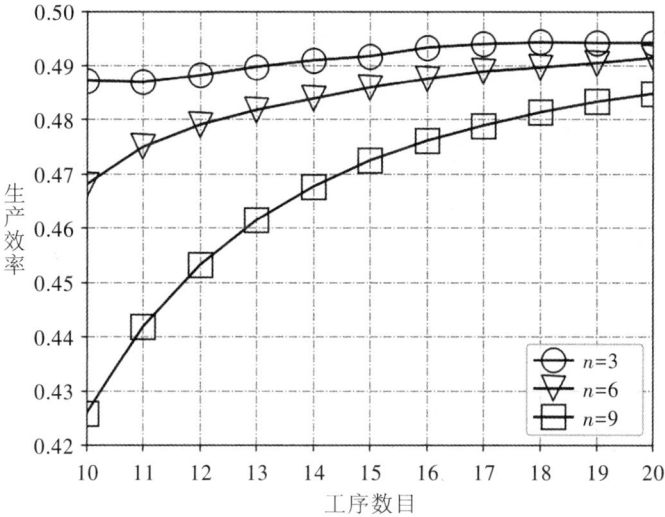

图4-15 工序数目对生产效率的影响

图4-15的每条曲线对应一种 n 的取值，巡回式Seru平均生产效率随工序数目 m 的增加而提高。例如，当 $n = 6$ 和 $m = 13$ 时，Seru的平均生产效率为0.490，这是因为，随着工序数目 m 的提升，工人有

更多的可能性在不同的工序上作业，出现受阻或超越的可能性越低。

4.3.3 工人作业效率的波动对生产效率的影响

图 4-16 显示了作业效率变动性对生产效率产生的影响。令工人 w_i 在生产第 t 件产品时的作业效率为 $\tilde{v}_i^t = v_i/(1 + \varepsilon_i^t)$，其中，$v_i$ 表示工人 w_i 稳定的作业效率，ε_i^t 表示关于作业效率的随机变量，正态分布 $\mathcal{N}(0, \sigma^2)$，σ 为标准差。

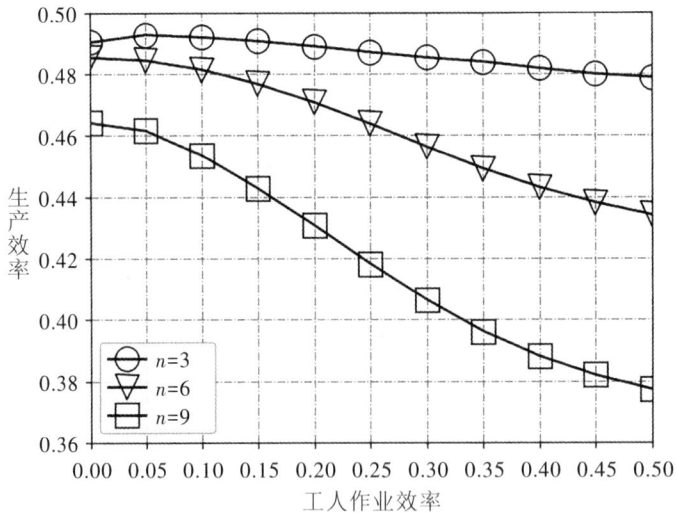

图 4-16　工人作业效率对生产效率的影响

图 4-16 的横轴表示 σ，取值范围 $\sigma \in [0.0, 0.5]$，纵轴表示平均生产效率。设工人作业效率比例为 $\delta = 2$，工序数目 m、平均作业效率 $\bar{v}$、工人数目 n 和作业内容比例 s_j 的计算方法与实验 1 相同。图 4-16 的每条曲线对应一种 n 的取值，巡回式 Seru 平均生产效率随工人作业效率变动性 σ 的增加而降低。例如，当 $\sigma = 0.15$ 和 $\sigma = 0.40$ 时，如果 $n = 3$，平均生产效率分别为 0.491 和 0.482，降低了 1.8%。类似地，当 $\sigma = 0.15$ 和 $\sigma = 0.40$，如果 $n = 9$，平均生产效率分别为 0.443 和

0.388，降低了12.4%。工人数目越少，巡回式Seru应对变动性的能力越强，这是因为，随着工人数目的减少，工人之间出现受阻或超越的可能性越低。

4.4 本章小结

本章研究了巡回式Seru的多技能工状态规律及生产效率。基于给出的多技能工作业规则，分析2工人-3工序巡回式Seru的多技能工状态转换条件和转换关系，并进一步探讨多技能工状态规律和Seru生产效率。对于2工人-m工序的巡回式Seru，给出达成Seru最高生产效率的充分条件。通过数值实验，仿真分析在工人数目、工序数目和作业效率波动性影响下的Seru生产效率，为巡回式Seru生产组织与管理提供参考建议。

5

单人式Seru柔性建模与效率分析

相较于分割式Seru和巡回式Seru，在单人式Seru内，由1名全技能工完成所有的作业内容，不存在多技能工间的相互干扰与协作，因此，本章探讨多个单人式Seru之间的并行化生产问题，研究作业任务分配对多个单人式Seru构成的SERU系统生产效率的影响。首先，基于对问题的分析和假设，建立了一个max-min整数模型；其次，开发精确算法进行问题求解，并分析算法的复杂度；最后，通过实验研究工人作业效率、工人数目、批次大小、作业效率波动等柔性要素对系统生产效率的影响。

5.1 问题描述与模型建立

5.1.1 问题描述

对于单人式Seru来说，n名工人意味着可以构建n个单人式Seru，由于在单人式Seru内部不存在相互协作行为，因此，工人的作业效率即为其所在Seru的生产效率。

令 $W = \{w_1, w_2, \cdots, w_n\}$ 表示 n 名工人集合，其中，$w_i(i = 1, 2, \cdots, m)$表示第i名工人。

令 $V = \{v_1, v_2, \cdots, v_n\}$ 表示 n 名工人的作业效率集合，其中，$v_i(i = 1, 2, \cdots, m)$表示工人w_i的作业效率。

例如，由2名工人w_1和w_2构成的单人式Seru，生产一件产品的时长分别为$1/v_1$和$1/v_2$，如图5-1所示，一个矩形框代表一件产品，其中的j_1和j_2代表工人w_1和w_2生产的产品索引，矩形框的左边界和右边界表示加工产品的起始和结束时间。

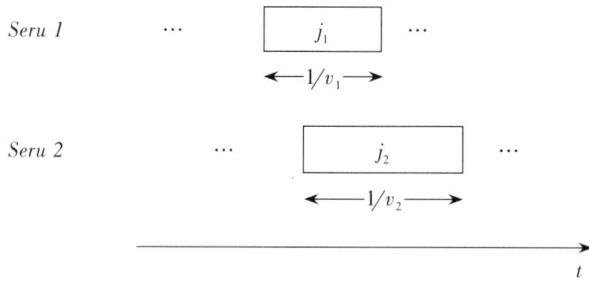

图5-1 工人/单人式 Seru 加工一件产品的完成时间

给定批次大小 b，$x_i(i \in \{1, 2, \cdots, n\})$ 表示分配给工人 w_i 的产品数量，即 $b = \sum_{i=1}^{n} x_i$，这一批次的完工时间可以表示为：

$$MS(x_i) = max\left\{\frac{x_1}{v_1}, \frac{x_2}{v_2}, \cdots, \frac{x_n}{v_n}\right\} \qquad (5-1)$$

这样，n 个单人式 SERU 系统生产效率为单位时间完成产品数量，即 $1/MS(x_i)$。

5.1.2 数学模型

假设工人作业效率是固定的，那么，$MS(x_i)$ 取决于 $x_i(i \in \{1, 2, \cdots, n\})$。这里，建立了一个 min-max 整数优化模型，得到加工时间的最小值：

$$\min \max_{\forall i} \left\{\frac{x_i}{v_i}\right\} \qquad (5-2)$$

决策变量：

$$b = \sum_{i=1}^{n} x_i, \quad (i = 1, \cdots, n) \qquad (5-3)$$

5.1.3 关键参数

为了获得最优分配解，进一步减少解空间，下面讨论两个参数。

1）k_0

不失一般性，令 $v_1 > v_2 > \cdots > v_n$，任意两个 Seru 的生产效率比例为 $r_j^i = v_i/v_j$，$i, j \in \{1, 2, \cdots, n\}$。如果 $i < j$，那么 $v_i > v_j$，有 $r_n^1 > r_n^2 > \cdots > r_n^n$ 且 $r_n^n = 1$。

假设所有工人不间断地作业，一件产品由 1 名工人完成，那么，当作业效率最低的工人 w_n 完成 k 件产品时，工人 $w_i (i \in \{1, 2, \cdots, n - 1\})$ 最多可完成 $\lfloor k \times r_n^i \rfloor$ 件产品，定义关键参数 k_0（如图 5-2 所示）。

$$k_0 = \left\lfloor \frac{b}{r_n^1 + r_n^2 + \cdots + r_n^n} \right\rfloor$$

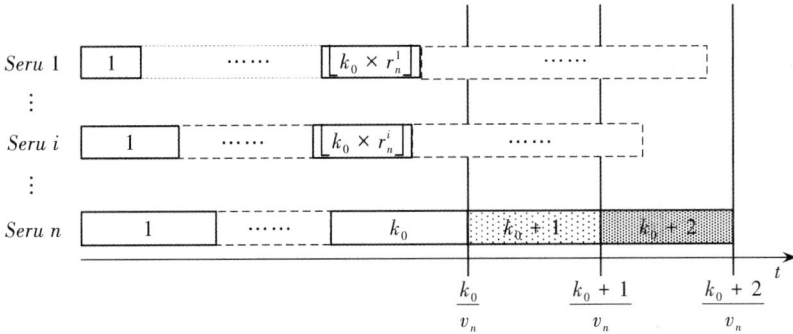

图 5-2　参数 k_0 示意图

引理 5-1　给定批次大小 b 和一个单人式 SERU 系统中的 n 名工人的作业效率，要获得最优的分配解，得到最短的完成时间，分配给最低作业效率工人的产品数目为 $x_n = k_0$ 或者 $x_n = k_0 + 1$。

证明：反证法。假设 $x_n \neq k_0$ 且 $x_n \neq k_0 + 1$。分两种情况讨论：

（1）$x_n < k_0$

当工人 w_n 完成 k_0 件产品，工人 w_i 最多完成 $\lfloor k_0 \times r_n^i \rfloor$ 件产品，那么，这个由 n 名工人构成的单人式 SERU 系统完成的产品总数目为

$$\sum_{i=1}^{n} \lfloor k_0 \times r_n^i \rfloor \leqslant \sum_{i=1}^{n} (k_0 \times r_n^i) = \left\lfloor \frac{b}{r_n^1 + r_n^2 + \cdots + r_n^n} \right\rfloor \times \left(\sum_{i=1}^{n} r_n^i \right) \leqslant \left(\frac{b}{r_n^1 + r_n^2 + \cdots + r_n^n} \right) \times$$

$\left(\sum_{i=1}^{n} r_n^i\right) = b$，也就是说，当工人 w_n 完成 k_0 件产品的时候，这个 n 工人单人式 SERU 系统完成产品总数目不大于 b。情况 1：当完成产品总数目等于 b，如果分配给工人 w_n 产品数目 k_0，分配给工人 $w_i(i \in \{1, 2, \cdots, n-1\})$ 产品数目 $\lfloor k_0 \times r_n^i \rfloor$，那么，可以完成该批次 b 件产品的作业任务；情况 2：当完成产品数目小于 b，如果采用与情况 1 相同的分配策略，则无法完成该批次 b 件产品的作业任务。由 $x_n < k_0 \Rightarrow x_n \leqslant k_0 - 1$，至少需要把 1 件产品分配给除工人 w_n 外的其他工人 $w_i(i \in \{1, 2, \cdots, n-1\})$，这样，工人 w_i 完成 $\lfloor k_0 \times r_n^i \rfloor + 1$ 件产品的时间为 $\dfrac{\lfloor k_0 \times r_n^i \rfloor + 1}{v_i} > \dfrac{(k_0 \times r_n^i - 1) + 1}{v_i} = \dfrac{k_0}{v_n}$。显然，当 $x_n < k_0$ 时，无法实现整体完成时间最短、生产效率最高。

（2）$x_n > k_0 + 1$

类似地，当工人 w_n 完成 $k_0 + 1$ 件产品，工人 w_i 最多完成 $\lfloor (k_0 + 1) \times r_n^i \rfloor$ 件产品，那么，这个 n 工人构成的单人式 SERU 系统完成产品总数目为 $\sum_{i=1}^{n} \lfloor (k_0 + 1) \times r_n^i \rfloor > \sum_{i=1}^{n} \left((k_0 + 1) \times r_n^i - 1\right) = k_0 \times \left(\sum_{i=1}^{n} r_n^i\right) + \left(\sum_{i=1}^{n} r_n^i\right) - n > \left(\dfrac{b}{r_n^1 + r_n^2 + \cdots + r_n^n} - 1\right) \times \left(\sum_{i=1}^{n} r_n^i\right) + \left(\sum_{i=1}^{n} r_n^i\right) - n = b - n$。

由 $\sum_{i=1}^{n} \lfloor (k_0 + 1) \times r_n^i \rfloor > b - n \Rightarrow \sum_{i=1}^{n} \lfloor (k_0 + 1) \times r_n^i \rfloor \geqslant b - (n-1)$，当工人 w_n 完成 $k_0 + 1$ 件产品时，这个 n 工人单人式 SERU 系统完成产品总数目大于 $b - (n-1)$。如果分配给工人 w_n 产品数目 $k_0 + 1$，分配给工人 $w_i(i \in \{1, 2, \cdots, n-1\})$ 产品数目 $\lfloor (k_0 + 1) \times r_n^i \rfloor + 1$，那么，可以完成该批次 b 件产品的作业任务。在这种分配方式下，工人 w_n 的完成时间是 $(k_0 + 1)/v_n$，其他工人 $w_i(i \in \{1, 2, \cdots, n-1\})$ 的完成时

间是 $\dfrac{\lfloor (k_0+1) \times r_n^i \rfloor + 1}{v_i} \leqslant \dfrac{k_0 \times r_n^i + r_n^i + 1}{v_i} = \dfrac{k_0}{v_n} + \dfrac{1}{v_n} + \dfrac{1}{v_i} < \dfrac{k_0+2}{v_n}$。也就是说，至少存在一个产品分配方式，可以实现整体完成时间小于 $(k_0+2)/v_n$。

综合（1）和（2），实现整体完成时间最短、生产效率最高，分配给工人 w_n 的产品数目仅有两种情况：$x_n = k_0$ 或者 $x_n = k_0 + 1$。

2）b_0

为了进一步确定分配给工人 w_n 的产品数目 x_n 的大小，即 $x_n = k_0$ 或者 $x_n = k_0 + 1$，进一步定义参数 b_0（如图 5-3 所示）。

$$b_0 = \sum_{i=1}^{n-1} \lfloor (k_0+1) \times r_n^i \rfloor$$

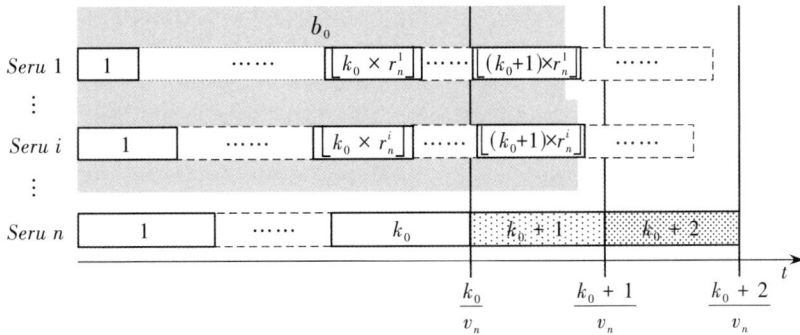

图 5-3　参数 b_0 示意图

引理 5-2　给定批次大小 b 和一个单人式 SERU 系统中的 n 名工人的作业效率，要获得最优的分配解，得到最短的完成时间，分配给最低作业效率工人的产品数目分为以下两种情况：（1）当 $b > b_0 + k_0$ 时，$x_n = k_0 + 1$；（2）当 $b \leqslant b_0 + k_0$ 时，$x_n = k_0$。

证明：分两种情况：

（1）当 $b > b_0 + k_0$ 时，如果分配给工人 w_n 产品数目 k_0，分配给工人 $w_i (i \in \{1, 2, \cdots, n-1\})$ 产品数目 $\lfloor (k_0+1) \times r_n^i \rfloor$，那么，还无法

完成批次 b 的作业任务，至少还需要将一件产品分配给某名工人。如果将这件产品分配给工人 $w_i(i \in \{1, 2, \cdots, n-1\})$，工人 w_i 的完成时间为 $\dfrac{\lfloor(k_0+1) \times r_n^i\rfloor + 1}{v_i} > \dfrac{(k_0+1) \times r_n^i}{v_i} = \dfrac{k_0+1}{v_n}$。如果将这件产品分配给工人 w_n，工人 w_n 的完工时间为 $(k_0+1)/v_n$，可以得到更短的整体完工时间。所以，当 $b > b_0 + k_0$ 时，$x_n = k_0 + 1$。

（2）当 $b \leqslant b_0 + k_0$ 时，如果分配给工人 w_n 产品数目 k_0，分配给工人 $w_i(i \in \{1, 2, \cdots, n-1\})$ 产品数目 $\lfloor(k_0+1) \times r_n^i\rfloor$，那么，可以完成批次 b 的作业任务。

设最后一件产品由工人 $w_j(j \in \{1, 2, \cdots, n\})$ 完成，完成时间为 $t = \dfrac{\lfloor(k_0+1) \times r_n^j\rfloor}{v_j}$。如果把最后这件产品分配给工人 w_n，那么 $x_n = k_0 + 1$，工人 w_n 的完成时间增加到 $(k_0+1)/v_n > t$。所以，当 $b \leqslant b_0 + k_0$ 时，$x_n = k_0$。

5.2 精确算法及算法复杂度

5.2.1 算法求解

基于参数 k_0 和 b_0，我们开发的精确算法如下。算法的关键在于，可以通过参数 k_0 和 b_0，直接计算出分配给最低效率工人的产品数目，然后，将该工人从待分配列表中移除，由此，逐步减少待分配工人数目，直到仅剩下 1 名工人，分配结束，具体算法流程如下。

算法 5-1   **精确算法**

输入：Let $\boldsymbol{V} = \{v_1, v_2, \cdots, v_n\}$ be the efficiency set of $\boldsymbol{nserus}$; let $\boldsymbol{b}$ be the size of batch.

输出：Let $X = \{x_1, x_2, \cdots, x_n\}$ be the set of the number of items allocated to each

seru; Let MS be the makespan of the batch through the *seru* system with n *serus*.

（1）Sort *serus* in descending order based on their efficiencies so that a permutation V is

obtained, that is $v_1 > \cdots > v_n$.

（2）Initially for each $i \in \{1, 2, \cdots, n\}$, $x_i \leftarrow 0$.

（3）Call the function $Makespan(n, b)$ to calculate $X = \{x_1, x_2, \cdots, x_n\}$,

$Makespan(n, b)$.

（4）$MS \leftarrow Max\{x_i/v_i\}$.

（5）Output X and MS.

Function $Makespan(n, b)$ of step（3）

（3-1）If n = 1 then

$x_1 \leftarrow b$

（3-2）Else

Initially let $R = \{r_n^1, r_n^2, \cdots, r_n^n\}$ be the set of efficiency ratios.

Calculate the set of efficiency ratios, for each $i \in \{1, 2, \cdots, n\}$,

$r_n^i \leftarrow v_i/v_n$.

Determine the two critical parameters k_0 and b_0,

$$k_0 \leftarrow \left\lfloor b/(r_n^1 + r_n^2 + \cdots + r_n^n) \right\rfloor \text{ and } b_0 \leftarrow \sum_{i=1}^{n-1} \left\lfloor (k_0 + 1) \times r_n^i \right\rfloor.$$

（3-2-1）If $b_0 + k_0 \geqslant b$ then

$x_n \leftarrow k_0$

Recursively invoke $Makespan(n - 1, b - k_0)$

（3-2-2）Else

$x_n \leftarrow k_0 + 1$

Recursively invoke $Makespan(n - 1, b - k_0 - 1)$

End if

End if

定理 5-1　令 $V = \{v_1, \cdots, v_n\}$ 表示 n 工人的作业效率集合，$X = \{x_1, \cdots, x_n\}$ 表示分配给 n 工人产品数目集合，设最后完成任务的工人为 w_{i^*}，那么，$X = \{x_1, \cdots, x_n\}$ 是最优分配方案的充分必要条件是 $(x_i + 1)/v_i \geq x_{i^*}/v_{i^*}$。

证明：

首先，证明如果 $X = \{x_1, \cdots, x_n\}$ 是最优分配解，那么 $(x_i + 1)/v_i \geq x_{i^*}/v_{i^*}$ 成立。反证法，假设 $(x_i + 1)/v_i < x_{i^*}/v_{i^*}$，意味着如果改变分配方案，分配给工人 w_{i^*} 的产品数目减少为 $x_{i^*} - 1$，分配给工人 w_i 的产品数目增加为 $x_i + 1$，可以达到一个更小的完工时间，因此，假设不成立。

其次，证明如果 $(x_i + 1)/v_i \geq x_{i^*}/v_{i^*}$，那么 $X = \{x_1, \cdots, x_n\}$ 是最优分配解。反证法，假设 $X = \{x_1, \cdots, x_n\}$ 不是最优解。设 $X' = \{x_1', \cdots, x_n'\}$ 是最优解，由于工人 w_{i^*} 完工时间最长，那么 $x_{i^*}' < x_{i^*}$，必然存在工人 $w_i(i \neq i^*)$，使得 $x_i' > x_i$ 且 $x_i'/v_i < x_{i^*}/v_{i^*}$ 成立。因为 $x_i' > x_i \Rightarrow x_i' \geq x_i + 1$ 且 $x_i'/v_i < x_{i^*}/v_{i^*}$，所以 $(x_i + 1)/v_i < x_{i^*}/v_{i^*}$ 成立，与 $(x_i + 1)/v_i \geq x_{i^*}/v_{i^*}$ 矛盾。

定理 5-2　算法可以得到最优解。

证明：递归法。

当 $n = 1$ 时，把 b 件产品分配给工人 w_1 即可。

当工人数目为 $n - 1$ 时，算法可以获得最优解。设工人 $w_{i^*}(i^* \in \{1, 2, \cdots, n - 1\})$ 最后完成作业任务，那么，对于工人 $w_i(i \in \{1, 2, \cdots, n - 1\})$ 来说，$(x_i + 1)/v_i \geq x_{i^*}/v_{i^*} \geq x_i/v_i$ 成立。

当工人数目为 n 时，分以下两种情况：$x_n/v_n \leq x_{i^*}/v_{i^*}$ 和 $x_n/v_n > x_{i^*}/v_{i^*}$。

（1）$x_n/v_n \leq x_{i^*}/v_{i^*}$

由于工人 w_{i^*} 最后完成作业任务，因此，对于工人

$w_i (i \in \{1, 2, \cdots, n-1\})$ 来说，$(x_i + 1)/v_i \geqslant x_i/v_i$ 成立。用反证法证明 $(x_n + 1)/v_n \geqslant x_i/v_i$。假设 $(x_n + 1)/v_n < x_i/v_i$，因为 $(x_i + 1)/v_i \geqslant x_i/v_i \Rightarrow x_i \geqslant (x_i/v_i) \times v_i - 1$，得到以下不等式：

$$\sum_{i=1}^{n-1} x_i \geqslant \sum_{i=1}^{n-1}\left(\frac{x_i}{v_i} \times v_i - 1\right) > \sum_{i=1}^{n-1}\left(\frac{x_n}{v_n} \times v_i + \frac{v_i}{v_n} - 1\right) > \sum_{i=1}^{n-1}\left(\frac{x_n}{v_n} \times v_i\right)$$

$$= x_n \times \left(r_n^1 + \cdots + r_n^{n-1}\right)$$

此外，

$$b - x_n = \sum_{i=1}^{n-1} x_i > x_n \times \left(r_n^1 + \cdots + r_n^{n-1}\right) \Rightarrow x_n < \frac{b}{r_n^1 + \cdots + r_n^n}$$

那么，

$$x_n < \frac{b}{r_n^1 + \cdots + r_n^n} \leqslant \frac{b}{r_n^1 + \cdots + r_n^n} - 1 < \left\lfloor \frac{b}{r_n^1 + \cdots + r_n^n} \right\rfloor = k_0$$

与 $x_n \geqslant k_0$ 矛盾。

（2）$x_n/v_n > x_i/v_i$

用反证法证明 $(x_i + 1)/v_i \geqslant x_n/v_n$, $i (i \in \{1, 2, \cdots, n\})$。假设 $(x_i + 1)/v_i < x_n/v_n \Rightarrow x_i < (x_n/v_n) \times v_i - 1$，那么 $\sum_{i=1}^{n-1} x_i < \sum_{i=1}^{n-1}\left(\frac{x_n}{v_n} \times v_i - 1\right) = $

$\sum_{i=1}^{n-1}\left(x_n \times r_n^i - 1\right) = x_n \times \left(r_n^1 + \cdots + r_n^{n-1}\right) - n + 1$。

此外，

$$b - x_n = \sum_{i=1}^{n-1} x_i < x_n \times \left(r_n^1 + \cdots + r_n^{n-1}\right) - n + 1 \Rightarrow x_n > \frac{b + n - 1}{r_n^1 + \cdots + r_n^n}$$

那么，

$$x_n \geqslant \frac{b + n - 1}{r_n^1 + \cdots + r_n^n} + 1 > \frac{b}{r_n^1 + \cdots + r_n^n} + 1 \geqslant \left\lfloor \frac{b}{r_n^1 + \cdots + r_n^n} \right\rfloor + 1 = k_0 + 1$$

与 $x_n \leqslant k_0 + 1$ 矛盾。

综合以上两种情况，前文所提出的算法可以得到最优分配解，实现完成时间最短。

5.2.2 算法复杂度

定理 5-3 给定 n 工人作业效率，批次大小 b，分配问题的解空间是：

$$C_{b+n-1}^{b} = C_{b+n-1}^{n-1} = \frac{(b+n-1)!}{(n-1)! \ b!}$$

证明：略。

解空间随批次 b 和工人数目 n 的大小快速增大，例如，当 $b = 10$ 和 $n = 5$ 时，解空间数目是 1001；当 $b = 100$ 和 $n = 10$ 时，解空间数目是 4.3×10^{12}。下面，证明算法的复杂度。

定理 5-4 算法 5-1 的时间复杂度为 $O(n^2)$。

证明：略。

设一个由 5 工人组成的单人式 SERU 系统，作业效率集合如下：

$$V = \{v_1 = 2.7, \ v_2 = 2.3, \ v_3 = 1.8, \ v_4 = 1.4, \ v_5 = 1.0\}$$

给定批次大小 $b = 80$，由于仅有 5 名工人，那么根据算法可通过 5 个步骤得到最优分配解，各步骤的计算结果如表 5-1 所示，最后完工时间是 8.89。

在生产管理中，一般有两种方式粗略地估算完成时间和生产效率：（1）用所有工人平均作业效率来估算（Kaku et al.，2009；Yu et al.，2013；Yu et al.，2017a，2017b），这样，得到的完成时间是 $80/(2.7 + 2.3 + 1.8 + 1.4 + 1.0) = 8.70$；（2）用最低作业效率来估算（Liu et al.，2012），这样，得到的完成时间是 $80/(5 \times 1.0) = 16$。显然，第一种方式综合考虑了所有工人的作业效率，不符合现实情况，第二种方式则受限于作业效率最低的工人，忽视了 SERU 系统并行生产的优势。可以说，本书提出的方法更符合实际情况、更准确。

表5-1　　　　　　　　　计算最优解的各步骤计算结果

步骤	V	b	k_0	b_0	X	x_i/v_i
1	$\{v_1,\ v_2,\ v_3,\ v_4,\ v_5\}$	80	8	72	$x_5=8$	8.00
2	$\{v_1,\ v_2,\ v_3,\ v_4\}$	72	12	62	$x_4=12$	8.57
3	$\{v_1,\ v_2,\ v_3\}$	60	15	44	$x_3=16$	8.89
4	$\{v_1,\ v_2\}$	44	20	24	$x_2=20$	8.70
5	$\{v_1\}$	24	—	—	$x_1=24$	8.89

5.3　数值实验

贪婪算法（Greedy Algorithm）广泛应用于 SERU 系统的作业任务分配问题之中。具体的做法是，把产品依次分配给没有加工任务的工人，直到所有作业任务分配完毕。例如，给定 5 名工人的单人式 SERU 系统，前 5 件作业任务依次分配给这 5 名工人，第 6 件产品分配给完成时间最短的工人，以此类推，直到所有作业任务分配完毕。

接下来，设计数值实验，比较本书提出精确算法和贪婪算法，比较的因素包括：工人作业效率、工人数目、批次大小和工人作业效率的波动性。

设 $[(MS^A - MS^O)/MS^O] \times 100\%$ 为比较参数，其中，MS^A 和 MS^O 分别表示精确算法和贪婪算法的完成时间。设工人数目为 n，批次大小为 b。令 v_i（$i = 1,\ 2,\ \cdots,\ n$）表示工人 w_i 的作业效率，且 $v_1 > v_2 > \cdots > v_n$。令 δ_v 表示工人作业效率的差异 $\delta_v = v_1 - v_n$，令 v_a 表示所有工人作业效率的均值，那么，工人 w_i 的作业效率可表示为 $v_i = v_a +$

$$\left(\frac{n+1}{2}-i\right)\times\left(\frac{\delta_v}{n-1}\right),\ i=1,\ 2\cdots,\ n_o$$

5.3.1 工人作业效率对完成时间的影响

图 5-4 的横轴表示工人作业效率的差异 δ_v，取值范围 $\delta_v \in [1,\ 2]$，纵轴表示精确算法和贪婪算法的比较结果 $[(MS^A - MS^O)/MS^O] \times 100\%$，工人作业效率的差异 δ_v 按照 1/9 递增。令工人平均作业效率 $v_a = 1.50$，工人数目 $n = 5$，批次大小 $b = 60$。

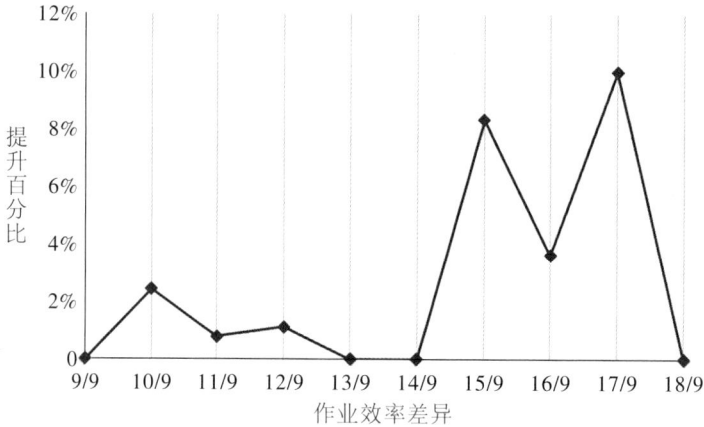

图 5-4　工人作业效率对完成时间的影响

表 5-2 列出工人作业效率 $V = \{v_1,\ v_2,\ v_3,\ v_4,\ v_5\}$ 随工人作业效率差异 δ_v 的改变而得到的不同结果，以及对应的贪婪算法和精确算法的批次分配结果 $X = \{x_1,\ x_2,\ \cdots,\ x_n\}$。

图 5-4 显示了工人作业效率差异的影响下，精确算法可能会得到更短的完成时间。例如，当 δ_v 的取值分别为 9/9、13/9、14/9 和 18/9 时，两种算法得到的完成时间相同 $MS^A = MS^O$。然而，当 δ_v 的取值分别为 10/9、11/9、12/9、15/9、16/9 和 17/9 时，贪婪算法得到的完成时间更大。这是因为贪婪算法在分配作业任务时并没有将所有工

人作业效率考虑在内。在某些情况下，两种算法完成时间差距较大，比如，当 $\delta_v = 17/9$ 时，差距高达 10.0%。因此，如果工人作业效率差距较大，运用本书提出的精确算法可以得到更小的完成时间。

表 5-2　两种算法在作业效率不同情况下的批次分配和完成时间

δ_v	$V = \{v_1,\ v_2,\ v_3,\ v_4,\ v_5\}$	算法	$X = \{x_1,\ x_2,\ x_3,\ x_4,\ x_5\}$	完成时间
9/9	{2.000, 1.750, 1.500, 1.250, 1.000}	贪婪算法	{16, 14, 12, 10, 8}	8.000
		精确算法	{16, 14, 12, 10, 8}	8.000
10/9	{2.056, 1.778, 1.500, 1.222, 0.944}	贪婪算法	{16, 14, 12, 10, 8}	8.471
		精确算法	{17, 14, 12, 10, 7}	8.270
11/9	{2.111, 1.806, 1.500, 1.194, 0.889}	贪婪算法	{17, 14, 2, 10, 7}	8.372
		精确算法	{17, 15, 12, 9, 7}	8.308
12/9	{2.167, 1.833, 1.500, 1.167, 0.833}	贪婪算法	{17, 15, 12, 9, 7}	8.400
		精确算法	{18, 15, 12, 9, 6}	8.308
13/9	{2.222, 1.861, 1.500, 1.139, 0.778}	贪婪算法	{18, 15, 12, 9, 6}	8.100
		精确算法	{18, 15, 12, 9, 6}	8.100
14/9	{2.278, 1.889, 1.500, 1.111, 0.722}	贪婪算法	{18, 15, 12, 9, 6}	8.308
		精确算法	{18, 15, 12, 9, 6}	8.308
15/9	{2.333, 1.917, 1.500, 1.083, 0.667}	贪婪算法	{18, 15, 12, 9, 6}	9.000
		精确算法	{19, 15, 12, 9, 5}	8.308
16/9	{2.389, 1.944, 1.500, 1.056, 0.611}	贪婪算法	{19, 15, 12, 9, 5}	8.526
		精确算法	{19, 16, 12, 8, 5}	8.229
17/9	{2.444, 1.972, 1.500, 1.028, 0.556}	贪婪算法	{19, 16, 12, 8, 5}	9.000
		精确算法	{20, 16, 12, 8, 4}	8.182

δ_v	$V = \{v_1,\ v_2,\ v_3,\ v_4,\ v_5\}$	算法	$X = \{x_1,\ x_2,\ x_3,\ x_4,\ x_5\}$	完成时间
18/9	{2.500，2.000，1.500，1.000，0.500}	贪婪算法	{20，16，12，8，4}	8.000
		精确算法	{20，16，12，8，4}	8.000

5.3.2 工人数目对完成时间的影响

图5-5的横轴表示工人数目 n 的变化，递增单位为1，取值范围 $n \in [2，10]$。令工人平均作业效率 $v_a = 1.50$，工人作业效率差异 $\delta_v = 1.50$，批次大小 $b = 60$。表5-3列出随着工人数目 n 的改变而得到的不同结果，以及对应的贪婪和精确算法的批次分配结果 $X = \{x_1，x_2，\cdots，x_n\}$。

图5-5显示了在工人数目影响下，精确算法可能会得到更小的完成时间。例如，当 n 的取值分别为2、3、5、6、8时，两种算法得到的完成时间相同 $MS^A = MS^O$。然而，当 n 的取值分别为4、7、9、10时，贪婪算法得到的完成时间更大。特别是，当 $n = 9$ 时，完成时间差异高达12.9%。

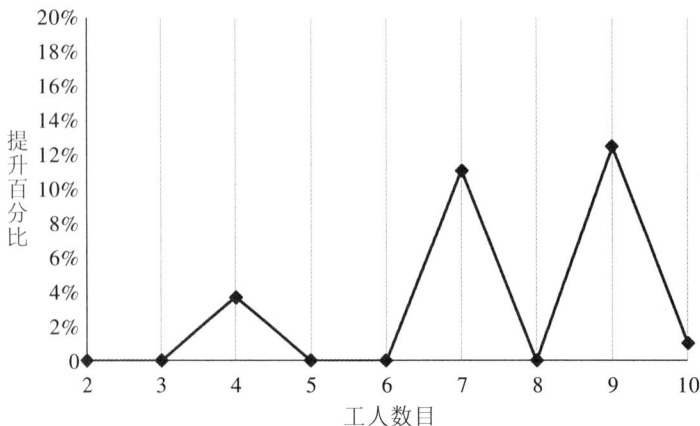

图5-5　工人数目对完成时间的影响

表5-3 两种算法在工人人数目不同情况下的批次分配和完成时间

n	$V = \{v_1, \cdots, v_n\}$	算法	策略	$X = \{x_1, \cdots, x_n\}$	完成时间
2	$\{2.250, 0.750\}$	贪婪算法	Greedy	$\{45, 15\}$	20.000
		精确算法	Optimal	$\{45, 15\}$	20.000
3	$\{2.250, 1.500, 0.750\}$	贪婪算法	Greedy	$\{30, 20, 10\}$	13.333
		精确算法	Optimal	$\{30, 20, 10\}$	13.333
4	$\{2.250, 1.750, 1.250, 0.750\}$	贪婪算法	Greedy	$\{22, 17, 13, 8\}$	10.667
		精确算法	Optimal	$\{23, 18, 12, 7\}$	10.286
5	$\{2.250, 1.875, 1.500, 1.125, 0.750\}$	贪婪算法	Greedy	$\{18, 15, 12, 9, 6\}$	8.000
		精确算法	Optimal	$\{18, 15, 12, 9, 6\}$	8.000
6	$\{2.250, 1.950, 1.650, 1.350, 1.050, 0.750\}$	贪婪算法	Greedy	$\{15, 13, 11, 9, 7, 5\}$	6.667
		精确算法	Optimal	$\{15, 13, 11, 9, 7, 5\}$	6.667
7	$\{2.250, 2.000, 1.750, 1.500, 1.250, 1.000, 0.750\}$	贪婪算法	Greedy	$\{12, 11, 10, 9, 7, 6, 5\}$	6.667
		精确算法	Optimal	$\{13, 12, 10, 8, 7, 6, 4\}$	6.000
8	$\{2.250, 2.036, 1.821, 1.607, 1.393, 1.179, 0.964, 0.750\}$	贪婪算法	Greedy	$\{11, 10, 9, 8, 7, 6, 5, 4\}$	5.333
		精确算法	Optimal	$\{12, 10, 9, 8, 7, 6, 5, 3\}$	5.333
9	$\{2.250, 2.063, 1.875, 1.688, 1.500, 1.313, 1.125, 0.938, 0.750\}$	贪婪算法	Greedy	$\{10, 9, 8, 7, 7, 6, 5, 4, 4\}$	5.333
		精确算法	Optimal	$\{10, 9, 8, 7, 6, 5, 4, 4, 3\}$	4.741
10	$\{2.250, 2.083, 1.917, 1.750, 1.583, 1.417, 1.250, 1.083, 0.917, 0.750\}$	贪婪算法	Greedy	$\{9, 8, 7, 6, 6, 5, 4, 4, 3\}$	4.364
		精确算法	Optimal	$\{9, 9, 8, 7, 6, 5, 4, 4, 3, 3\}$	4.320

5.3.3 批次大小对完成时间的影响

图 5-6 的横轴表示批次大小 b 的变化，取值范围 $b \in [20，100]$。令工人平均作业效率 $v_a = 1.50$，工人作业效率差异 $\delta_v = 1.50$，工人数目 $n = 5$，计算出 5 名工人作业效率集合 $V = \{v_1, v_2, v_3, v_4, v_5\} = \{2.250，1.875，1.500，1.125，0.750\}$。表 5-4 列出了随着批次大小 b 的改变而得到的不同结果，以及对应的贪婪算法和精确算法的批次分配结果 $X = \{x_1, x_2, \cdots, x_n\}$。

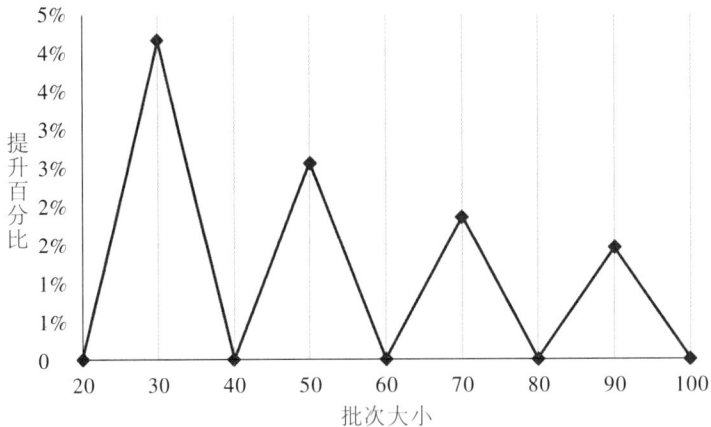

图 5-6　批次大小对完成时间的影响

表 5-4　两种算法在批次大小不同情况下的批次分配和完成时间

B	算法	$X = \{x_1, \cdots, x_n\}$	完成时间
20	贪婪算法	{6，5，4，3，2}	2.667
	精确算法	{6，5，4，3，2}	2.667
30	贪婪算法	{9，7，6，5，3}	4.444
	精确算法	{9，8，6，4，3}	4.267
40	贪婪算法	{12，10，8，6，4}	5.333
	精确算法	{12，10，8，6，4}	5.333
50	贪婪算法	{15，12，10，8，5}	7.111
	精确算法	{15，13，10，7，5}	6.933

B	算法	$X = \{x_1, \cdots, x_n\}$	完成时间
60	贪婪算法	$\{18, 15, 12, 9, 6\}$	8.000
	精确算法	$\{18, 15, 12, 9, 6,\}$	8.000
70	贪婪算法	$\{21, 17, 14, 11, 7\}$	9.778
	精确算法	$\{21, 18, 14, 11, 7\}$	9.600
80	贪婪算法	$\{24, 20, 16, 12, 8\}$	10.667
	精确算法	$\{24, 20, 16, 12, 8\}$	10.667
90	贪婪算法	$\{27, 22, 18, 14, 9\}$	12.444
	精确算法	$\{27, 23, 18, 13, 9\}$	12.267
100	贪婪算法	$\{30, 25, 20, 15, 10\}$	13.333
	精确算法	$\{30, 25, 20, 15, 10\}$	13.333

图5-6显示了在批次大小影响下，精确算法可能会得到更短的完成时间。例如，当b的取值分别为20、40、60、80、100时，两种算法得到的完成时间相同 $MS^A = MS^o$。然而，当n的取值分别为30、50、70、90时，贪婪算法得到的完成时间更长。特别是，当 $b = 30$ 时，完成时间差异高达4.2%。

5.3.4 工人作业效率波动性对完成时间的影响

在实验1、2和3中，工人作业效率都是稳定的，即工人在生产过程中的作业效率保持不变。然而，在实际生产过程中，工人作业效率很难保持稳定。比如，Seru中作业的是1名新手工人，或者工人对新产品的生产过程还不太熟练。进一步探讨这种波动性对SERU系统完成时间，本书假设工人作业效率具有一定的波动性，令工人 w_i 的作业效率为 $\tilde{v}_i^t = v_i/(1 + \varepsilon_i^t)$，其中，$\varepsilon_i^t (i = 1, 2, \cdots, n, t = 1, 2, 3, \cdots, b)$ 是随机变量，符合正态分布 $\mathcal{N}(0, \sigma^2)$。也就是说，工人生产不同的产品都会有一个不同的作业效率。

对于每一个 σ 的取值，令工人数目 $n = 5$，平均作业效率 $v_a = 2.0$，

批次大小 $b = 60$，作业效率差异 δ_v 的取值分为 $\delta_v \in [1.5，2.0]$，按0.1递增。本书开发仿真程序，比较贪婪算法和精确算法的平均完成时间，批次分配解决取决于工人稳定的作业效率 v_i。表5-5列出了 δ_v 每个取值对应的工人作业效率集合。

表5-5 不同作业效率差异产生的工人作业效率集合

$V\delta_v$	$\delta_v=1.5$	$\delta_v=1.6$	$\delta_v=1.7$	$\delta_v=1.8$	$\delta_v=1.9$	$\delta_v=2.0$
v_1	2.750	2.800	2.850	2.900	2.950	3.000
v_2	2.375	2.400	2.375	2.350	2.325	2.500
v_3	2.000	2.000	2.000	2.000	2.000	2.000
v_4	1.625	1.600	1.575	1.550	1.525	1.500
v_5	1.250	1.200	1.150	1.100	1.050	1.000

令参数 σ 的取值范围 $\sigma \in [0，0.5]$，图5-7显示了当波动性较小的时候，精确算法的完成时间大于贪婪算法的完成时间，例如，当 $\sigma = 0.025$，0.05，0.075，0.1时，百分比高达4.1%。然而，随着 σ 的增大，精确算法的完成时间小于贪婪算法的完成时间，例如，当 $\sigma = 0.300$ 时，百分比甚至降至-19.8%。

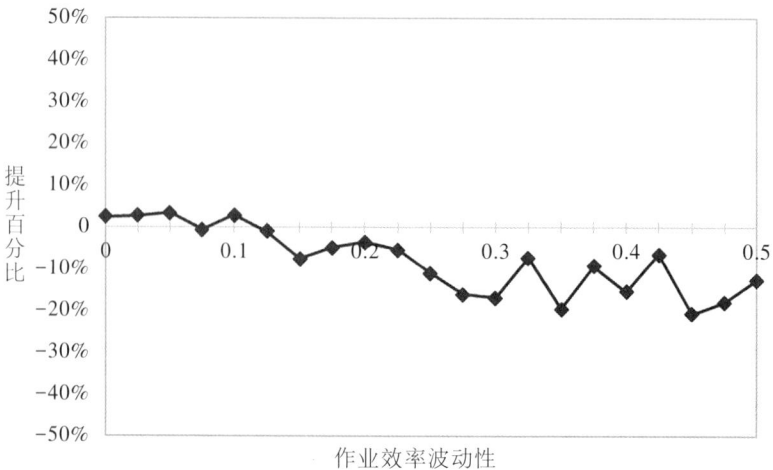

图5-7 作业效率波动性对完成时间的影响

5.4   本章小节

本章研究了单人式 Seru 或 SERU 系统的并行化生产效率。提出了完工时间最小/生产效率最大的并行化生产目标，构建了一个并行化生产任务分配模型，证明模型求解的两个关键参数和数学特征，提出了一个精确算法，并分析了算法的复杂度，通过与贪婪算法的比较，阐明了并行化生产在效率上的优势和劣势，从而提供批次调度管理决策支持。

6

SERU 系统柔性对效率产生的影响

在本章中，设计数值实验，比较不同类型 Seru 在交换工件时间、工人数目、多技能工稳定性、工序连续性、交叠工序位置等因素影响下的生产效率，根据系统建模与仿真分析的结果，给出 SERU 生产实施建议。

6.1　交换工件时间对效率的影响

考虑由 2 名工人和 m 道工序构成的 Seru，2 名工人 w_1 和 w_2 的作业效率分别表示为 v_1 和 v_2。在不考虑其他因素影响的情况下，通过调整 m 道工序作业内容比例，分割式 Seru 和巡回式 Seru 均可以达到最高生产效率，即 $v_1 + v_2$。

交换工件在分割式 Seru 和巡回式 Seru 中都会发生，在分割式 Seru 中，发生在相邻工人之间，在巡回式 Seru 中，发生在高作业效率工人超越低作业效率工人的过程中，此外，还要考虑在巡回式 Seru 中，工人需要完成所有工序上的作业内容，而在分割式 Seru 中，工人仅需要完成部分工序上的作业内容，通常来说，完成所有作业内容会导致作业效率的降低。

设 2 工人 $-m$ 工序巡回式 Seru 形成的工人行为循环是 $< p_j, \; p_j >$，即 2 名工人之间的超越行为反复出现在工序 s_j，设在连续两次超越行为出现过程中，慢作业效率工人完成的产品数目为 k，$k \in \{0, \; 1, \; 2, \; \cdots, \; k^*\}$，$k^* = \left\lceil \dfrac{m-1-r}{m(r-1)} \right\rceil + 1$（根据引理 4-1）。在分割式 Seru 中，每生产一件产品，工人进行一次工件交换，在巡回式 Seru 中，每生产一件产品，工人进行 $1/(2k+1)$ 次工件交换。为简化问题，令 h 为发生一次交换工件需要的时长，令 $\mu \in (0, \; 1)$ 为工人作业效率的下降比率，也就是说，对于同 1 名工人来说，如果在分割式 Seru 中的作业效率是 v_i，那么，在巡回式 Seru 中的作业效率是 $\mu \times v_i$。因此，在考虑交换工件时间和作业效率下降比率的影响下，分割式 Seru 和巡回式 Seru 能达到的最高生产效率分别为

$$\tau_c = \frac{v_1 + v_2}{1 + h(v_1 + v_2)} \tag{6-1}$$

$$\tau_r = \frac{v_1 + v_2}{1/\mu + h(v_1 + v_2)/(2k + 1)} \tag{6-2}$$

设 $[(\tau_r - \tau_c)/\tau_c] \times 100\%$ 为比较指标。图 6-1 显示了随着参数 k 的增加，比较指标的变化情况。在图 6-1（a）中，令 $\mu = 0.8$，交换工件时间 h 的取值范围 $\mu \in [0.1，0.5]$。在图 6-1（b）中，令 $h = 0.2$，作业效率下降比率 μ 的取值范围 $\mu \in [0.5，0.9]$。在图 6-1（a）和（b）中，令 2 名工人的作业效率分别为 $v_1 = 2.0$ 和 $v_2 = 1.8$。

图 6-1 显示了当 k 的取值较大时，巡回式 Seru 大于分割式 Seru 的生产效率。比如，当 $k = 8$ 时，如果 $h = 0.5$ 和 $\mu = 0.8$，巡回式 Seru 比分割式 Seru 生产效率高 113%；如果 $h = 0.2$ 和 $\mu = 0.9$，巡回式 Seru 比分割式 Seru 生产效率高 52%。然而，随着 k 取值的增大，巡回式 Seru 与分割式 Seru 生产效率的差距逐步减少，甚至低于分割式 Seru，这是因为，巡回式 Seru 的生产效率与 k 值有关。

值得注意的是，k 取值的上限是 k^*，而 k^* 的取值与工序数目 m 和工人作业效率比例 $r = v_1/v_2$ 有关，工序数目 m 越大，工人作业效率比例 r 越小，巡回式 Seru 生产效率越高。结果说明，在工序数目 m 较大和工人作业效率差异较小的情况下，采用巡回式 Seru 组织形态更有利于提升 Seru 生产效率。

图 6-1 显示了交换工件时间和作业效率下降比率对 Seru 生产效率有重要影响。当 $k = 0$ 时，由于 $\mu < 1$，巡回式 Seru 生产效率会低于分

割式 Seru 生产效率。当 $k > 0$ 时，满足条件之一，巡回式 Seru 生产效率高于分割式 Seru 生产效率。

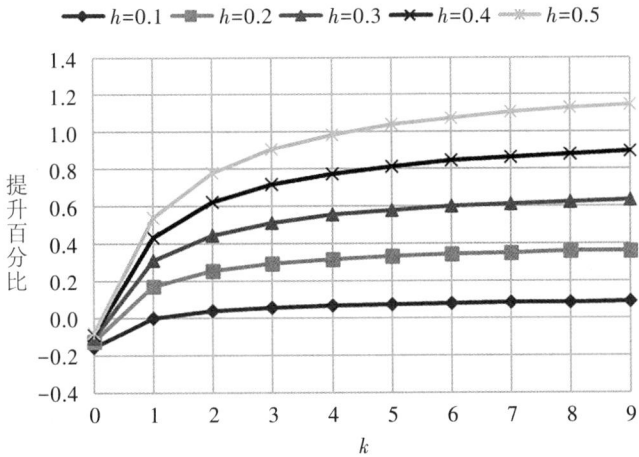

（a）$\mu = 0.8$

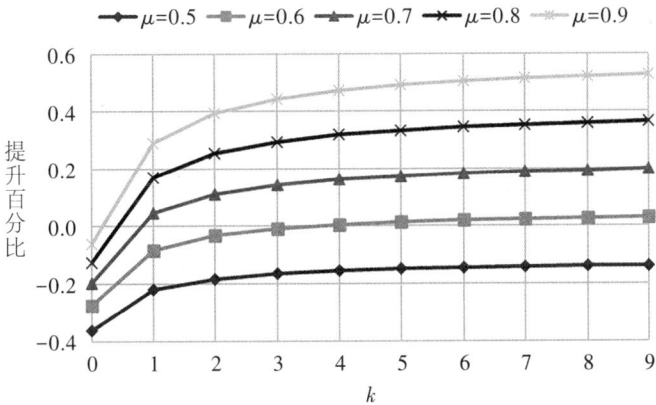

（b）$h = 0.2$

图 6-1　交换工件时间对分割式 Seru 和巡回式 Seru 生产效率的影响

通过比较（6-1）和（6-2）两个公式得到下面两个条件。

（1）给定 μ，$h > h^* = \dfrac{(1 - \mu)(2k + 1)}{2k\mu(v_1 + v_2)}$。

（2）给定 h，$\mu > \mu^* = \dfrac{2k + 1}{2k + 1 + 2kh(v_1 + v_2)}$。

在图6-2（a）中，给定作业效率下降比率 $\mu = 0.8$，参数 h^* 随着 k 取值的增加而减少，曲线下方表示当交换工件时间 $h < h^*$ 时，采用分割式 Seru 的组织形态能获得更高的生产效率；曲线上方表示当交换工件时间 $h > h^*$ 时，采用巡回式 Seru 的组织形态能获得更高的生产效率，例如，当 $k = 2$ 时，如果交换工序时间大于 0.082，采用巡回式 Seru 更有利于提升生产效率。在图6-2（b）中，给定交换工序时间 $h = 0.2$，参数 μ^* 随着 k 取值的增加而减少，曲线下方表示当作业效率下降比率 $\mu < \mu^*$ 时，采用分割式 Seru 的组织形态能获得更高的生产效率；曲线上方表示当交换工件时间 $\mu > \mu^*$ 时，采用巡回式 Seru 的组织形态能获得更高的生产效率，例如，当 $k = 2$ 时，如果作业效率下降比率大于 0.622，采用巡回式 Seru 更有利于提升生产效率。

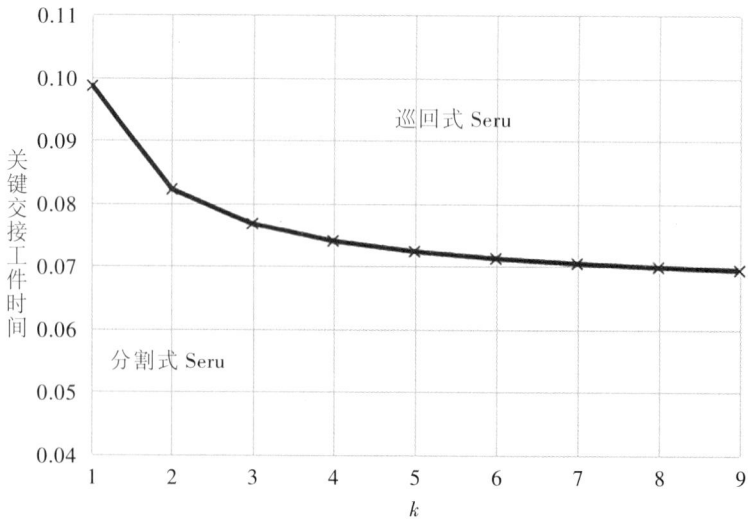

（a）给定 $\mu = 0.8$，参数 h^* 随 k 取值的变化情况

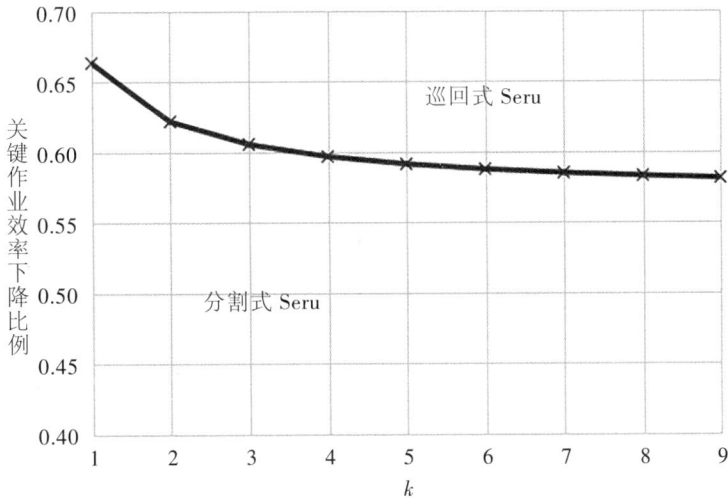

（b）给定 $h = 0.2$，参数 μ^* 随 k 取值的变化情况

图6-2 参数 h^* 和 μ^* 随 k 取值的变化情况

6.2 工人数目对效率的影响

为进一步分析工人数目 $n \geqslant 3$ 的情况下，交换工件时间产生的影响，按照分割式Seru和巡回Seru多技能工行为规则开发了仿真程序。图6-3的横轴为工人数目 n，取值范围 $n \in [3，9]$，设工人作业效率均值 $\bar{v} = 0.5$，作业效率差异 $\delta = v_1/v_n = 2$。图6-3（a）和（b），分别设工人作业效率下降比率为 $\mu = 0.5$ 和 $\mu = 0.8$，交换工件时间 h 的取值范围 $h \in [0.1，0.5]$。图6-3表明当工人数目 n 较大的时候，巡回式Seru生产效率高于分割式Seru生产效率。当 $h = 0.5$ 和 $\mu = 0.8$ 时，如果 $n = 4$，巡回式Seru生产效率高于分割式Seru生产效率25%；如果 $n = 7$，巡回式Seru生产效率高于分割式Seru生产效率99%。当 $\mu = 0.5$ 和 $n = 8$ 时，如果 $h = 0.1$，巡回式Seru生产效率高于分割式Seru生

产效率 26%；如果 $h = 0.5$，巡回式 Seru 生产效率高于分割式 Seru 生产效率 240%。也就是说，当交换工件时间较高时，采用巡回式 Seru 组织形态更有助于提升生产效率。

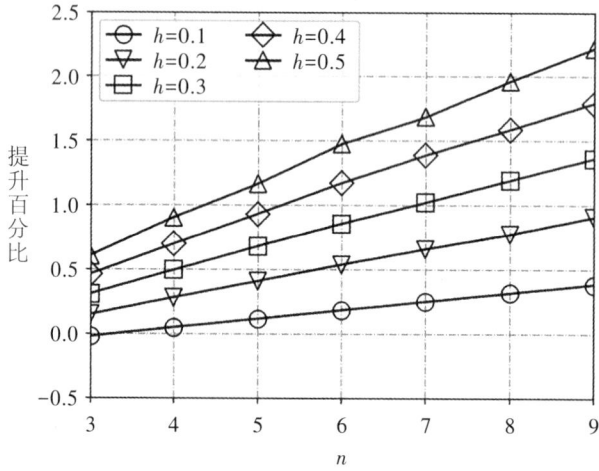

（a）$\mu = 0.5$

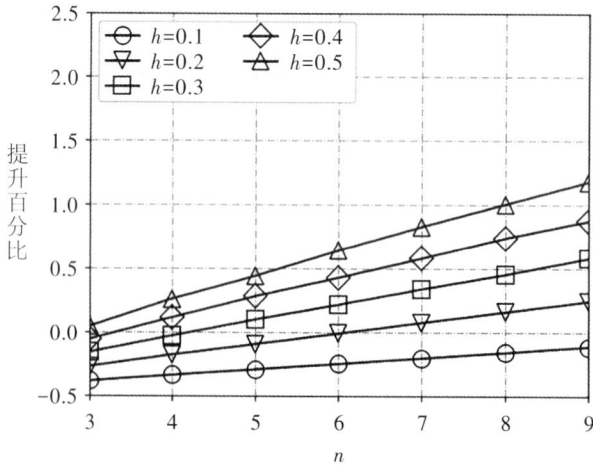

（b）$\mu = 0.8$

图 6-3　工人数目对分割式 Seru 和巡回式 Seru 生产效率的影响

　　然而，随着工人作业效率比率 μ 的下降，巡回式 Seru 的生产效率可能会低于分割式 Seru 生产效率，例如，当 $h = 0.1$ 和 $n = 8$ 时，如果 $\mu = 0.8$，比较指标的值为 31.6%；如果 $\mu = 0.5$，比较指标的值为 −15.7%。这表明，工人数目较小的情况更适合采用分割式 Seru 组织形态。当然，如果随着工人技能水平和熟练程度的提升，μ 会提高，采用巡回式 Seru 仍有可能获得较高的生产效率。

在图 6-4（a）和（b）中，分别设 $\mu = 0.5$ 和 $\mu = 0.8$，设 $n = 5$，$\delta = 2$ 和 $\bar{v} = 0.5$。图 6-4 的横轴为工人数目，纵轴为巡回式 Seru 和分割式 Seru 生产效率相等时，交换工件时间的取值。曲线上方，巡回式 Seru 生产效率较高；曲线下方，分割式 Seru 生产效率较高。例如，当 $n = 6$ 和 $\mu = 0.5$ 时，图 6-4（a）表明，如果交换工件时长大于 0.21，巡回式 Seru 生产效率较高，当 $n = 4$ 和 $\mu = 0.8$ 时，图 6-4（b）表明，如果交换工件时长大于 0.08，巡回式 Seru 生产效率较高。

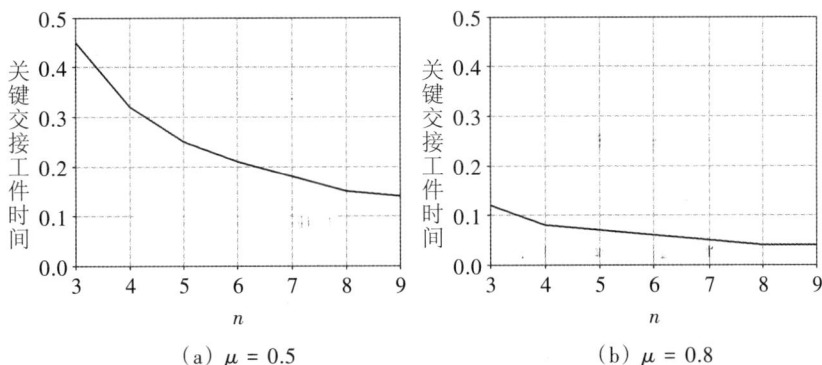

（a）$\mu = 0.5$　　　　　（b）$\mu = 0.8$

图 6-4　参数 h^* 随工人数目 n 取值的变化情况

6.3　多技能工稳定性对效率的影响

令工人 w_i 的作业效率为 $\tilde{v}_i^t = v_i / (1 + \varepsilon_i^t)$，其中，$\varepsilon_i^t (i = 1, 2, \cdots, n, t = 1, 2, 3, \cdots, b)$ 是随机变量，符合正态分布 $\mathcal{N}(0, \sigma^2)$。也就

是说，工人生产不同的产品都会有一个不同的作业效率。令 $\overline{\tau_r}$ 和 $\overline{\tau_c}$ 分别表示巡回式 Seru 和分割式 Seru 的生产效率，设 $[(\overline{\tau_r} - \overline{\tau_c})/\overline{\tau_c}] \times 100\%$ 为比较指标。需要说明的是，在对比分析中，分割式 Seru 的多技能工负责工作区的大小的计算方法是：根据工人作业效率 v_i 和工序数目 m，通过 3.4.2 小节算法 3-1 得到。

图 6-5 显示仅有 2 名工人的 Seru 情况，参数 σ 的取值范围 $\sigma \in [0.0，0.5]$，横轴表示参数 σ，工序作业内容均分，即 $s_j = 1/m$，$j = 1$，2，$\cdots$，m。在图 6-5（a）中，设 2 名工人作业效率比例 $r = v_1/v_2 = 1.3$，工序数目 m 取值 $m = 3$，4，5，6，7；在图 6-5（b）中，设工序数目 $m = 6$，工人作业效率比例的取值 $r = 1.1$，1.3，1.5，1.7，1.9。

图 6-5 显示了当参数 σ 相对较小时，巡回式 Seru 生产效率高于分割式 Seru 生产效率。当 $\sigma = 0.025$，$m = 7$ 和 $r = 1.3$ 时，巡回式 Seru 生产效率比分割式 Seru 高 51%；当 $\sigma = 0.225$，$r = 1.1$ 和 $m = 6$ 时，巡回式 Seru 生产效率比分割式 Seru 高 60%。这是因为，每生产一件产品，分割式 Seru 中多技能工不可避免地存在非作业相互等待时间交换工件，而巡回式 Seru 中多技能工没有局限于某个工作区范围内，不是每生产一件产品都需要彼此干扰，也就是说，巡回式 Seru 更有利于应对多技能工作业效率上的波动性。

图 6-5 显示了工序数目 m 和多技能工作效率比例 r 也会对 Seru 生产效率有很大影响。给定工人作业效率，比较指标随着工序数目的增加而提升，给定工序数目 m，比较指标随着工序作业效率比例的下降而提升。这表明，如果无法避免作业效率波动对生产效率的影响，可以通过将 Seru 拆分为更多的工序，或者把作业效率相近的工人安排到同一 Seru，来提升 Seru 生产效率。

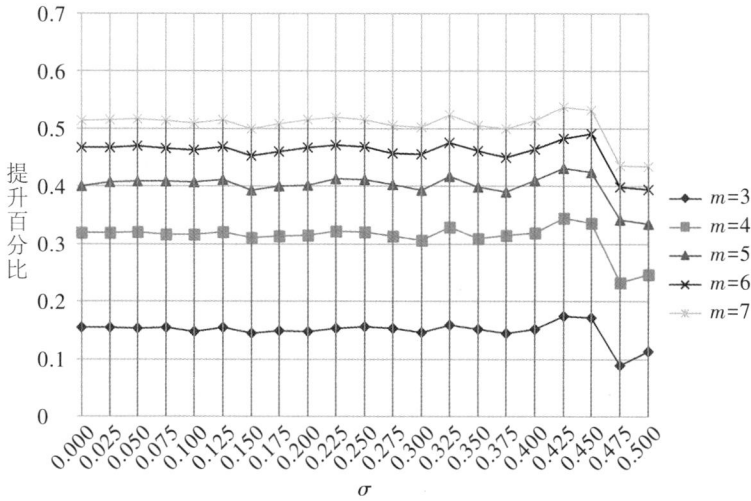

（a）$r = 1.3$

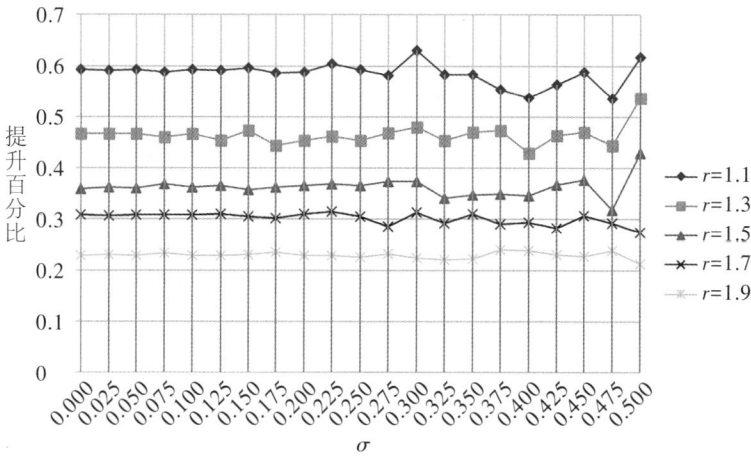

（b）$m = 6$

图6-5　工人作业效率波动性的影响

在图6-6（a）中，设$\delta = v_1/v_n = 2$，$m = 20$，$n = 3$，6，9，当工人数目n较大时，采用巡回式Seru生产效率更高。当$\sigma = 0.25$和$n = 3$时，生产效率高出5%；当$\sigma = 0.25$和$n = 9$时，生产效率高出25%。在图6-6（b）中，设$\delta = 2$，$n = 3$，$m = 20$，25，30，当工序数目m

较小时，采用巡回式 Seru 生产效率更高。当 $\sigma = 0.25$ 和 $m = 20$ 时，生产效率高出 20.1%；当 $\sigma = 0.25$ 和 $m = 30$ 时，生产效率高出 12.5%。这是因为，在分割式 Seru 中多技能工局限于固定的工作区内，如果工人数目 n 较大，工序数目 m 较少，分配给每位多技能工的工序数目就相对较少，应对作业效率波动性能力下降。

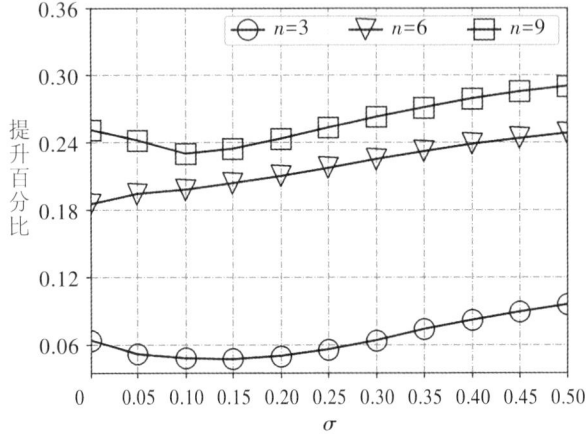

（a）$n = 3，6，9$

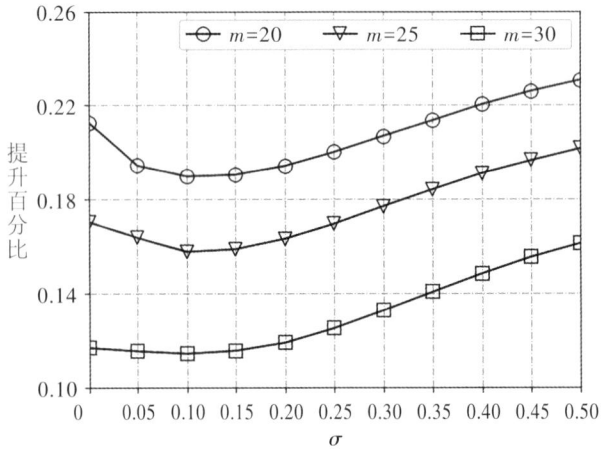

（b）$m = 20，25，30$

图 6-6 作业效率波动性的影响

6.4　工序连续性对效率的影响

事实上，在工序数目 m 趋近无限大时，离散型工序可等同为连续型工序。下面讨论工序是连续的情况下，分割式 Seru 和巡回式 Seru 的生产效率，并进行比较分析。

在分割式 Seru 中，假设 n 名工人交换工件的位置集合为 $H^{(k)} = \left(h_1^{(k)}, h_2^{(k)}, \cdots, h_{n-1}^{(k)} \right)$ 上，其中，$h_i^{(k)}$ 表示工人 w_i 和工人 w_{i+1} 交换工件的位置，且 $h_0^{(*)} = 0$ 和 $h_n^{(*)} = 1/2$，令 t_h 为工人交换工件时间。对于工人 w_i，$i = 2, \cdots, n-1$ 来说，与工人 w_{i+1} 在位置 h_i^* 交换工件，而后反向作业，与工人 w_{i-1} 在位置 h_{i-1}^* 交换工件，再正向作业。对于工人 w_1，仅需与工人 w_2 交换工件，对于工人 w_n，仅需与工人 w_{n-1} 交换工件。

根据 3.4 节，如果没有其他非作业时间的浪费，可得：

$$\frac{2h_1^*}{v_1} + t_h = \frac{2(h_i^* - h_{i-1}^*)}{v_i} + 2t_h = \frac{2(h_{i+1}^* - h_i^*)}{v_{i+1}} + 2t_h = \frac{2\left(1/2 - h_{n-1}^*\right)}{v_n} + t_h,$$

$$\text{for } i = 2, 3, \cdots n-2. \quad (6\text{-}3)$$

解方程，可计算出位置集合 H^* 为：

$$h_i^* = \frac{1}{2} \left\{ \frac{\sum_{j=1}^{i} v_j}{\sum_{j=1}^{n} v_j} \left[1 + t_h \times \sum_{j=2}^{n-1} v_j \right] - t_h \times \sum_{j=2}^{i} v_j \right\} \quad (6\text{-}4)$$

此时，分割式 Seru 生产效率为：

$$TR^{CBB} = \left(\frac{2h_1^*}{v_1} + t_h \right)^{-1} = \frac{\sum_{i=1}^{n} v_i}{1 + t_h \left(\sum_{i=1}^{n} v_i + \sum_{i=2}^{n-1} v_i \right)} \quad (6\text{-}5)$$

讨论由 2 名工人构成的巡回式 Seru 生产效率，令 v_1 和 v_2 表示 2 名工人的作业效率，不失一般性，设 $v_1 > v_2$。假设在工人 w_1 超越工人 w_2

的过程中，工人 w_1 保持作业优先权，没有产生非作业时间的浪费，工人 w_2 则受到影响，需要一定的非作业时间恢复作业状态，令时长为 t_p。

如果 $t_p \geq 1/v_1$，那么，工人 w_1 在超越工人 w_2 后，可以完成一件产品，再次到达工人 w_2 的作业位置，换言之，由于超越过程产生的非作业时间过长，工人 w_2 一直在某固定位置上作业。

如果 $t_p < 1/v_2$，那么，工人 w_2 才有可能在被工人 w_1 再次超越之前，离开前一次被超越的位置。令 a_1 和 a_2 分别表示工人 w_1 连续两次超越工人 w_2 行走的距离，也就是作业的内容。那么，

$$a_1 - a_2 = 1 \tag{6-6}$$

$$a_1/v_1 = a_2/v_2 + t_p \tag{6-7}$$

根据（6-6）和（6-7）推导出，

$$a_1 = \frac{1/v_2 - t_p}{1/v_2 - 1/v_1} \tag{6-8}$$

$$a_2 = \frac{1/v_1 - t_p}{1/v_2 - 1/v_1} \tag{6-9}$$

令 TR_1^{CBBR} 和 TR_2^{CBBR} 分别表示工人 w_1 和工人 w_2 的生产效率，巡回式 Seru 的生产效率为 TR^{CBBR}，且 $TR^{CBBR} = TR_1^{CBBR} + TR_2^{CBBR}$。

由假设工人 w_1 没有非作业时间的浪费，有：

$$TR_1^{CBBR} = v_1 \tag{6-10}$$

工人 w_2 的生产效率为：

$$TR_2^{CBBR} = \begin{cases} 0, & if & t_p \geq 1/v_1 \\ v_2 \times \dfrac{1 - t_p \times v_1}{1 - t_p \times v_2}, & if & t_p < 1/v_1 \end{cases} \tag{6-11}$$

因此，

$$TR^{CBBR} = \begin{cases} v_1, & if & t_p \geq 1/v_1 \\ v_1 + v_2 \times \dfrac{1 - t_p \times v_1}{1 - t_p \times v_2}, & if & t_p < 1/v_1 \end{cases} \tag{6-12}$$

进一步分析公式（6-7），如果 $t_p \geq 1/v_1$，TR^{CBBR} 取决于工人 w_1 的

作业效率，如果 $t_p < 1/v_1$，TR^{CBBR} 与 2 名工人的作业效率都有关系。令 $r = v_1/v_2$。图 6-7 显示了巡回式 Seru 生产效率随着 r 取值的增加而降低的情况。令 v_a 表示 2 名工人的平均作业效率，有 $v_a = (v_1 + v_2)/2$，且 $v_1 = 2v_a r/(r + 1)$ 和 $v_2 = 2v_a/(r + 1)$。设 $t_a = 1/v_a$。在图 6-7 中，令 $v_a = 1.0$，t_p 的取值范围 $t_p \in [0.01，0.13]$，最小值为 t_a 的 1%，最大值为 t_a 的 13%。图 6-7 表明 2 名工人作业效率差距越小，巡回式 Seru 的生产效率就越高。

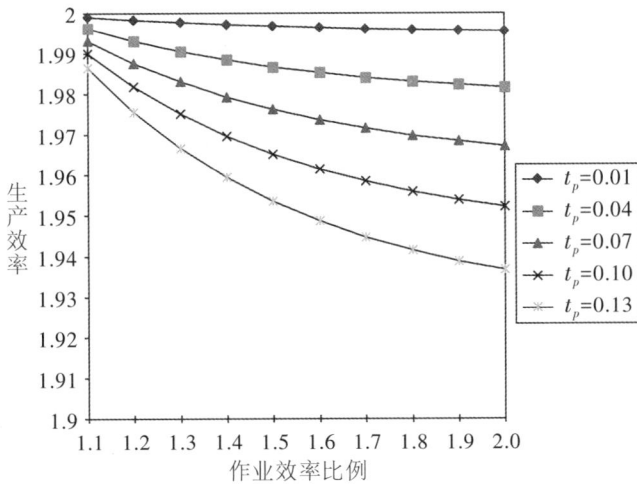

图 6-7　工序连续情况下工人作业效率比例对生产效率的影响

接下来，推演到 $n(n > 2)$ 名工人的情况。令 $v_i (i = 1，2，\cdots，n)$ 表示工人 w_i 的作业效率，且 $v_1 > v_2 > \cdots v_n$。令 TR_i^{CBBR} 表示工人 w_i 的生产效率，那么，$\sum_{j=1}^{i} TR_j^{CBBR}$ 表示前 i 名工人生产效率的总和。假设超越只发生在 2 名工人之间，且超越过程的非作业时间浪费较少，没有工人被固定在某特定位置，那么，巡回式 Seru 的生产效率为 $TR^{CBBR} = \sum_{j=1}^{n} TR_j^{CBBR}$。

由于工人 w_1 为作业效率最高的工人，根据假设，不存在非作业时间的浪费，因此，

$$\begin{cases} TR_1^{CBBR} = v_1 \\ \sum_{j=1}^{1} TR_j^{CBBR} = TR_1^{CBBR} \end{cases} \tag{6-13}$$

由于工人 w_2 只是在被工人 w_1 超越过程中，才会产生非作业时间的浪费，也就是说，任意其他工人 $w_i(i > 2)$ 都不会对工人 w_2 的作业效率产生影响，因此，

$$\begin{cases} TR_2^{CBBR} = v_2 \times \dfrac{1 - t_p \times \sum\limits_{j=1}^{1} TR_j^{CBBR}}{1 - t_p \times v_2} \\ \sum\limits_{j=1}^{2} TR_j^{CBBR} = \sum\limits_{j=1}^{1} TR_j^{CBBR} + TR_2^{CBBR} = \dfrac{v_2}{1 - t_p \times v_2} + \dfrac{1 - 2 \times t_p \times v_2}{1 - t_p \times v_2} \times \sum\limits_{j=1}^{1} TR_j^{CBBR} \end{cases} \tag{6-14}$$

对于工人 w_i 来说，工人 w_i 是从 w_1 到 w_i 工人中作业效率最低的，因此，可以把前 $i - 1$ 名工人看作"1名"作业效率高的工人，作业效率为前 $i - 1$ 名工人生产效率之和，即 $\sum\limits_{j=1}^{i-1} TR_j^{CBBR}$，那么，

$$\begin{cases} TR_i^{CBBR} = v_i \times \dfrac{1 - t_p \times \sum\limits_{j=1}^{i-1} TR_j^{CBBR}}{1 - t_p \times v_i} \\ \sum\limits_{j=1}^{i} TR_j^{CBBR} = \sum\limits_{j=1}^{i-1} TR_j^{CBBR} + TR_i^{CBBR} = \dfrac{v_i}{1 - t_p \times v_i} + \dfrac{1 - 2 \times t_p \times v_i}{1 - t_p \times v_i} \times \sum\limits_{j=1}^{i-1} TR_j^{CBBR} \end{cases} \tag{6-15}$$

这样，可以得到工人 w_n 的生产效率以及工人 w_1 到 w_n 生产效率之和，

$$\begin{cases} TR_n^{CBBR} = v_n \times \dfrac{1 - t_p \times \sum\limits_{j=1}^{n-1} TR_j^{CBBR}}{1 - t_p \times v_n} \\ \sum\limits_{j=1}^{n} TR_j^{CBBR} = \sum\limits_{j=1}^{n-1} TR_j^{CBBR} + TR_n^{CBBR} = \dfrac{v_n}{1 - t_p \times v_n} + \dfrac{1 - 2 \times t_p \times v_n}{1 - t_p \times v_n} \times \sum\limits_{j=1}^{n-1} TR_j^{CBBR} \end{cases} \tag{6-16}$$

也就是说，巡回式 Seru 的生产效率为：

$$TR^{CBBR} = \frac{v_n}{1 - t_p \times v_n} + \sum_{i=2}^{n-1}\left(\frac{v_i}{1 - t_p \times v_i} \times \left(\prod_{j=i+1}^{n} \frac{1 - 2 \times t_p \times v_j}{1 - t_p \times v_j} \right) \right) + v_1 \times \prod_{j=2}^{n} \frac{1 - 2 \times t_p \times v_j}{1 - t_p \times v_j}$$

$$\tag{6-17}$$

令 t_h 为分割式 Seru 交换工件时间，t_p 为巡回式 Seru 超越时间。分

割式Seru运行在最优工序分配状态，交换工件位置为H^*，不存在其他非作业时间的浪费，每生产一件产品，发生$2(n-1)$次交换工件，随着工人数目n的增大，生产效率下降。巡回式Seru的生产效率下降主要是因为发生工人之间的超越，超越的发生频次与工人数目n及工人作业效率均有关系。

为进一步比较分析，设比较指标$[(TR^{CBBR} - TR^{CBB})/TR^{CBB}] \times 100\%$。图6-8显示了比较指标随着工人数目$n$的变化情况。令$v_a$为工人平均作业效率，设$t_a = 1/v_a$为基准时间单位。在图6-8（a）和（b）中，设$v_a = 1.0$和$t_a = 1/v_a = 1.0$。工人$w_i$的作业效率$v_i = v_a + [(n+1)/2 - i]\delta_v$，$i = 1, 2\cdots, n$，这里，$\delta_v = 0.1$。参数$\delta_v$越大，工人作业效率差异越大。在图6-8（a）中，设$t_h = 0.4$，t_p的取值范围$t_p \in [0.01, 0.16]$。在图6-8（b）中，设$t_p = 0.07$，t_h的取值范围$t_a \in [0.01, 0.16]$。

图6-8表示，当工人数目n相对较小时，巡回式Seru随着超越时间的增加能够相对更好地保证生产效率。例如，当$n = 5$，$t_h = t_p = 0.04$，巡回式Seru比分割式Seru生产效率高25.3%；当$n = 5$，$t_h = t_p = 0.07$，巡回式Seru比分割式Seru生产效率高42.1%。然而，随着n取值的增大，分割式Seru生产效率可能会高于巡回式Seru生产效率。实验结果表明，工人数目相对较少的时候，可考虑采用巡回式Seru。

图6-9显示了交换工件时间和超越时间对Seru生产效率有重要影响。给定工人数目n的取值，满足条件之一，巡回式Seru生产效率高于分割式Seru生产效率。

（1）给定t_h，$t_p < t_p^*$。

（2）给定t_p，$t_h > t_h^*$。

可以通过比较公式（6-5）和（6-17）得到t_p^*和t_h^*的值，也是构建Seru的重要参考指标。图6-9显示了这两个参数t_p^*和t_h^*随工人数目n增加的变化曲线。在图6-9（a）中，工人作业效率v_i和交换工件时间t_h

与图 6-8（a）一致，当超越时间低于曲线，巡回式 Seru 生产效率较高。例如，当 $n = 6$ 和 $t_h = 0.04$ 时，超越时间 t_p 取值小于 0.173，构建巡回式 Seru 获得更高的生产效率。在图 6-9（b）中，工人作业效率 v_i 和超越时间 t_p 与图 6-8（b）一致，当交换工件时间高于曲线，构建巡回式 Seru 获得更高的生产效率。例如，当 $n = 3$ 和 $t_p = 0.07$ 时，交换工件时间 t_h 取值大于 0.014，构建巡回式 Seru 获得更高的生产效率。

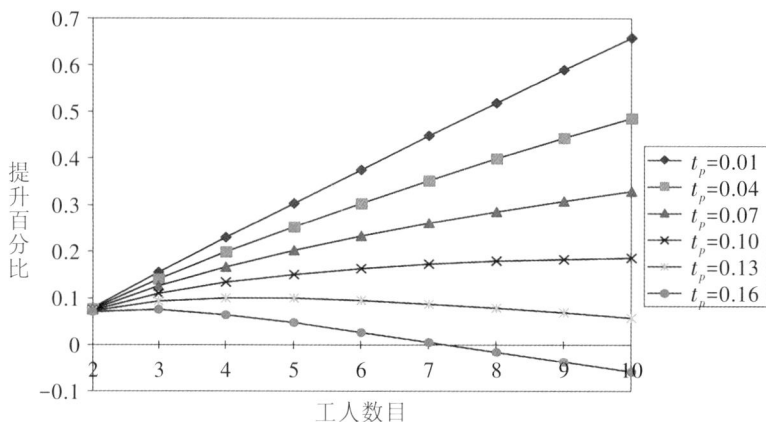

（a）$t_h = 0.04$，$t_p \in [0.01，0.16]$

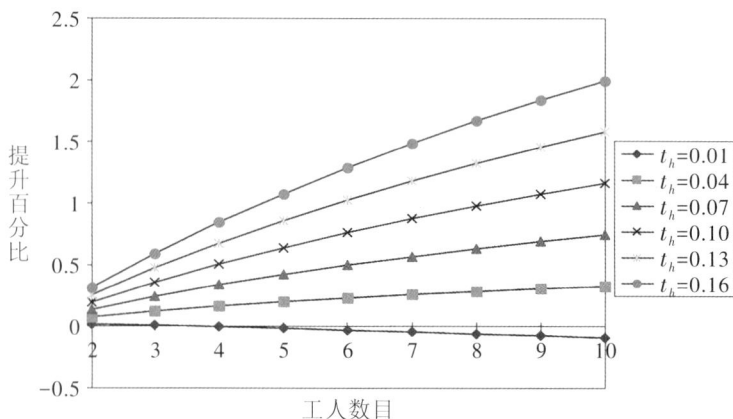

（b）$t_p = 0.07$，$t_h \in [0.01，0.16]$

图 6-8　工序连续情况下工人数目对生产效率的影响

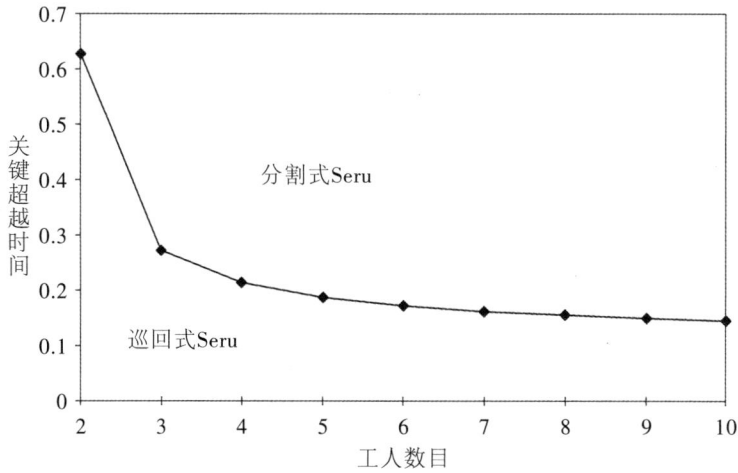

（a）t_p^*随工人数目的变化情况

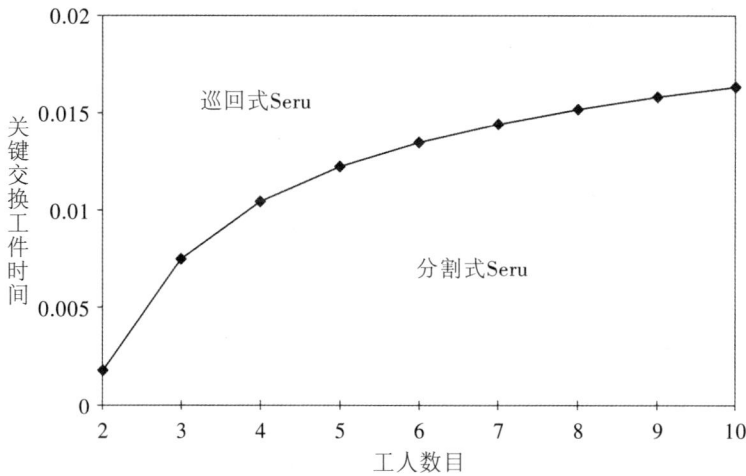

（b）t_h^*随工人数目的变化情况

图6-9　t_p^*和t_h^*随工人数目的变化情况

图6-10展示了超越时间和交换工件时间的敏感度。设工人作业效率v_i与图6-8一致，作业效率差异δ_v的取值$\delta_v \in [0.01，0.2]$。在图6-10（a）中，设t_h取值与图6-9（a）一致，当工人数目n取值相对较小（$n \leqslant 4$），t_p^*随δ_v的增加而增大。例如，当$n = 3$和$t_h = 0.04$时，如

果 $\delta_v = 0.2$，那么 $t_p^* = 0.257$；如果 $\delta_v = 0.05$，那么 $t_p^* = 0.281$。在图6-10（b）中，设 t_p 取值与图6-9（b）一致，当工人数目 n 相对较小（$n \leqslant 4$），t_h^* 随 δ_v 的增加而增大。例如，当 $n = 3$ 和 $t_p = 0.07$ 时，如果 $\delta_v = 0.2$，那么 $t_h^* = 0008$；如果 $\delta_v = 0.05$，那么 $t_h^* = 0.007$。结果表明，如果工人数目 n 相对较小且工人作业效率差异较小，更适合构建巡回式Seru。

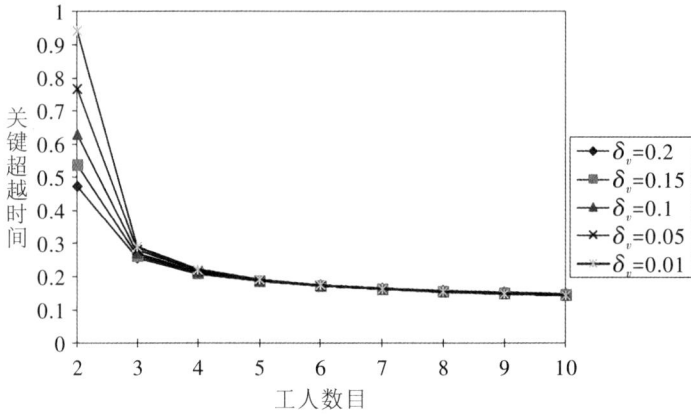

（a）t_p^* 随工人数目变化的敏感性

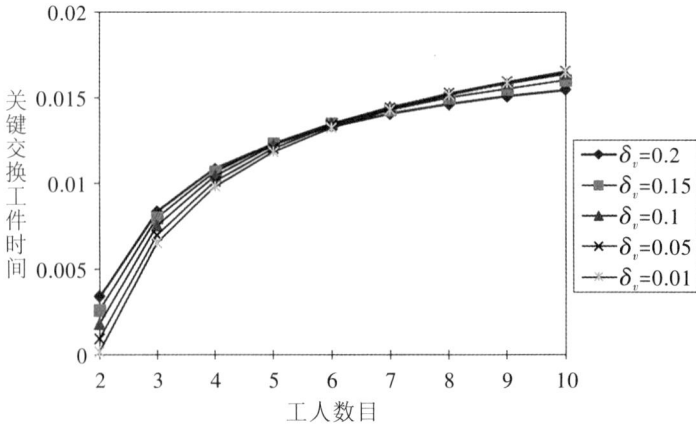

（b）t_h^* 随工人数目变化的敏感性

图6-10　t_p^* 和 t_h^* 随工人数目变化的敏感性

6.5 交叠工序位置对效率的影响

考虑由 2 名工人和 m 道工序构成的单区和双区分割式 Seru，2 名工人 w_1 和 w_2 的作业效率分别表示为 v_1 和 v_2。在图 6-11 中，设 $v_1 = 1.2$ 和 $v_2 = 1.0$，设工序作业比例均分，即 $s_j = 1/m$，$j = 1$，2，$\cdots$，m，$m \in \{11，12，...，35\}$。

对于单区分割式 Seru 来说，令交叠工序索引为 $\alpha = \left\lceil \dfrac{mr}{r+1} \right\rceil$；对于双区分割式 Seru 来说，令交叠工序索引为 $\beta = \left\lceil \dfrac{mr}{2(r+1)} \right\rceil$ 和 $\beta' = \left\lceil \dfrac{m(r+2)}{2(r+1)} \right\rceil$，这样设置的目的是尽可能使 2 名工人各自负责的工作区占作业内容比例与作业效率比例接近，从而保持较高的生产效率。

令 $\overline{\tau_I}$ 和 $\overline{\tau_{II}}$ 分别表示单区和双区分割式 Seru 的生产效率，那么，$[(\overline{\tau_{II}} - \overline{\tau_I})/\overline{\tau_{II}}] \times 100\%$ 表示生产效率提升的百分比。在图 6-11 中，横轴表示工序数目，$m \in \{11，...，30\}$，纵轴表示生产效率提升百分比。图 6-11 表明，尽管双区分割式 Seru 有两个交叠工序，而单区分割式 Seru 仅有一个交叠工序，但是，当 $m = 13$，14，24，25 时，单区分割式 Seru 的生产效率高于双区分割式 Seru，只有当 $m = 17$，18，21，28，29 时，双区分割式 Seru 的生产效率才高于单区分割式 Seru。当 $m = 11$，12，15，16，19，20，22，23，26，27，30，二者生产效率无高低之分。这一实验表明，交叉培训程度越高，生产效率可能会更低。

值得注意的是，随着工序数目 m 增加，单区和双区分割式 Seru 的生产效率差距逐步减少。例如，当 $m = 13$ 和 $m = 24$ 时，二者差距分别为 4.17% 和 2.27%。这是因为，随着工序数目 m 的增加，工序比例 $s_j = 1/m$，$j = 1$，2，$\cdots$，m 减少，相应地，减少了受阻时间浪费。

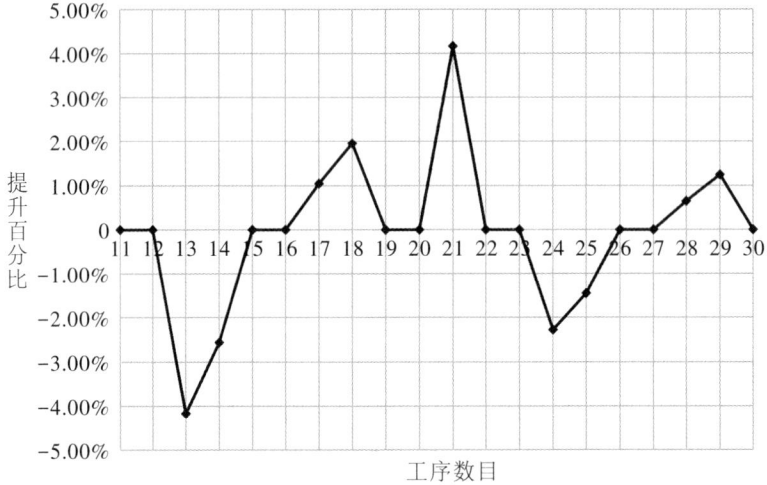

图6-11　交叠工序位置对效率的影响

6.6　本章小结

本章比较不同类型 Seru 在交换工件时间、工人数目、多技能工稳定性、工序连续性、交叠工序位置等因素影响下的生产效率，根据系统建模与仿真分析的结果，给出多技能工协调管理建议。

7

结论与展望

7.1 结论

本书将自组织理论引入 SERU 系统研究中，建立 SERU 系统柔性与效率分析框架，运用离散事件动态系统建模方法，分析自组织状况下 SERU 系统柔性形成过程与机制，以及在他组织因素作用下柔性对效率产生的影响。本书的学术价值包括：

第一，建立基于自组织理论的 SERU 系统柔性与效率分析框架。将自组织理论引入 SERU 生产组织与管理问题之中，全面系统地研究 SERU 系统柔性与效率，进一步丰富和发展 SERU 生产问题理论体系。与此同时，概括性地建立具有跨学科性质的自组织方法论，形成一种新的研究制造企业生产方式的视界，对生产系统复杂性有了进一步认识，特别是，建立与世界复杂性增长同步演化的世界观和方法论，具有重要价值。

第二，揭示 SERU 系统兼顾柔性与效率的内在机理与作用机制。运用离散事件动态系统建模理论，构建 SERU 系统多技能工与柔性工序关系模型，分析自组织状况下系统状态转换条件、演化过程和演化规律，从而打开不同 Seru 组织形态的"黑箱"，揭示自平衡条件和自组织规律，研究 SERU 系统柔性与效率的相互作用机制，使得纯粹的理论研究落地生根，为科学地构建兼顾柔性与效率的 SERU 系统做出有意义的探索。

第三，提出研究 SERU 系统柔性与效率的建模与仿真分析方法。基于案例访谈、梳理统计、优化决策等方法，有效地解决 SERU 系统在运作层面的优化、调度和决策问题。从不同 Seru 组织形态的运行规则出发，通过离散事件动态系统建模方法，对 SERU 系统柔性和效率进行理论研究，在此基础上，通过仿真分析对理论研究结果进行全面的讨论与验证，这种建模与仿真分析方法可扩展到树形、花瓣形等更为复杂的SERU系统研究之中。

第四，提供定性与定量分析相结合的SERU系统实施策略。制造企业需要根据复杂而多变的内外部环境，合理调整多技能工、柔性工序和组织形态，以兼顾SERU系统的柔性和效率。基于自组织理论，定性地分析SERU系统柔性的内涵与构成要素、柔性与效率的内在机理及作用机制，通过数值实验和仿真分析，定量地给出不同Seru基本组织形态之间的相互转换条件，为制造企业在不同阶段实施SERU系统提供管理策略。

7.2　展望

本书仍存在诸多不足，有待今后进一步深入研究。

第一，尚未对布局更为复杂且灵活的SERU系统展开系统研究。本书聚焦分割式、巡回式和单人式Seru三种基本类型的柔性和效率问题，探讨自组织或他组织因素作用下系统柔性对效率产生的影响。但是，在SERU生产实践中，还存在混合Seru类型、花瓣形、树形等多种类型Seru，布局和运行规则相对复杂，企业生产实践中也存在灵活应用，需进一步开展深入的研究。

第二，尚未对人机协同模式下的系统柔性与效率展开深入研究。在企业调研过程中发现，智能时代SERU生产组织与管理也发生了很大的变化，Seru中的简单工具为智能设备所取代，随着智能设备的普及，设备成本降低，人力成本提升，人机协同也成为SERU生产组织与管理面临的重要问题。未来，应进一步开展人机协同研究，以及生产模式改变对 SERU 系统效率和柔性产生影响的研究。

第三，尚未对以人为中心的生产系统柔性要素展开全面研究。本书分析了工人作业顺序、作业效率波动性、工序数目、工序内容分布、工人与工序数目比例、批次大小等柔性要素对 SERU 系统生产效率产生的影响，但是，还有一些至关重要的、以人为中心的生产系统柔性要素没有进行讨论，比如，工人学习曲线、非作业行走速度、工序可抢占性、缓冲区位置和大小等。

主要参考文献

［1］ 党延忠. 系统分析理论与方法［M］. 北京：科学出版社，2023.

［2］ 韩亚飞. 基于仿真的SERU系统构建与流水线性能比较研究［D］. 大连：东北财经大学，2019.

［3］ 廉洁. Seru构建与生产任务分配协同决策研究［D］. 西安：西安理工大学，2018.

［4］ 刘晨光，廉洁，李文娟，等. 日本式单元化生产——生产方式在日本的最新发展形态［J］. 管理评论，2010（5）：93-103.

［5］ 祁珊珊. 基于Arena仿真及正交试验的流水线及单元生产性能比较研究［D］. 大连：东北财经大学，2017.

［6］ 任玉红，唐加福，肖争喜，等. LINE-SERU转化的评价分析——以某医疗制造企业实施SERU为例［J］. 系统工程理论与实践，2021，41（2）：442-454.

［7］ 任玉红，唐加福，王晖. 基于IPO系统观的SERU系统柔性的分析框架［J］. 系统工程理论与实践，2022，42（11）：3030-3043.

［8］ 唐加福，任玉红，殷勇. SERU系统构建的理论框架［J］. 管理科学学报，2023，26（2）：1-14.

［9］ 唐加福，任玉红，于洋，等. 赛汝（SERU）生产与经典生产方式的比较

与仿真分析 [J]. 南开管理评论, 2021, 24 (2): 126-136.

[10] 王晓晶, 任玉红, 殷勇. 赛汝生产有效运行机制: 基于华录松下的案例研究 [J]. 系统工程理论与实践, 2021, 41 (2): 455-464.

[11] 吴彤. 自组织方法论研究 [M]. 北京: 清华大学出版社, 2001.

[12] 于洋, 李晓龙, 崔思国. 赛汝生产系统构建与调度的研究进展 [J]. 系统工程理论与实践, 2021, 41 (2): 465-474.

[13] 于洋, 唐加福. Seru生产方式 [M]. 北京: 科学出版社, 2018.

[14] 于洋, 唐加福. 赛汝生产系统的设计优化 [M]. 北京: 科学出版社, 2020.

[15] 张同斌, 陈婷玉. 中国制造业需求驱动研发模式及创新效应研究 [J]. 系统工程理论与实践, 2020, 40 (6): 1596-1621.

[16] ABDULLAH M, SÜER G A. Consideration of skills in assembly lines and seru production systems [J]. Asian Journal of Management Science and Applications, 2019, 4 (2), 99-123.

[17] ALLIGOOD K T, SAUER T D, YORKE J A. Chaos: an introduction to dynamical system [M]. New York: Springer Verlag, 1997.

[18] ARMBRUSTER D, GEL E S. Bucket brigades revisited: are they always effective? [J] European Journal of Operational Research, 2006, 172 (1): 213-229.

[19] ARMBRUSTER D, GEL E S, MURAKAMI J. Bucket brigades with worker learning [J]. European Journal of Operational Research, 2007, 176 (1): 264-274.

[20] ASAO U, SARUTA M, NOHARA H, et al. From conveyor line production system to seru production system: the case of company N [J]. Journal of Aichi Toho University, 2014, 43 (1), 71-105.

[21] BARTHOLDI J J, EISENSTEIN D D. A production line that balances itself [J]. Operations Research, 1996, 44 (1), 21-34.

[22] BARTHOLDI J J, EISENSTEIN D D. Using bucket brigades to migrate from

craft manufacturing to assembly lines [J]. Manufacturing & Service Operations Management, 2005, 7 (2), 121-129.

[23] BARTHOLDI J J, EISENSTEIN D D, FOLEY R D. Performance of bucket brigades when work is stochastic [J]. Operations Research, 2001, 49 (5), 710-719.

[24] BARTHOLDI J J, EISENSTEIN D D, LIM Y F. Deterministic chaos in a model of discrete manufacturing [J]. Naval Research Logistics, 2009, 56 (4), 293-299.

[25] BATT R J, GALLINO S. Finding a needle in a haystack: the effects of searching and learning on pick-worker performance [J]. Management Science, 2019, 65 (6), 2624-2645.

[26] BOUDREAU J, HOPP W, WCCLAIN J O, et al. On the interface between operations and human resources management [J]. Manufacturing & Service Operations Management, 2003, 5 (3), 179-202.

[27] BINGHAM C B, EISENHARDT K M. Rational heuristics: the 'simple rules' that strategists learn from process experience [J]. Strategic Management Journal, 2011, 32 (13), 1437-1464.

[28] BUKCHIN Y, HANANY E, KHMELNITSKY E. Bucket brigade with stochastic worker pace [J]. IISE Transactions, 2018, 50 (12), 1027-1042.

[29] CACHON G, TERWIESCH C. Matching supply with demand: an introduction to operations management [M]. 3rd ed. New York : McGraw Hill, 2012.

[30] CANTOR D E, JIN Y. Theoretical and empirical evidence of behavioral and production line factors that influence helping behavior [J]. Journal of Operations Management, 2019, 65 (4), 312-332.

[31] CHANG A Y. An attribute approach to the measurement of machine group flexibility [J]. European Journal of Operations Research, 2008, 194 (3):

774-186.

[32] DAVIS J P, EISENHARDT K M, BINGHAM C B. Optimal structure, market dynamism, and the strategy of simple rules [J]. Administrative Science Quarterly, 2009, 54 (3), 413-452.

[33] GAI Y, YIN Y, TANG J F, et al. Minimizing makespan of a production batch within concurrent systems: seru production perspective [J]. Journal of Management Science and Engineering, 2022, 7 (1), 1-18.

[34] GAI Y, YIN Y, TANG J F, et al. Maximizing the throughput of a rotating seru with nonpreemptive discrete stations [J]. Naval Research Logistics, 2023, 70 (8): 910-928.

[35] HIRASAKURA K. Improvements of order picking operations with IT: the optimal layout cases of TOTO [J]. IE Review, 2019, 60 (3), 67-71.

[36] HOPP W J, WAN OYEN M P. Agile workforce evaluation: a framework for cross-training and coordination [J]. IIE Transactions, 2004, 36 (10), 919-940.

[37] HOPP W J, SPEARMAN M L. Factory Physics [M]. 3rd ed. Long Grove: Waveland Press, Inc. 2008.

[38] HUA Z, HE P. Process flexibility under bill of material constraints: Part I -An effective measuring approach [J]. International Journal of Production Research, 2010, 48 (3): 745-761.

[39] KAKIGI H. Production systems that match customized demands [J]. Factory Management, 2003, 49 (2), 108-115.

[40] KAKU I, GONG J, TANG J, et al. A mathematical model for converting conveyor assembly line to cellular manufacturing [J]. Industrial Engineering & Management Systems, 2008, 7 (2): 160-170.

[41] KAKU I, J GONG J, TANG J, et al. Modeling and numerical analysis of line-cell conversion problems [J]. International Journal of Production Research, 2009, 47 (8): 2055-2078.

[42] LI T Y, YORKE J A. Period 3 implies chaos [J]. American Mathematical Monthly, 1975, 82, 985-992.

[43] LIM Y F, YANG K K. Maximizing throughput of bucket brigades on discrete work stations [J]. Production and Operations Management, 2009, 18 (1), 48-59.

[44] LIM Y F. Cellular bucket brigades [J]. Operations Research, 2011, 59 (6), 1539-1545.

[45] LIM Y F, WU Y. Cellular bucket brigades on U-lines with discrete work stations [J]. Production and Operations Management, 2014, 23 (7), 1113-1128.

[46] LIM F Y. Performance of cellular bucket brigades with hand-off times [J]. Production and Operations Management, 2017, 26 (10): 1915-1923.

[47] LIU C, LIAN J, YIN Y, et al. Seru seisan-an innovation of the production management mode in Japan [J]. Asian Journal of Technology Innovation, 2010, 18 (2): 89-113.

[48] LIU C, STECKE K E, LIAN J, et al. An implementation framework for seru production [J]. International Transactions in Operational Research, 2014, 21 (1), 1-19.

[49] LIU F, FANG K, TANG J, et al. Solving the rotating seru production problem with dynamic multi-objective evolutionary algorithms [J]. Journal of Management Science and Engineering, 2022, 7 (1), 48-66.

[50] MATSUO T. Investigations on rotating serus: the case of front-end modules assembly process [J]. Review of Commerce and Business, 2013, 54 (1), 49-64.

[51] MATSUNO K, WENG J, SHAO X. Sourcing decision with capacity reservation under supply disruption risk [J]. Asian Journal of Management Science and Applications, 2021, 6 (1), 49-68.

[52] MCCLAIN J O, SCHULT K L, THOMAS L J. Management of worksharing

systems [J]. Manufacturing & Service Operations Management, 2000, 2 (1), 49-67.

[53] MILTENBURG J. One-piece flow manufacturing on U-shaped production lines: a tutorial [J]. IIE transactions, 2001, 33 (4), 303-321.

[54] ROTH A, SINGHAL J, SINGHAL K, et al. Knowledge creation and dissemination in operations and supply chain management [J]. Production and Operations Management, 2016, 25 (9), 1473-1488.

[55] SEKINE T. Practical cases for improving productivity with IE [J]. Factory Management, 2018, 64 (14), 65-66.

[56] SPEARMAN M L, WOODRUFF D L, HOPP W J. CONWIP: a pull alternative to kanban [J]. International Journal of Production Research, 1990, 28 (5), 879-894.

[57] STECKE K E, YIN Y, KAKU I, et al. Seru: the organizational extension of JIT for a super-talent factory [J]. International Journal of Strategic Decision Sciences, 2012, 3 (1), 106-119.

[58] SULL D. How to thrive in turbulent markets [J]. Harvard Business Review, 2009, 87 (2), 78-88.

[59] SUN W, WU Y, LOU Q, et al. A cooperative coevolution algorithm for the seru production with minimizing makespan [J]. IEEE Access, 2019 (7): 5662-5670.

[60] WANG J, LI C. Studies on quality canyon phenomenon in macro-quality improvement [J]. Asian Journal of Management Science and Applications, 2022, 7 (1): 59-81.

[61] WANG P, PAN K, YAN Z, et al. Managing stochastic bucket brigades on discrete work stations [J]. Production and Operations Management, 2021, 31 (1), 358-373.

[62] WEBSTER S, RUBEN R A, YANG K K. Impact of storage assignment decisions on a bucket brigade order picking line [J]. Production and

Operations Management, 2012, 21 (2), 276-290.

[63]   XU C. Organisational culture and shared leadership in Chinese enterprises [J]. Asian Journal of Management Science and Applications, 2021, 6 (2), 109-133.

[64]   YI C Y, NGAI E, MOON K. Supply chain flexibility in an uncertain environment: exploratory findings from five case studies [J]. Supply Chain Management: An International Journal, 2011, 16 (4): 271-283.

[65]   YIN Y, KAKU I, STECKE K E. The evolution of seru production systems throughout Canon [J]. Operations Management Education Review, 2008 (2), 27-40.

[66]   YIN Y, STECKE K E, SWINK M, et al. Lessons from seru production on manufacturing competitively in a high cost environment [J]. Journal of Operations Management, 2017, 49-51 (1): 67-76.

[67]   YIN Y, STECKE K E, LI D. The evolution of production systems from industry 2.0 through industry 4.0 [J]. International Journal of Production Research, 2018, 56 (1-2), 848-861.

[68]   YU Y, GONG J, TANG J, et al. How to carry out assembly line-cell conversion? a discussion based on factor analysis of system performance improvements [J]. International Journal of Production Research, 2012, 50 (18): 5259-5280.

[69]   YU Y, TANG J F, GONG J, et al. Mathematical analysis and solutions for multi-objective line-cell conversion problem [J]. European Journal of Operational Research, 2014, 236 (2): 774-786.

[70]   YU Y, TANG J F. Review of seru production [J]. Frontiers of Engineering Management, 2019, 1 (6): 183-192.

[71]   ZHAN R, LI D, MA T, et al. Configuring a seru production system to match supply with volatile demand [J]. Applied Intelligence, 2023, 53 (10): 12925-12936.

[72] ZHANG X L, LIU C G, LI W J, et al. Effects of key enabling technologies for seru production on sustainable performance [J]. Omega, 2017, 66 (Part B): 290-307.

[73] ZHANG Z, HOSAKA T, YAMASHITA H, et al. A study on recommender system considering diversity of items based on LDA [J]. Asian Journal of Management Science and Applications, 2021, 6 (1): 17-31.

[74] ZHANG Z, SONG X, GONG X, et al. An exact quadratic programming approach based on convex reformulation for seru scheduling problems [J]. Naval Research Logistics, 2022, 69 (8): 1096-1107.

[75] ZHANG Z, WANG L, SONG X, et al. Improved genetic-simulated annealing algorithm for seru loading problem with downward substitution under stochastic environment [J]. Journal of the Operational Research Society, 2022b, 73 (8): 1800-1811.

[76] ZHANG Z, SONG X, HUANG H, et al. Logic-based benders decomposition method for the seru scheduling problem with sequence-dependent setup time and DeJong's learning effect [J]. European Journal of Operational Research, 2022c, 297 (3): 866-877.

[77] ZHANG Z, SONG X, GONG X, et al. An effective heuristic based on 3-opt strategy for seru scheduling problems with learning effect [J]. International Journal of Production Research, 2023, 61 (6): 1938-1954.